lonely planet

新加坡

本书作者
叶孝忠

IN

中国地图出版社

计划你的行程

在路上

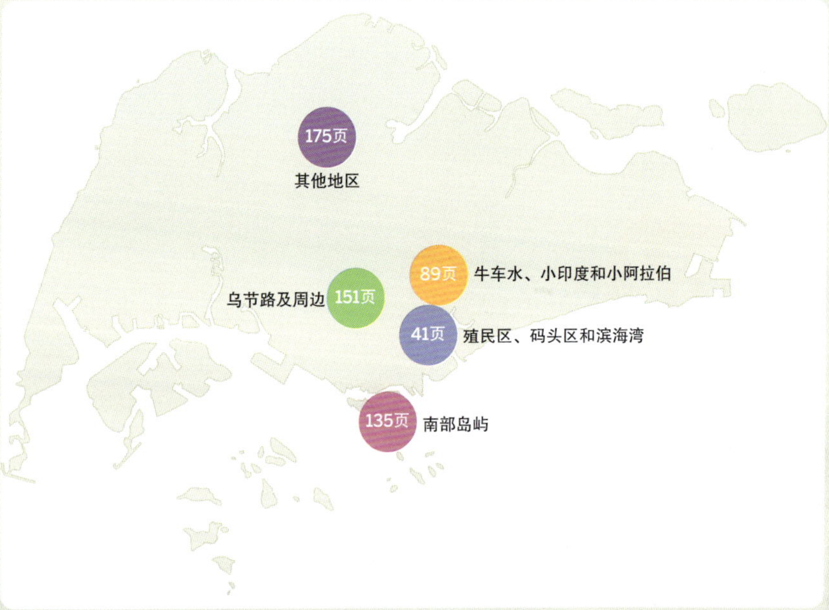
175页
其他地区
89页
牛车水、小印度和小阿拉伯
乌节路及周边
151页
41页
殖民区、码头区和滨海湾
135页
南部岛屿

目录

生存指南

特别策划

你好，新加坡

若以国家为单位来审视新加坡，它的确无法和邻居马来西亚、印尼和泰国相比，但若你把它看成一座城市，那么新加坡就不算小了，其丰富多元的文化、历史及种族，让这个岛国成了亚洲最具代表性的缩影。

吃货的天堂

这个岛国丰富的美食，源自四大种族的贡献，新加坡人会自豪地对外国人炫耀，在这里吃早餐，每天都有不同的选择，你吃上一个月也不会重样。当地人引以为傲的小贩中心内有上百家不同的摊位，连著名的大厨Anthony Bourdain和《纽约时报》的美食作者也对小贩中心赞不绝口。追求高品质餐饮体验的旅行者，在新加坡也会如鱼得水。每年公布的全球最佳50家餐厅，新加坡总有几家能榜上有名。

文化鸡尾酒

新加坡是一个人口和语言复杂的国家，你会轻易地在街头及公共场合看见以四大种族语言文字书写的告示牌，你也不要惊讶一些印度人或马来人，竟然能说几句普通话或闽南话。牛车水现在依旧带有浓厚的华人色彩，这里也集中了不少售卖各类华人食品的老字号；在更为喧闹无章的小印度，斑斓的色彩会把你送到南印度的现场；小阿拉伯则是传统穆斯林的聚集地，这几年的改造让它变得更为时髦，在立体诵经声环绕下，你可享受一顿慢餐，《一千零一夜》不再是故事传说中的场景。

> “经过多年的融合，新加坡早已混合调制成一杯独特的‘文化鸡尾酒’。”

世界级的人工景点

缺乏天然美景的新加坡，更致力于打造人工景点并更重视城市规划。漫步于滨海湾和新加坡河一带规划良好的步行道，能让你忘记热带的溽热，同时还能观赏到修复完好的殖民地建筑。圣淘沙早已名声在外，环球影城让你尖叫和惊喜不断，这个挤满了各种乐园并富有热带情调的小岛，绝对有消耗你一天时光的魅力。举世闻名的动物园和夜间动物园，让你一家大小和动物们有更亲近的接触，“绿手指”们在英式风格的植物园和富有未来感的滨海湾公园内能轻松地“拈花惹草”。

滨海湾“春到河畔迎新年”
Andrew Tan 摄 新加坡旅游局 提供

新加坡

103°50′E
MALAYSIA
马来西亚
103°40′E
1°30′N
士古来河
甘榜淡杯
峡
Johor Baharu
新山(柔佛巴鲁)
Sembawang
森巴旺
巴西古丹
海
佛
Woodlands
兀兰
忠邦
Lim Chu Kang
林厝港
萨林本蓄水池
Kranji Res.
克兰芝蓄水池
Thong Hoe
同和
Chye Kay
财启
Seletar
实里达
Selat
Sungai Mandai
双溪万礼
Bukit Mandai
万礼山村
Seletar Res.
实里达蓄水池
Nee Soon
义顺
慕南蓄水池
Yio Chu Kang
扬厝港
柔
Bukit Panjang
武吉班让
武吉知马
自然保护区
双溪丹加
Lan San
南山
武林
波扬蓄水池
Choa Chu Kang
蔡厝港
Keat Hong
吉丰
下庇亚士蓄水池
Serangoon
实笼岗
上庇亚士蓄水池
Ang Mo Kio
New Town
宏茂桥新村
Paya Lebar
巴耶利巴
Hong Kah
逢加
武吉知马山
177m
丁加蓄水池
班丹
Bukit Timah
武吉知马
Thomson
淡申
Jurong
裕廊
麦里芝蓄水池
Tai Seng
大成
Lokyang
洛阳
1°20′N
Tuas
端士
Toa Payoh
大巴窑
Clementi
金文泰
Damor Darat
达摩达叻
班丹蓄水池
裕廊海峡
P.Merlimau
梅里茂岛
北塞岛
Pasir Panjang
巴西班让
P.Seraya
西拉耶岛
P.Ayer Chawan
亚逸查湾岛
Buona Vista
波那维斯达
P.Ayer Merbau
亚逸美宝岛
P.Bakau
巴高岛
P.Brani
勿拉尼岛
Selat Pandan
班丹海峡
Sentosa
圣淘沙岛
P.Bukum
武公岛
小武公岛
P.Tembakul
龟屿
棕叶岛
P.Sudong
苏东岛
P.Sebarok
实巴洛岛
棋樟山岛
P.Semakau
实马古岛
P.Pawai
巴威岛
峡
P.Senang
安乐岛
Str. of Singapore
新加坡海峡
1°10′N
尼帕岛
0 5 km
0 2.5 miles
廖
印度
小塔孔岛
103°40′E
103°50′E

14 顶级旅行体验

1. 小贩美食
2. 亚洲文明博物馆
3. 新加坡动物园和夜间动物园
4. 滨海湾公园
5. 植物园
6. 乌节路
7. 圣淘沙岛
8. 牛车水
9. 如切
10. 小印度
11. 惹兰勿刹
12. 乌敏岛
13. 南部岛屿
14. 芽笼

14 新加坡顶级旅行体验

小贩美食

新加坡人见面不是问“吃了吗”，而是相互交换最近又吃到什么好东西的情报。具有南洋特色的熟食中心聚集了上百家小贩，在这里最能感受到新加坡人澎湃的吃情，也是体验新加坡百姓生活的好地方。在生活成本高昂的新加坡，小贩中心（见117页）内各种平价美食温暖了几代人的胃，海南鸡饭、炒粿条、沙爹等南洋小吃，无时无刻不在勾引你的味蕾，破坏你的减肥计划。

1

新加坡旅游局 提供

2

亚洲文明博物馆

多元种族的文化和历史，塑造了新加坡人的共同回忆和身份认同，位于新加坡河畔的亚洲文明博物馆（见50页），体现了亚洲文化在新加坡的融合发展。从泰国北部少数民族的华丽头饰到中亚伊斯兰教的《古兰经》，印度、中国和东南亚地区的各种精致石雕神像和画作，让你轻松穿越时空，直达亚洲的多元面貌。

新加坡动物园和夜间动物园

没有太多土地资源的新加坡，更愿意花心思去打造人工景点。“动物园”听起来一点也不吸引人，但来到新加坡动物园（见197页），你就会了解为什么它拥有“全世界最好的动物园之一”的美誉。动物园采用了隐秘式的牢笼设计，让你宛若置身于大自然中，还能无时无刻不和动物有更亲密的接触。到了夜晚，千万别错过同样备受赞誉的夜间动物园，夜间活动的动物此时更为活跃，为你的夜晚添上野性的迷离。

最佳博物馆

亚洲文明博物馆

收藏了来自亚洲各地的珍宝，让你一网打尽亚洲文化的瑰丽，坐落于新加坡河畔的亚洲文明博物馆是新加坡不容错过的文化体验之一。（见50页）

国家美术馆

2015年底开张，改造自市政厅和高等法院的国家美术馆吸引了不少艺术爱好者的眼球。美术馆收藏了东南亚最知名的当代画家的画作，肯定能让你对“蕉风椰雨”的东南亚艺术有更深入的体会。（见67页）

土生文化馆

让斑斓缤纷的土生文化一一展示在你眼前吧。小娘惹的手艺、土生华人繁复的婚嫁习俗和精致的生活用品都体现了土生族群文化融合的特性。（见53页）

李光前自然历史博物馆

收藏了56万件动植物标本，是东南亚唯一永久性的自然历史博物馆。珍贵及年代久远的展品让你一窥东南亚生态环境的多元及奥妙。（见203页）

最佳亲子游

环球影城

环球影城内以电影为设计主题的各种刺激游戏和表演能让你暂时遁入迷幻的场景里，好好尖叫一番吧。（见142页）

双溪布洛湿地保护区

双溪布洛湿地保护区每年11月至次年3月迎来大批候鸟过冬，也吸引了不少生态爱好者前去寻幽探秘。在原始的沼泽地、红树林和翻飞的羽翼中，同园林的向导上一堂大自然课吧。（见205页）

乌敏岛

这个原始淳朴的离岛还保有几个新加坡本岛已经绝迹了的村庄。骑着自行车，探索岛上的原始森林、拜访村长和碧绿的矿湖，你想象中的新加坡就此不同。（见192页）

新加坡动物园

采用无牢设计的新加坡动物园让你和动物有更亲密却安全的接触，这个举世闻名的动物园特别受到家庭的欢迎，当然别错过了园内精彩的喂食活动。（见197页）

李欣赏摄

4 滨海湾公园

来到花园城市，逛逛花园才是正道。富有未来感的滨海湾公园（见53页）展示了新加坡在绿化方面的卓越成就。公园内的明星景点是两个巨大的温室，世界各地的奇花异草在此欣欣向荣，喜欢“拈花惹草”的旅行者自然早已久仰大名，几棵“擎天大树”如超现代的垂直花园，非常上镜，站在大树上，风光更是无限好。滨海湾公园内也设有不少免费休闲景区和孩童游乐场，甚至还有一个不久前开张并深受欢迎的沙爹湾小贩中心。

GETTYIMAGES提供

5 植物园

正在准备申遗的新加坡植物园（见158页）是喧闹城市中的宁静绿洲，它虽然毗邻闹哄哄的乌节路，却没有半点车马喧嚣。历史悠久的植物园内绿树成荫，甚至还保留了一小块原始热带雨林。散落在绿地当中的数个池塘内，还有悠游的天鹅及富有沧桑感的英式凉亭。有闲情雅致的新加坡人周末会专程到这里野餐，享受从紧张生活偷来的慢时光。吸氧之余，你也能在植物园内的咖啡馆度过悠闲的下午茶时光。

乌节路

现在只有乌节路（见158页）的英文名（Orchard Road，Orchard为果园之意）才保留了它的一段过去，这里曾经布满了果园，现在则结满了令人充满欲望的“果实”，随时等待你的摘取。记得“保管”好你的钱包和欲望，这条长约2公里的购物大街，挤满了各式各样的商场和精品店，无时无刻不在挑起你的购买欲，绝对能让你完成一次满载而归的购物之旅。

圣淘沙岛

作为专为享乐主义者打造的吃喝玩乐岛，圣淘沙（见142页）是新加坡旅游业最耀眼的一张王牌，自20世纪80年代开始发展以来，这座岛屿已经建立了完美的声誉和设施。的确，它有点过于人工化和游客化，但这也保证了你能在岛上轻易获得各种美好的体验。想来点刺激玩意儿，环球影城是不二之选，让你的尖叫和惊喜不间断；想无所事事地晒太阳，岛上的沙滩不仅不收门票（圣淘沙很少有地方是免费的），海边还设有无数咖啡馆，为你打造一个完美古铜色的假日。

牛车水

莱佛士（Raffles）在规划新加坡时，将新加坡河以南的区域划给了华人，并形成了牛车水（见98页），这一历史悠久的华族保留区，也是新加坡规模较大的历史保留区。经过修复的战前店屋，已经被改造成各种精品店、餐馆和酒店。吃货来到牛车水将获得救赎，除了精致的各式风味餐馆外，牛车水几个深受新加坡人喜爱的小贩中心24小时为当地人提供价廉物美的小吃。

8

最佳酒店

新加坡圣淘沙湾W 酒店

这是圣淘沙岛上最时髦的度假村，从客房、大厅到休闲区域，都能听见让你手脚舞动的音乐。（见146页）

金沙酒店

令人停不了自拍行为的无边界泳池及新加坡城市天际线的风景，是金沙酒店最大的卖点。这栋地标建筑已经成了住宿首选，如果愿意付出天价的房费。（见75页）

Hotel Vagabond

坐镇在越来越时髦的惹兰勿刹区域，这家小型精品设计酒店占据了一栋平平无奇的老店屋。经过法国设计师的金手指一点，木质的百叶窗刷上了鲜艳的大红色，酒店幽暗的大堂摆上了各种古怪的艺术品。（见124页）

乌节门今旅

设有一个抢眼的天台泳池，大堂都配以色彩活泼的家具。价格合理加上优越的地理位置，在乌节路开会或购物的旅行者都会钟情这家位于购物中心楼上的时尚酒店。（见159页）

如切

以味蕾为出发点，来探索这个位于东部的传统土生华人街区吧，如切（见183页）集中了不少土生华人餐厅，微辣的菜肴结合了马来和华人的风味，你将亲口品尝到“小娘惹”的手艺。对于喜欢叻沙和土生华人糕点的老饕来说，这里有几家令人心甘情愿排队的老店。若想进一步了解这里独特的新马华人族群，还可以参观土生华人的住所，甚至学习“绣珠子鞋”这门独特的土生华人手工艺。

9

最佳餐饮

麦士威路小贩中心

价廉物美是小贩中心最大的“磁铁”，位于牛车水的麦士威路小贩中心不止历史悠久，而且云集不少本地小吃的排队王。最受游客欢迎的莫过于天天都大排长龙的天天海南鸡饭。（见117页）

Andre

想要品尝全球50佳餐厅之一的Andre，你不止需要坚强的荷包，还需要耐心等候，因为这家主打创意法式料理的餐馆往往得提前一个月以上预订才能品尝得到。（见116页）

Candlenut

这家精致的餐厅主打新派的娘惹菜，保证都是精品，招牌菜自然包括娘惹菜系中的明星——黑果鸡等，餐牌上也不缺经典的新加坡小吃如五香、沙爹等。（见116页）

民众菜馆

新加坡聚集了不少来自中国沿海地区各个省份的移民，因此想要品尝传统的广东菜、潮汕菜更是轻而易举。主打兴化菜的民众菜馆经常挤满了本地老饕，兴化面线和卤面等是老派新加坡人怀旧的乡愁。（见126页）

叶孝忠 摄

10 小印度

乍看之下，你会以为自己空降至印度，各种色彩斑斓的老店屋吸引着你的眼球；空气中的咖喱和香料的辛香冲击着你的嗅觉；宝莱坞奔放的舞曲撩拨你的听觉。小印度（见120页）是新加坡最具有异国情调的街区之一，除了能品尝到各式各样的印度美食、购买到印度传统服饰和饰品外，这里还有一家24小时营业的购物商场，满足你随时爆发的购物欲。近几年来，小印度也进驻了不少精品酒店和个性商铺，为这个传统老区注入了浓厚的时髦气息。

11 惹兰勿刹

越来越时尚的惹兰勿刹（见128页），是新加坡时髦青年的最新据点，这个历史老区内保留了不少原汁原味的战前店屋，喜欢建筑和设计的旅行者，不妨通过实景来了解这些混搭着东西方元素和马来文化的老房子。由于这里位置便利，租金低廉，不少年轻的创意人揣着理想到这里来圆梦，一家家的咖啡馆、精品店和餐馆如雨后春笋般冒出，如今越来越多的精品设计酒店也选择落户于此。

叶孝忠 摄

12

乌敏岛

乌敏岛（见192页）是最不像新加坡的一个地方，它位于东部海域，保留了新加坡传统的生活方式和茂密的原始森林，岛上还有一些原汁原味的马来村庄，当地人过着自娱自乐和自给自足的生活。每逢周末，大量的新加坡人会涌到小岛，来体验本岛上已经消失的淳朴生活气息，并品尝海鲜。岛上还有一处罕见的（以新加坡的标准而言）海洋保护区Chek Jawa，退潮时分能看见海星、珊瑚和各种海洋生物。

GETTYIMAGES 提供

13

南部岛屿

生活在忙碌城市的人似乎都不在意身边的美景，南部岛屿（见135页）就是一个被忽略的例子。不要惊讶，不少新加坡人会告诉你——他们未曾到过任何南部岛屿。一些识途老马则会语气肯定地判断：这里拥有新加坡最干净和漂亮的沙滩（但千万不要抱着对东南亚岛屿的期望来这里）。若备好干粮、水、草席和防晒霜，带着轻松的心情，在沙滩上发呆、放空或游泳，南部岛屿肯定能带给你一个另类的新加坡假期。

芽笼

说起芽笼（见182页），新加坡大叔们的语气都充满了难以言喻的兴奋，这个著名（或臭名昭彰）的合法红灯区，是干净规矩的岛国中的异类街区，如果想改变你对新加坡过于循规蹈矩的印象，那么建议你到这里逛逛。芽笼同时也是新加坡知名的美食天堂，这里有不少老字号的咖啡店，售卖价廉物美的本地美食。“食色，性也”在这个老区里得以最巧妙地结合。

14

叶孝忠摄

最佳购物

Ion Orchard Mall

这是乌节路上较新的购物商场，除了各大奢侈品之外，这里也能找到不少平价的快速品牌，底层设有多家令人食指大动的餐厅和食阁。（见166页）

小印度

想为衣橱添加华丽的印度风，小印度自然是首选，这里聚集了不少印度传统服饰店。对于喜欢在厨房里大展拳脚的旅行者而言，小印度也是购买各种东南亚香料的好地方。（见120页）

首都戏院

集娱乐、酒店、购物、餐饮于一体的首都戏院是狮城最新的时尚据点，经过修复的老戏院，结合崭新的摩登建筑，焕发出迷人的色彩。（见68页）

荷兰村

除了咖啡馆和餐厅之外，荷兰村也有不少有趣的精品店，如生活时尚杂志*Monocle*的小店，店内摆售不少精致的服饰产品，深受本地中产阶级人士的欢迎。（见169页）

新加坡最佳行程

第1天

从新加坡的过去走到未来

这一区域集中了新加坡最古老和最前卫的建筑，精巧地展现了新加坡的过去和未来。政府大厦地铁站周边挤满了狮城最华丽的老建筑，过去多为英国殖民地时期政府的办公楼，现在都已经修复成了精彩的博物馆，沿着滨海湾走一圈，你会遇见新加坡人为之骄傲的天际线。

❶ 殖民地区

一早可以从莱佛士酒店（见57页）开始游览，领略建筑华丽的细节后，继续到新加坡最雄伟的教堂——**圣安德烈教堂**（见67页），教堂对面的**首都戏院**（见68页）是一栋漂亮的Art Deco老戏院，现在则改造成了新加坡最新的商场，这里有让你歇脚的咖啡馆。不远的高等法院是狮城最漂亮的英式建筑，2015年年底变身为**国家美术馆**（见67页），建筑师保留了内部的细节，而且这里的东南亚艺术品收藏是本区域最佳的。

吃喝落脚点

在**柏龄大厦**（见66页）可享受缅甸美食。柏龄大厦是本地缅甸劳工最喜欢聚集的购物中心，里面自然不乏地道的家乡美食。

Jaan餐厅（见77页）位于瑞士史丹福酒店顶楼，是你想要奢侈一把时的选择，记得预订。

❷ 新加坡河（见68页）

沿着新加坡河游览，同样可以欣赏到不少有趣的建筑，它们也反映了新加坡的历史。**维多利亚剧场**（见70页）是不久前翻修过的老房子，现在已经对外开放；隔壁的**亚洲文明博物馆**（见50页）藏有主题涉及全亚洲的精彩藏品，记得花一个下午仔细逛逛。新加坡河上有三个主要的码头，这里原本聚集了无数的仓库，现在都已经改造成了吃喝玩乐的场所，不妨试着采用游船的速度和角度，重新好好认识这条新加坡的母亲河。

实用信息

可以在克拉码头上船，到滨海湾下船（见60页），或是从克拉码头一直往南走到滨海湾。

吃喝落脚点

福乐居（见76页）供应货真价实的印尼美食，招牌菜是仁当牛肉。

松发肉骨茶（见76页）是本地肉骨茶名店之一。

❸ 滨海湾（见60页）

这个人工港湾，预示着新加坡光灿灿的未来，在此可以和著名的地标景点鱼尾狮合影。滨海湾的明星建筑是**金沙酒店**（见63页），每天晚上都会有免费的灯光表演。由此你能绕着滨海湾走一圈，在金沙酒店内进行购物治疗，也能挑一家看得见风景的露天天台酒吧，好好观赏新加坡的璀璨夜景。

吃喝落脚点

Gluttons Bay（见76页）主打本地美食，虽位于昂贵的滨海湾地段，但价廉物美，大受欢迎。

Satay by the Bay（见76页）在滨海湾公园内新开张，你能在鸟语花香和海风阵阵的环境下品尝沙爹美食。

新加坡天际线

新加坡旅游局 提供

第2天

玩转新加坡的多元文化

在这里，你能感受到新加坡式的多元文化，路上的执勤人员有华人、马来人和印度人，地铁上的标识也经常以多种文字来体现。在新加坡，多元文化不只停留在概念上，它已经是新加坡人生活的一部分，比如举世闻名的Singlish，就是多种语言的大杂烩。

1 牛车水（见98页）

早上趁着游客大军尚未杀到，先到传统华人老区牛车水逛逛，这里不缺破坏你减肥计划的美食，最受新加坡人青睐的几个小贩中心都在牛车水。在**牛车水熟食中心**（见102页地图）、麦士威小贩中心或较少游客的芳林巴刹与熟食中心，摊贩一大清早就准备好各种美食来温暖新加坡人的胃。享受美食之后，自然得来点精神食粮，刚翻修好的**牛车水原貌馆**（见98页），把老一辈新加坡人回忆里的牛车水展示在你面前。牛车水还保留了不少漂亮的站前老店屋，大多集中在周边的几条小巷子里，不要错过**天福宫**（见99页），这是新加坡最古老的闽南庙宇，中式的木雕和石雕混搭着西式的瓷砖和围栏，体现了新加坡独有的混血精神。

吃喝落脚点

麦士威路小贩中心（见117页）里拥有不少名气响亮的小贩摊位，还用说吗，天天海南鸡饭天天都大排长龙。

芳林巴刹与熟食中心（见117页）位于牛车水的中心地段，这里是感受新加坡庶民口味的绝佳小贩中心。

2 小印度（见120页）

这里聚集了新加坡最好的印度餐厅和传统服饰店，满街的印度人，让你宛若来到一个全新的世界。全新的**印度传统文化馆**（见121页），让你贴近这个地区的历史和文化，但更棒的体验是漫步在布满斑斓色彩建筑的街区，走入香火鼎盛的**维拉玛卡里雅曼兴都庙**（见121页），让热情的当地人为你解说满天神佛的故事。如果打算购买印度传统服饰或摆设品，小印度是不二之选。

天福宫的细节
叶孝忠 摄

实用信息

搭上东北线到小印度站。

吃喝落脚点

竹脚中心（见125页）的黄姜饭、印度煎饼和印度拉茶都很有名。

Lagnaa Barefoot Dining（见126页）适宜喜欢重口味的吃货。

3 惹兰勿刹（见128页）

这里是新加坡新兴的时髦街区，老社区的老房子都陆续进驻了精致的咖啡馆、啤酒屋和餐馆等。虽然没有什么叫得上名字的旅游景点，但其实老区内保留了超过500栋的老房子，好好欣赏这些房子华丽的细节，遥想它的过去，并感受它是如何随着新加坡一起迈入未来的。

实用信息

从小印度可以步行到惹兰勿刹地区，慢慢走，感受沿路风情。

就餐

Aeiou（见129页）的怀旧感可打满分，最有趣的是牛油果咖啡。

Druggists（见129页）适宜喜欢精酿啤酒的旅行者，三十多种啤酒会让你眼花缭乱。

4 小阿拉伯（见130页）

在日落前抵达小阿拉伯，让一天结束在祷告声中。这里的巷弄有各式各样的餐馆、酒吧和咖啡馆等，最多本地人扎堆的无疑是哈芝街（见130页），一到了夜晚，这条挤满老店屋的巷子就活了过来。

第3天

到东部感受慢半拍的新加坡生活

新加坡东部散发着浓厚的悠闲气息。东海岸公园有长达十几公里的跑道，是新加坡最漂亮的公园之一。东部街区的生活总是慢半拍，这里美食云集，也能感受到土生华人的文化，比如如切街区。若想体验早已在新加坡绝迹的“乡村”慢节奏生活，那就不要错过樟宜机场附近的樟宜村。

❶ 东海岸公园（见185页）

早起、运动、呼吸新鲜空气，同时也能消耗掉连日来吃下的卡路里，来到花园城市，自然不能错过到公园里做运动，感受新加坡健康的活力。临海的东海岸公园是深受新加坡人喜爱的休闲场所。从这里开始探索新加坡的东部，不要忘了到附近的**如切**（见183页）逛逛，这个聚集了不少土生华人的传统老区，有不少售卖土生华人美食的老字号餐馆；如果你想进一步了解土生华人的文化，那就参加当地商铺举办的“绣珠鞋”课程。

吃喝落脚点

328 Katong Laksa（见190页）经常被誉为新加坡最美味的Laksa（当地独特的面食，以椰奶及各种香料熬成汤底）之一，店里一墙的明星照片就是它声势浩大的代言人。

永成餐室（见190页）一般到了晚上八点钟，螃蟹就会被食客们扫光，请务必早一些来。

❷ 樟宜村（见191页）

位于新加坡最东边的樟宜村（见192页）还收藏着繁忙城市难得的静谧氛围，这里的小贩中心美食云集，新加坡人会专程过来吃马来椰浆饭，附近还有樟宜博物馆和礼拜堂（见191页），展示着“二战”期间悲惨的历史。从此处可以出发前往**乌敏岛**（见192页）感受新加坡的野性。岛上有几个风景明媚的废置矿湖、蓊郁的原始森林，你可以骑着自行车在老化的甘榜（Kampung，马来语，村庄的意思）间穿梭，穿越到新加坡20世纪60年代的生活中，瞧瞧你从未想象过的新加坡。

吃喝落脚点

樟宜村小贩中心（见192页）是品尝椰浆饭的首选目的地，几家竞争激烈、售卖相似食品的摊贩使出浑身解数抢夺客人，人龙最长的自然口味和卖相最佳。

Coastal Settlement（见194页）更像一家新加坡人的纯真博物馆，摆满了复古的玩具和家具，周末总能吸引怀旧新加坡人前来享用早、午餐。

樟宜村夜市
新加坡旅游局 提供

第4天

闹一闹圣淘沙，探索西部好风光

想刺激你的肾上腺素，圣淘沙自然是你的首选，这个千方百计讨好你的小岛上有各种各样的主题公园、海边咖啡馆和海鲜馆子让你大烧银两。从圣淘沙前往西部地区也轻而易举，花柏山上还有步行道，能让你与新加坡的大自然来个亲密接触。

1 圣淘沙（见142页）

圣淘沙可以轻易地花掉你一天的时间。这个新加坡最具盛名的景点是一个巨大的游乐场，各式各样的主题公园，为你创造更多“人造”的回忆。**环球影城**（见142页）内各种刺激游戏让你的肾上腺素急速飙升；**S.E.A.海洋馆**（见142页）则让你近距离地窥视世界各地神秘的海洋世界；想要了解更多新加坡历史，**西乐索炮台**（见143页）将把你带到“二战”前的新加坡。如果还有剩余的青春精力需要挥洒，岛上也有不少免费的沙滩，你可以在那里收获一段古铜色的回忆，然后别忘了在富有情调的咖啡馆和酒吧，静静享受热带微醺的冰凉。

吃喝落脚点

马来西亚美食街（见139页）云集了马来西亚最优质的小贩，而且价格还很亲民。

Kith Cafe（见148页）是时尚人士的首选，仿佛置身于地中海。

2 西部（见201页）

在**花柏山**（见202页）能眺望到西部和圣淘沙的风景，还能进行一次简单的步行，和热带雨林来一个更亲密的接触。长约4公里的**南部山脊步行道**（见201页），从花柏山开始延伸至新加坡的西部，沿途尽是郁郁山林；如果你只想看日落，那么花柏山上也有一些小酒吧和餐馆等设施。

喜欢寻幽探秘的旅行者，可以选择去**拉柏多自然保护区**（见202页），寻找英军建造的神秘军事隧道。

实用信息

从圣淘沙可以搭上缆车直达花柏山。

吃喝落脚点

Peramakan（见204页）是一家声誉很好的娘惹餐馆，虽然地处较为偏僻的西部地区，依旧有不少捧场的客人。

怡丰城（见204页）位于圣淘沙对面，这个吃喝、购物、看电影一条龙的购物中心，到了夜里尤其受欢迎，可以一边用餐一边眺望圣淘沙。

圣淘沙名胜世界
Marklin Ang 摄 新加坡旅游局 提供

新加坡每月热门

最佳节会

- 农历新年 1月至2月
- 妆艺大游行 2月
- 新加坡热卖会 5月底至7月
- 世界一级方程式夜间赛 9月

1月

吃吃喝喝，疯狂倒数进入新的一年，迎来的是兴都教的节日与节奏强劲的独立音乐节。

大宝森节

成群结队的兴都教信徒从实龙岗路的Sri Srinivasa Perumal兴都庙出发，扛抬着装饰华丽的巨大针座，赤脚走到4公里外的丹达乌他帕尼兴都庙。

巷道音乐节（Laneway Festival）

为期一天的音乐活动（singapore.lanewayfestival.com），在滨海湾花园举行，呈献世界各地顶级独立音乐人的作品，包括摇滚、民谣、电子音乐等。

2月

新加坡以华人占大多数，农历新年（春节）是很重要的节日。农历新年期间放假两天（大年初一与初二），大街小巷张灯结彩，弥漫着浓浓的节日气息。

农历新年

不容错过的有牛车水的亮丽灯饰（余东旋街与新桥路一带）与滨海湾的"春到河畔迎新年"活动（夜市、表演、烟火）。牛车水是感受新加坡春节气氛最好的地方。

妆艺大游行

妆艺大游行（www.chingay.org.sg）是新加坡最盛大的街头花车游行，在农历新年后的第22天举行。这是一场多元文化盛会，包括舞狮、花车及其他文化表演。可预先购票坐在观赏席位中，或挤在路边的人潮中观赏。

新加坡国际爵士节

为期四天的Sing Jazz（www.sing-jazz.

（左）妆艺大游行；（右）牛车水迎春节活动

（左）Andrew Tan 摄 新加坡旅游局 提供；
（右）Andrew Tan 摄 新加坡旅游局 提供

com）在滨海湾的金沙举行，来自世界各地的爵士乐老将与新秀在此表演。

3月

东北季候风结束，天气更炎热了。

马赛克音乐节

马赛克音乐节（www.mosaicmusicfestival.com）为期十天的世界音乐、爵士与独立音乐表演，在滨海艺术中心举行，带来海内外或知名、或冷门的艺人与团体的精彩表演。

5月

“夏日”的炎热到了极致，又逢忙碌的学校假期，因此这个月份比较安静，也是到新加坡旅游的好时节。

卫塞节

佛祖诞生、成道与涅槃的日子，新加坡人以不同形式庆祝，包括放生笼中小鸟。主要活动地点是桥南路的佛牙寺。

平价艺术博览会（Affordable Art Fair）

为期三天的博览会（www.affordableartfair.com/singapore），展出超过80家本地与国际艺廊以及600多位艺术家的艺术品，价格介于$100~10,000，地点是F1 Pit Building。这项活动也在11月举行。

6月

6月是学校假期，大型促销热卖吸引着大批人群。也是新加坡最炎热的月份，准备挥洒汗水吧。

新加坡热卖会

新加坡热卖会（www.greatsingaporesale.com.sg）从5月底开始到7月底结束，全岛各地的商店与购物中心都举行大减价。

亚洲啤酒节（Beerfest Asia）

亚洲最盛大的啤酒活动（www.beerfestasia.com），聚集了大约300种不同的啤酒。

活动包括参观工作坊和听现场音乐。

7月

进入下半年，干燥炎热的月份持续。

新加坡美食节

为期十天的美食盛会，向最佳本地美食致敬（www.yoursingapore.com）。活动包括品尝试吃、特色晚餐和美食主题导览。活动在全国各地举行。

开斋节

开斋节（日期每年不同）是伊斯兰教斋戒月结束后的节日。斋戒月期间，在甘榜格南一带（小阿拉伯）和芽笼士乃市场，每晚都可品尝到丰盛的伊斯兰教美食。

8月

国庆日——新加坡最有名气的节日就在8月。就连不爱国人士也很喜欢这个日子，因为这一天是公共假期。

新加坡国庆日

8月9日的新加坡国庆日（www.ndp.org.sg）有大型的庆典活动，包括阅兵仪式、民间队伍游行、空军表演和盛大烟花等。门票非常抢手。

中元节

农历七月，阴间鬼门关大开的日子。邻里之间会组织大规模的中元会，举行祭拜、歌台演出、中元晚宴与竞标福物等活动，很有特色。

新加坡国际艺术节

小规模而国际化的艺术活动，结合了舞蹈、戏剧与音乐（www.sifa.sg），负责策划的艺术总监是新加坡戏剧工作者王景生。日期是8月中至9月底。

9月

F1夜间赛是一年之中最热门的活动，酒店价格当然也水涨船高，尤其是行政区一带的赛道周边酒店，简直是一房难求。

世界一级方程式夜间赛

F1夜间赛（www.singaporegp.sg）在滨海湾一带热闹举行，赛道外围也有各种活动，如国际音乐表演。酒店住宿需在好几个月前提早预订。

中秋节

新加坡的庆祝方式是吃月饼与提灯笼，一些地点会举行中秋晚会，市面上则出售口味各异的月饼。最热闹的是牛车水。

九宵节

兴都教教徒对杜尔迦（Durga）女神表达敬意的日子，一连九个晚上都会举行祷告会与古典印度歌舞表演。主要活动地点包括丹达乌他帕尼兴都庙、马里安曼兴都庙和斯里尼瓦沙柏鲁马兴都庙等。

10月

10月份偶尔会有雷雨，但天气变化不大。

屠妖节

庆祝光明战胜黑暗、正义击败邪恶。节日来临前，“小印度”张灯结彩，处处以歌舞迎接光明的到来。

11月

新加坡的日历上，每个月份都有不同的宗教活动。

蹈火节

蹈火仪式上，印度兴都教徒赤脚踏过炙热的火炭堆，令人大开眼界。举行地点是马里安曼兴都庙。

12月

一年进入尾声，空气中弥漫着节日的气氛（以及连绵的大雨）。雨季意味着一定要随身携带雨伞，但天气也凉爽了许多。

ZoukOut

ZoukOut（www.zoukout.com）是新加坡最大的露天舞会，连续两晚在圣淘沙的西乐索海滩举行。可以与世界著名的DJ和表演嘉宾一起狂欢热舞。

新加坡国际电影节

电影节（www.sgiff.com）为期11天，介绍来自世界各地的独立与艺术电影，也包括一些大师班与外围活动。

（左）ZoukOut露天舞会
（右）新加坡国庆日焰火
（左）新加坡旅游局 提供；（右）Andrew Tan 摄 新加坡旅游局 提供

变身后的首都戏院

叶孝忠 摄

新线报

我们的作者搜集目的地的新潮流，总结新加坡最新景点和活动资讯，以及为旅行者带来便利的基础建设新动向，保证信息的新鲜热辣。

1 国家美术馆全新开幕

2015年11月底开幕的新加坡国家美术馆，以东南亚当代艺术为主题，已经成为狮城的话题。美术馆改造自殖民地时代建造的高等法院和市政厅，如今已是本区域东南亚艺术的圣殿。

2 以学校改造而成的国家设计中心

新加坡国家设计中心改造自市中心的一所老学校，经常举办有趣的当代设计展览，楼内还有一家专卖设计作品的精品店和咖啡馆。

3 去惹兰勿刹赶时髦

惹兰勿刹是当前新加坡最时髦的街区，这个位于市中心的老区内，保留了不少精致的老房子，年轻的企业家看上这里独特的氛围，不断有新的咖啡馆和餐馆涌现。

4 更多奢华酒店

2015年至2016年，不少顶级奢华酒店落户新加坡，包括由Philippe Starck设计的The South Beach、圣淘沙的索菲特度假村，以及富有花园感的新加坡云顶裕廊酒店。

5 李光前自然历史博物馆

这个崭新的博物馆位于新加坡国立大学内，展示了东南亚的生态历史，馆内收藏了50件藏品，包括2000件罕见动植物标本和3具来自美国的恐龙化石。

6 重新开放的牛车水原貌馆

装修后重新开放的牛车水原貌馆，通过生动的互动式布展方式，让游客重新认识这个华人传统老区走过的历史。

7 小印度文化中心揭幕

全新的小印度文化中心坐落在“小印度”最繁华的地段，于2015年5月开幕，是感受当地印度族群的绝佳场所。

8 首都戏院大变身

承载了几代新加坡人美好回忆的首都戏院，现已翻修完毕并对外开放，除了放映电影之外，还不时举办音乐会等活动。整个戏院还包括商场、顶级酒店Patina等。

9 早高峰乘地铁享优惠

2017年底起，乘客在早上7:45之前（公共假日除外），经由任何地铁站和轻轨站入闸，可享有最高5角新加坡元的优惠。但在其他时段搭地铁以及公共巴士的车资，则维持不变。

10 滨海市区线全线贯通

全长42公里的滨海市区线已于2017年10月全线贯通，将东部、西部与市中心连接起来。旅行者搭乘市区线可去往小印度、牛车水、惹兰勿刹、芽笼、樟宜及滨海湾等地。

名胜世界里的度假村

新加坡名胜世界 提供

获得灵感

书籍

- 《画室》（英培安著），英培安是新加坡最优秀的作家之一，本书也入选了2012年《亚洲周刊》的十大中文小说。约25万字的长篇小说，描写了几位新加坡画家从20世纪60年代至今的心路历程。
- 《最后的牛车水》（梁文福著），经常被誉为才子的词曲工作者梁文福，也写得一首好散文。这本散文集收录了多篇描写本地情怀及变迁的作品，《最后的牛车水》一篇就刻画了新和旧、改变和保留之间的发展冲突。

电影

- 《爸妈不在家》（陈哲艺导演），这是新加坡在国际影展上多次扬威的电影，以小孩的视角刻画了新加坡小男生和菲佣的故事，反映了新加坡中产家庭的疏离及遭遇。
- 《12楼》（邱金海导演），本土著名导演邱金海的代表作之一，这部黑色喜剧刻画了新加坡底层人士的生活状态，让你直达光鲜亮丽下的新加坡丑陋面。
- 《881》（陈子谦导演），新加坡颇受关注的年轻导演之作，这部歌舞片反映了新加坡式微的“歌台”娱乐，色彩斑斓。
- 《霉运大厦》（郭智轩导演），原《海峡时报》政治记者拍摄的黑色喜剧电影，以落魄至走投无路的菲律宾永久居民的荒谬故事，反映了新加坡财迷心窍的社会现象及新移民问题。
- 《星国恋》（陈彬彬导演），这部引起新加坡人高度关注的纪录片，被当地媒体发展局以“内容有损国家安全”的理由禁止上映。纪录片采访了建国初期因各种政治原因而远走他乡的新加坡异见分子，罕有地展现了一段少数人愿意讨论的历史。

音乐

- 《新加坡派》（梁文福作品），生活化的歌词，几乎毫无技巧的演唱，加上能体现新加坡多元文化的编曲，唱出了新加坡建国初期至今的发展。
- *Rasa Sayang*（李迪文作品），新加坡鬼才创意人，为多名港台歌手如林忆莲、梅艳芳和张国荣写过歌。这首改编自著名马来歌曲的说唱作品，混杂的编曲和歌词很有新加坡的特色。
- 《家》，1998年的国庆主题曲，有中、英文版本，以家的温暖来打造国家和民族的身份认同，这也是新加坡人特别喜欢的一首爱国歌曲，不少本地歌手都曾以不同的方式来诠释它。

没时间

时间太少？就从下列电影、书籍、影音开始了解新加坡吧。

《小孩不笨》（梁智强导演），本地最卖座的导演梁智强的作品之一，电影以搞笑和写实的手法，反映了新加坡残酷的教育制度。

《细水长流》（梁文福作品），最为经典的新谣，词曲带有新加坡20世纪80年代的小清新，刻画了学生之间的情谊。

《成长在李光耀时代》（李慧敏著），作者以深入浅出的方式，并以自身生活经验为素材，写出不同于官方论述中的李光耀时代的生活及观点。

新加坡国家图书馆
叶孝忠 摄

省钱妙计

新加坡的消费较为高昂，我们专门为你搜集了省钱的好办法，让你玩得更无后顾之忧。

住宿

- 至少提前一两个月在酒店官网或者如Agoda、Booking等预订网站订房，可获最低的折扣，也可以尝试多比较Asiarooms、Asia Web Direct及中国的携程和艺龙的价格。酒店的官网往往也有不少打折配套或提前预订优惠等。
- 若多过三个人旅行，可尝试服务式公寓，这些住店价格较低，并设有厨房和客厅等，空间更为宽敞，平摊费用更为划算，Airbnb里有不少此类房源。
- 新加坡是商务型城市国家，所以周末房价会比较低。
- 遇上重大展销会和节日，记得提早预订酒店。

餐饮娱乐

- Travel Zoo（旅游族）、Groupon（团购）经常会有当地餐馆、娱乐、休闲及按摩配套的优惠。
- 踩着“欢乐时光”（Happy Hours）的钟点去泡吧，可获酒水特别折扣，甚至买一赠一。
- 顶级餐馆通常会推出优惠的午间套餐，同样的味道和服务，但价格更为亲民。
- 小贩中心是老饕们的天堂，卫生条件还不错，价格更是低廉。

交通

- 随着廉价航空的发展，若提早预订机票，由天津、南京、杭州、广州和昆明等城市前往新加坡，将能购买到打折机票，旅行者也可考虑由香港飞往新加坡，价格会较为低廉。
- 若四人一起旅行，可选择出租车，费用平摊后可能比地铁还要便宜。
- 关注中国国内的旅游产品尾单销售网站，如来来会（www.lailaihui.com）和爱旅行（www.ilvxing.com），时常有特价的“机加酒”套餐。
- 使用Ez-Link储值卡搭地铁或巴士，可获得优惠及转车回扣。

上网

- 不少顶级酒店的Wi-Fi都要单独收费，可在机场购买当地电话卡，如果你需要每时每刻保持在线的话。
- 可尝试在Wireless@Singapore注册，在全岛各地能使用免费无线上网，但网速极慢并且不稳定。

购物

- 5月至7月处于新加坡热卖会（The Great Singapore Sales）期间，这时候很多商品都会打折出售。

免费 真正免费

- Baba House是一个经过修复的土生华人战前老房子，每周四天都有免费的1小时导游团。
- 滨海湾公园的户外公园及擎天大树（登上树需要付费）都能免费游玩和观赏。
- 新加坡的寺庙都是不收费的，这些宗教场所保留了新加坡传统的一面。

行前参考

国家区号
65

交通卡
记得购买一张EZ-Link卡，能用来搭地铁和巴士，换乘等都有优惠，在便利店购买商品也能使用EZ-Link卡。

手机
新加坡使用GSM网络，在便利店和电信营业厅（Singtel、Starhub和M1）可买到预付费的SIM卡，也有4G网络覆盖。

货币
新加坡元（Singapore Dollar），1新加坡元约可兑换4.6元人民币。

签证
中国旅行者可通过新加坡大使馆在各地区指定的授权旅行社办理电子签证，签证费用统一为人民币300元。

现金和信用卡
自动柜员机遍布全国，部分支持银联，餐馆和酒店部分也支持银联。私人的货币兑换商遍布全岛，价格比银行略好，特别是牛车水一带。

重要号码

新加坡国家代码	☎65
旅游局号码	☎1800 736 2000
国际接入码	☎001
话务员转接的国际长途	☎100
报警电话	☎999

何时去

新加坡

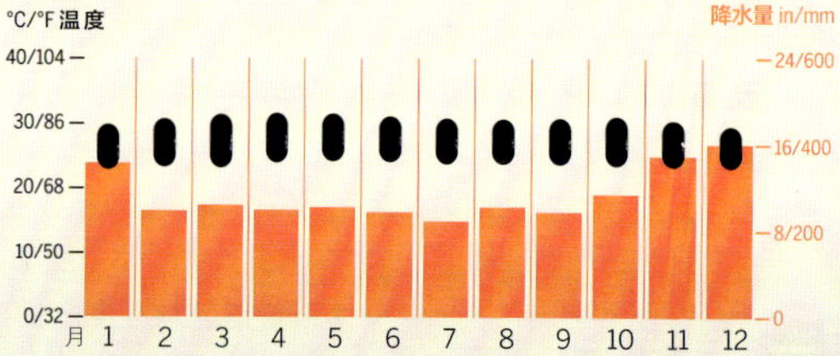

新加坡全年皆夏，气候炎热而潮湿。全年都适合到新加坡旅行，12月份降雨量较大，气候也较为凉爽（28℃已经能让新加坡人欣喜若狂了）。新加坡也是一座商务城市，因此档次较高的酒店，周末价格较低。6月份是新加坡的学校假期。一般来说，5月至7月是新加坡最炎热的时节。

平季
2月
- 新加坡庆祝农历新年，除了有热闹的夜市和舞龙游行，还会燃放烟花。

旺季
5月
- 新加坡每年都会在5月底举行“新加坡热卖会”，届时可欢乐淘宝，满载而归。

淡季
9月
- 很难订到酒店房间，而且价格很高，但极限速度爱好者一定会喜欢这里的夜间世界一级方程式赛车。

行前提醒

- **提前60天** 安排签证及购买机票，如果打算在圣诞节、元旦及农历新年期间到新加坡旅游，机票会比较紧张。
- **提前1个月** 预订住宿，通常一些五星级酒店会有“早鸟”（early bird）优惠。
- **提前两周** 如果打算看演出、游览主题公园、坐摩天轮和参观动物园等，可先在网上预订门票。

每日预算

经济 150新加坡元以下

- 入住基本宾馆客房（90新加坡元），在市场或街边小店进餐（15新加坡元），乘坐公共交通工具游览城市（一趟约2新加坡元）。

中档 150~350新加坡元

- 入住四星级酒店（200新加坡元），可在餐馆享用美食（30~50新加坡元），参加团队游或活动（20~30新加坡元）。

高档 350新加坡元以上

- 入住精品酒店房间（300新加坡元），到顶级餐馆用餐（80~100新加坡元），使用出租车代步（10新加坡元），前往圣淘沙、动物园等旅游景点（30~80新加坡元）。

带什么

- **拖鞋** 不少新加坡人出入最时尚的乌节路也穿着拖鞋，因此你也可以入乡随俗，拖鞋不止轻便，下雨天也不怕被淋湿。
- **阳伞、遮阳帽、墨镜、防晒油** 不想晒出一身古铜色肌肤，就一定要做足防晒工作。阳伞在下雨时也能派上用场。
- **驱蚊水** 到蓄水池或自然保护区等处，记得做好防蚊准备。
- **公共意识** 餐馆与酒吧室内都禁烟，禁烟范围还包括有盖走廊、购物商场和公园等，可留意禁烟标志，违法将会被罚款。在公共场所和公共交通工具上不要大声聊天或嚷嚷。

到达新加坡

- **樟宜机场（见212页）** 樟宜机场共有四个航站楼，并通过轻轨连接。从机场可达地铁东、西线前往市区，机场也有前往市区的巴士（16路），但不比地铁方便和快速。视时段而定，从机场打车到市区大约25新加坡元。

网络资源

- **新加坡旅游局**（www.yoursingapore.com）有丰富和详尽的旅游信息和景点介绍，同时设有中文版本。
- **Sistic**（www.sistic.com）是预订演出等门票的售票网站。

Apps

- **So Shiok** 本地餐馆的推荐及预订。
- **Iris** 关于公交车的所有信息，包括抵达车站的时间。
- **Grab Taxi或Uber** 打车软件。
- **Smrt Connect** 提供地铁换乘和交通信息。
- **《联合早报》** 本地阅读量最大的中文媒体。

习惯用语

虽然华人一般都会说普通话，但英语依旧是当地较为强势的语言。学几句“Singlish”，或许你能因此获得新加坡人另眼相看。

“Aiyo”或“Alamak” 天啊

“Blur Like Sotong” 像墨鱼一样糊涂、迷糊之意

“Buaya” 马来语为鳄鱼之意，形容一个人很花心

“Can?” 可以吗?

“Can Lah” 可以

“Can Meh?” 真的可以吗?

“Can Hor” 真的可以喔

“Kena Ketok” 被敲竹竿

“Kiasu” 怕输，意为害怕落后于别人

“Shiok” 爽

“Ya Ya” 过于骄傲的意思

“Charbor” 女人

“Hiao” 骚包

殖民区、码头区和滨海湾

新加坡的南部是脉搏跳得最激烈的地区，但同时也是旅行者可以放慢脚步好好晃荡的区域。如果你在新加坡只逗留两三天，估计你会不断地回到这个区域。

这里曾经是英国殖民地政府的行政区域，因此岛国最大气的英式殖民地老建筑大多聚集于此，其中不少已经改造成博物馆、美术馆、休闲场所和奢华酒店，迎接新一代的冒险家。新加坡几个最重要的博物馆都在此扎根。

一条新加坡河串联起已经完成旅游化使命的老码头，驳船码头、克拉码头和罗拔申码头的老货仓以及沿河店铺，它们都已被改造成餐馆及精品店，见证了新加坡的繁华，现在则是深受游客和当地人欢迎的休闲场所，夜猫子总能在这里找到安乐窝。

一个人工的滨海湾，拔地而起的高楼，共同展示了新加坡的未来。明星地标是庞大的金沙酒店、鱼尾狮和滨海艺术中心，最近则添加了富有未来感的滨海湾花园，为这个商业味浓厚的区域添上悠闲的盎然绿意。

MICA Building的彩色窗户

GETTYIMAGES 提供

摩天轮
新加坡旅游局 提供

0 500 m
0 0.25 miles
Dickson Rd
Jln Besar
Syed Alwi Rd
Victoria St
Edinburgh Rd
Prinsep St
Bencoolen St
Beach Rd
Parkview Square
Ophir Rd
Middle Rd
Orchard Rd 乌节路
Bras Basah Park
Waterloo St
Queen St
Rochor Rd
Fort Canning Rd
Victoria St
North Bridge Rd
Fort Canning Park
福康宁山公园
Fort Canning Reservoir
福康宁山蓄水池
Beach Rd
Nicoll Hwy
ECP
Civil War Memorial Park
Stamford Rd
River Valley Rd
Raffles Blvd
Esplanade Park
Clarke Quay
High St
The Padang
Raffles Ave
East Coast Parkway
Marina Promenade
Hill St
5 新加坡河
Esplanade Bridge
Singapore River
新加坡河
Havelock Square
North Canal Rd
Upper Pickering St
Boat Quay
2 滨海湾
Marina Bay
滨海湾
Cross St
South Bridge Rd
Cross St
MARINA SOUTH
Marina Blvd
Gardens by the Bay
滨海湾花园
Bayfront Ave
Maxwell Rd
Raffles Quay
Anson Rd
MCE
1 汲取亚洲文明的精华
2 逛一圈滨海湾
3 在超现实花园里邂逅奇花异草
4 在天台酒吧观赏狮城夜景
5 在新加坡河找到不睡觉的理由
6 贴近土生华人的斑斓文化

殖民区、码头区和滨海湾亮点

1

汲取亚洲文明的精华

这栋矗立于新加坡河畔的典雅老房子是亚洲首屈一指的博物馆，只需花上半天时间，你就能穿越宽广的时空，远达神秘的西亚，近至东南亚的部落。亚洲文明博物馆收藏的可是亚洲的各种珍宝，馆内不只收藏丰富，还通过主题式的分类及良好的展示效果，让你不需长途跋涉，就能轻易接触到本区域灿烂多元的独特文明。图为亚洲文明博物馆门前雕塑。

行前参考

- 记得穿上舒适的鞋，这样才能通过步行来慢慢感受这一区域。
- 备好雨具和防晒用品，岛国的天气炎热，也经常是说变脸就变脸。
- 若觉得天气过于炎热，可适当遁入大楼、商场或博物馆里享受冷气。

（上）亚洲文明博物馆的藏品
（下）来自东南亚的藏品

中心区的吃喝玩乐

叶慧莲，本地著名企业家，在此区域工作近20年

如何在新加坡的商业区感受狮城的悠闲？

不少旅行者会选择住在这里，我建议他们在黄昏时分到附近慢跑。新加坡河、滨海湾等都有规划良好的跑步道。

另外，滨海堤坝是一个适合放风筝和放空的好地方，若你打算到滨海湾花园去，就不要错过这个独特的蓄水池。

这里餐馆云集，你会推荐哪几家？

三姨太是目前这里最受欢迎的餐馆之一，这是一家广东式的Tapas餐馆，你可以品尝到各种本地及中餐美食，但都以Tapas的方式呈现。若追求更顶级的享受，可以考虑Jaan，这家法式创意餐馆特别受欢迎，一定要预订。

这一区域的美食有什么特色？

由于这里也是商业区，因此也有不少价格实惠的餐馆让白领选择，一些商场比如Far East Square，也设有提供本地美食的食阁，驳船码头后面的Upper Circular Street，也有不少本地的咖啡店（较为小型的小贩中心）。

旅行者也可留意在这个区域出没的Food Truck，这些流动快餐车为白领提供便当，买了便当，找个地方野餐也是不错的选择。

这一区域还有什么不可错过的精彩体验？

这里保留了不少漂亮的老教堂，比如圣安德烈教堂，应该是新加坡最雄伟的教堂了。这个位于市中心最昂贵地段的教堂，每周日早上7:30会举行弥撒，有多种语言选择，除了英文外，还有普通话、广东话、缅甸语、闽南话等时段，整个过程十分神圣庄严，感兴趣的旅行者可以浏览其官方网站。

逛一圈滨海湾

规划良好的滨海湾收纳了新加坡对未来的想象，这也是最擅长人工打造的岛国（这绝对是赞美）的经典作品。慢慢逛一圈也不过两三个小时，但足以感受新加坡引以为傲的摩登。南岸的角度还能拍摄到新加坡高楼密集的城景，当然，不应该错过的亮点还包括游客喜欢围观的鱼尾狮、金沙酒店的露天顶层泳池，以及榴莲壳一样的滨海艺术中心。图为滨海湾。

2

3

在超现实花园里邂逅奇花异草

花园城市是新加坡最耀眼的一张名片，走入这个未来感十足的花园，你就能接触到各种进口自世界各地的奇花异草，进而感受到新加坡绿化政策的卓越成就。黄昏时分，滨海湾花园是个适合步行和跑步的地方，新开的沙爹湾食阁还能让你一边吹着海风，一边品尝新加坡著名的小吃。图为滨海湾公园。

GETTYIMAGES 提供

4 在天台酒吧观赏狮城夜景

站在一定的高度，再无趣的城市也会变得异常动人起来，特别是日落时分看着灯火慢慢点亮城市，而眼前新加坡的夜景，绝对能让你随手拍出让朋友点赞的照片。滨海湾的高楼群内就设有不少的天台酒吧，金沙酒店的Kudeta已经名声在外，但也不要错过较少游客知道的Level 33。图为金沙酒店的天台酒吧。

GETTYIMAGES 提供

5 在新加坡河找到不睡觉的理由

虽然它的身段看起来毫不起眼，但它曾经是新加坡的经济大动脉，而现在律动的则是享乐主义者的心跳。经过十年的治理，这条新加坡的母亲河早已彻底改头换面，河道两边都设有步行道，老货仓装下的则是热火朝天的玩乐心情，酒吧夜店高唱不醉不归。乘坐驳船游览新加坡河，更能感受到这条河的无限魅力。图为新加坡河。

叶孝忠 摄

6 贴近土生华人的斑斓文化

南来的华人和当地的马来女子联姻，他们的下一代，男孩称为“峇峇”，女孩则称为“娘惹”。想了解任何和小娘惹有关的人、事、物，自然不能错过这个由老学校改造而成的博物馆，土生文化馆让你通过文物、照片及免费的讲解，来贴近土生华人族群的斑斓文化。博物馆附近有不少娘惹餐厅，喂饱精神食粮后，就通过味蕾来感受娘惹的绝佳手艺吧。图为土生华人博物馆内的服饰。

行前参考

交通

- 这里的交通四通八达，几乎所有的地铁线都会经过这个区域，最方便游览的地铁站是City Hall站，由此可前往土生华人博物馆、圣安德烈教堂和首都戏院；Raffles Place站是去亚洲文明博物馆及金融区最方便的地铁站；若想要去金沙一带，可到Bayfront站；Esplanade站则能抵达滨海艺术中心；Clarke Quay站能直达新加坡河克拉码头最热闹的吃喝玩乐区域，也能连同罗拔申码头和驳船码头一起游览。建议你先查看地图再选择最方便的地铁站。

住宿

- 这一带集中了新加坡最奢华的酒店，价格也较贵，除了各种商务型品牌大酒店之外，有充足银两的旅行者，一般会选择由殖民地时期建筑改造而成的精品酒店。

- 若有心仪的酒店可提前预订，即可享受到不少优惠，包括昂贵的金沙酒店，官网上提前预订有优惠。

餐饮

- 如果你迷信米其林星级餐厅或全球50佳餐馆的名气，那么，这里顶级的餐饮设施肯定能满足你的口福，但顶级餐厅一般会有着装要求。

- 这一街区也能找到各种物美价廉的美食中心，虽然价格会比其他区域略贵一些，而且针对速战速决的游客族群，口味也略显一般。购物中心内往往也设有舒适的食阁，供应价格合理的当地美食。

- 由于这里也是新加坡的CBD，

因此尽量错开中午白领蜂拥而至的用餐时间。

购物

- 这一带以购物商场为主，有个性的小店寥寥可数，但喜欢奢侈品牌的旅行者会在这里找到天堂。

出行时间

- 尽量选择在早上或傍晚到此闲逛，光线会较为柔和，天气也不会那么酷热，可以把参观博物馆和逛商场安排在最炎热的中午时段。

（左）鱼尾狮；（右）莱佛士酒店的古典门廊
（左）GETTYIMAGES 提供；（右）GETTYIMAGES 提供

不要错过

最佳住宿

- **莱佛士酒店** 经典的服务、富有典雅细节的老房子及无数传说，已经让这家酒店变成传奇。（见73页）
- **Adonis Hotel** 改造自老店屋，配给一应俱全的现代化设施，闹中取静的位置，让这家精品酒店脱颖而出。（见75页）
- **滨海湾金沙酒店** 还需要赘言吗？顶层无边界泳池已经成了这家奢华酒店的最佳代言。（见75页）

最佳餐饮

- **三姨太** 奢靡的中式氛围和装潢，有趣的“中餐西吃”餐饮体验，三姨太肯定能慰藉你的味蕾。（见75页）
- **Jaan** 富有创意的法式料理加上无敌的新加坡夜景，经常被选为新加坡最佳法式餐馆之一的Jaan，让你愿意为它奢侈一把。（见77页）
- **松发肉骨茶** 知名肉骨茶连锁店的胡椒微辣，让你在新加坡的一天有个重口味的开始吧。（见76页）

最佳殖民地时期老房子

- **新加坡高等法院和市政厅** 这两栋古典风格的老房子，已经被改造成新加坡最新的国家美术馆，内部的华丽细节也被妥善地保存下来。（见67页）
- **圣安德烈教堂** 虽然位于市区的忙碌区域，但走入这家教堂，有如走入绿洲。（见67页）
- **亚洲文明博物馆** 来自亚洲的精华都浓缩在这栋华丽的殖民地时期老房子里。（见50页）

亚洲文明博物馆

城市国家新加坡高度浓缩了亚洲精髓，亚洲文明博物馆也体现了新加坡多元混杂的特色。令人赞叹的亚洲文明博物馆，收藏了东南亚最全面的亚洲珍藏品，这栋三层楼高的古典建筑，精心策划及布展的11个展厅，陈列了东南亚、中国、南亚和西亚的历史、文化和宗教文物，包括古代雕刻、武器、耀眼宝石和纺织品，让你穿越历史和地理，直达文物及故事的场景。博物馆也经常策划一些高水准的短期展览，无时无刻不为你献上亚洲斑斓文化的盛宴。

见54页地图

成人/儿童 8/4新加坡元，周五19:00以后半价

1 Empress Pl

www.acm.org.sg

周六至次周周四 10:00~19:00，周五 10:00~21:00

Ⓜ Raffles Place

新加坡河展馆

亚洲文明博物馆的前身为皇后坊大厦，紧贴着新加坡河的北岸，由英国建筑师John Frederick Adolphus Mcnair设计，于1865年开始建造，至1920年完工。这原是殖民地政府及新加坡政府的办公之处，古典英式的造型混搭上热带建筑的特色，比如采用大量的木质百叶窗并种植了棕榈树，让这座雄伟的殖民地时期建筑多了热带风情的妩媚。

坐镇新加坡河，也看尽了这里的起落、兴衰和善变，亚洲文明博物馆特别开辟了一个展厅，让你了解眼前的河流在新加坡文化中扮演的关键角色。过去这条河停满了由海上运载货品到市区的驳船，卸下的货品就保存在新加坡河沿岸的仓库。展厅内布置了不少老照片，新加坡河这段消逝了的过去就铺展在眼前，同时陈列了于河床挖掘出来的文物，包括一些14世纪的中国陶瓷碎片，以及满者伯夷王朝（Majapahit）时代的骑士雕塑，满者伯夷王朝是曾经活跃于本区域的爪哇政权，显示了新加坡在700年前已经吸引了无数的冒险家前来。

东南亚展馆

这里上演的是博物馆的重头戏，想要深度了解东南亚历史及文化，这个展厅肯定能满足你。由深受印度影响的时代到山林部落里的传统，一直到与爪哇表演艺术相关的展品都能在东南亚展馆里找到。明星展品是一本图文并茂、色泽依旧丰富的古册，生动的绘画，让你一窥缅甸19世纪的生活及建筑。值得仔细观赏的，还包括展厅内收藏丰富的金饰艺术品，其中不少是苏门答腊和爪哇皇亲贵族们使用的珠宝，如果你想被金碧辉煌刺痛眼睛，那么就不要错过Mary and Philbery展厅内的收藏。

馆内的布料和纺织品收藏同样令人赞叹，无须远赴泰北就能看到来自Akha族的漂亮头饰、包包和围裙等，东南亚各地部落精彩的手工艺品都一一聚集到这里。展厅内还收藏了东南亚各地的皮影戏、木偶戏和面具等。

其他展馆

西亚展厅里最吸引眼球的，莫过于展示了各种伊斯兰书法的《古兰经》，其中一本来自中国的《古兰经》融合了中国和西域的书法特色。来自土耳其奥斯曼帝国的《古兰经》，在设计上尽显华丽，封面以贝母和绿松石镶嵌成美丽的几何图案，也显示了当时工艺的精巧。中国展厅内最不容错过的莫过于齐全的德化白瓷系列，还有不少由东南亚海域中打捞沉船出土的陶瓷。南亚的珍品大多数来自印度，包括各种栩栩如生的宗教石雕、纺织品及精致的生活家具用品等，其中最珍稀的，包括一个以乌龟壳、象牙和木头装饰并带有一把银锁的柜子。

亮点速览

- **华丽传统服饰** 东南亚展厅里华丽的纺织品、各种部落的头饰及传统服装，让你一览东南亚少数民族的华丽身影。
- **咖啡馆和餐馆** 亚洲文明博物馆也设有咖啡馆和餐馆，并提供东南亚的美食，逛累了可以考虑到这里歇息。
- **精致的《古兰经》书** 西亚展厅的《古兰经》，漂亮的书法文字，让你见识伊斯兰教世界的精致。

亚洲文明博物馆
叶孝忠 摄

GETTYIMAGES 提供

今日新加坡

1819年，英国不列颠东印度公司雇员托马斯·史坦福·莱佛士爵士（Sir Thomas Stamford Raffles）登陆新加坡，将这座岛屿变成了大英帝国的一个据点后，新加坡就一直蓬勃发展。这里几经起落，在第二次世界大战期间曾遭到日本入侵，1965年又被排除出新成立的马来西亚联邦，1965年独立后，当政的李光耀进行一系列被不少评论家形容为铁腕的改革，进而改善了民生，提高了新加坡人的教育水平，新加坡也因东南亚自由贸易中心这一特殊地位而繁荣发展起来。

虽然新加坡的国内生产总值在2010年取得14.9%的增长率（全世界名列第三），但在2011年举行的选举中，国会需要经过投票决定的议席数量却高达94.3%，是新加坡自1965年建国以来最多的一次。选举结果表明，执政的人民行动党（People's Action Party）在该届选举中失去6.46%选民的支持；在2006年，该政党失去了8.69%的选票。最大的赢家是工人党（Worker's Party），该党议程着重于民生所关注的问题，包括住房负担能力以及负担逐渐加重的医疗保健和交通系统。纵观2011年的大选，最大的赢家或许是社交媒体，为大选带来更为激烈的选情。

负担渐增并不令人感到意外：新加坡的人口从1980年的240万到2014年的将近550万，翻了一倍还多，这主要是因为政府引入大量移民。新加坡每1000人只生育9.5个婴儿，是全球生育率最低的国家之一。这是让新加坡政府也感到焦虑的事实，因此通过婴儿花红减税等措施，鼓励国人结婚生子。确实，非新加坡裔如今构成了该国将近一半的人口，新加坡人和“外来人才”（新加坡人简称他们为FT，Foreign Talent之意）之间所发生的矛盾也屡见不鲜。据执政的人民行动党称，大规模的移民对于新加坡的经济增长必不可少。不过，新加坡人数的增加也导致各种麻烦，比如拥挤的交通工具、增长的生活成本及房价飙升等。图为莱佛士雕像。

景点

新加坡国家博物馆 博物馆

[National Museum of Singapore; 见54页地图; www.nationalmuseum.sg; 93 Stamford Rd; 成人/儿童 10/5新加坡元; ⏲历史展厅(history gallery)10:00~18:00, 当代展厅(living galleries)10:00~20:00; Ⓜ Dhoby Ghaut或Bras Basah]富有想象力、收藏品异常丰富和设计出色的新加坡国家博物馆，值得花点时间慢慢观赏。博物馆摒弃沉闷的展览方式，通过充满趣味的多媒体展厅，生动地展现新加坡的动感面貌。The History Gallery展示了新加坡殖民统治的历史，还有底层新加坡人不堪回首的窘困日子，当然还包括小贩中心的美食、时装和电影。

博物馆的主楼是一栋19世纪新古典风格的建筑，彩绘玻璃的穹顶，美轮美奂。这座建筑物的前身是莱佛士博物馆和图书馆。

土生文化馆 博物馆

(Peranakan Museum; 见54页地图; peranakanmuseum.org.sg; 39 Armenian St; 成人/儿童 6/3新加坡元，周五 19:00~21:00半价; ⏲周一 13:00~19:00, 周二至周日 9:30~19:00, 周五 至 21:00; Ⓜ City Hall)踏入土生文化馆，宛若走入了电视剧《小娘惹》令人目眩神迷的场景中。馆内的陈设完全依照土生华人的品位来设计，精致的绣珠鞋和饰物展示了娘惹人的精湛手艺；华丽的生活器皿凸显了土生华人对生活细节的重视，空气中散发着浓厚的民族特色。其中以婚嫁为主题的展厅最为精彩，生动地展示了土生族群华丽而繁复的礼仪。

土生文化馆的展示生动活泼，并采用不少多媒体呈现方式，让游客与土生文化有更亲密的接触。从底层的根源馆开始参观，你将可进一步了解土生族群的历史和变迁等，墙上贴满了土生族群的巨幅照片，其中不少还是当地名人呢，包括新加坡第一任总理李光耀。

新加坡美术馆 博物馆

(Singapore Art Museum; 见54页地图; ☎6332 3222; www.singaporeartmuseum.sg; 71 Bras Basah Rd; 成人/学生和老人 10/5新加坡元，周五 18:00~21:00免费; ⏲周六至次周周四 10:00~19:00, 周五 10:00~21:00; Ⓜ Bras Basah)新加坡美术馆展示的大多是现代和当代东南亚艺术作品，包括绘画和雕塑、装置艺术和录像艺术。在吴冠中画廊，这位现代中国画之父捐献的价值7000万新元的画作轮流展出。美术馆的前身是历史悠久的传统英校圣约瑟书院，建筑细节非常精彩，弧形的长廊柱子配上色彩斑斓的地板瓷砖，是新加坡人拍摄婚纱照的热门地点。不远处就是其新分支**新加坡美术馆（奎因街8号）**(8Q SAM; 见54页地图; singart.com; 8 Queen St; 持新加坡美术馆门票可免费入场; ⏲周六至次周周四 10:00~19:00, 周五 10:00~21:00; Ⓜ City Hall或Bras Basah)，专门收藏展出奇特的装置艺术、互动性展品及当代艺术创作（占多数），虽然建筑不及本馆精彩，但也是由一所传统名校公教中学（新加坡总理李显龙的母校）改造而成的。

滨海湾花园 公园

(Gardens by the Bay; 见60页地图; www.gardensbythebay.com.sg/en/home.html; 18 Marina Gardens Drive; 门票免费，温室 成人/儿童 28/15新加坡元，空中走道 5/3新加坡元; ⏲5:00至次日2:00，温室和空中走道 9:00~21:00; 温室和空中走道最后入场时间：周一至

博物馆通行证

国家文物局（National Heritage Board）的**博物馆三天通行证**（3 Day Museum Pass; www.nhb.gov.sg; 成人/家庭 20/50新加坡元）让游客无限次游览新加坡的八家博物馆，包括亚洲文明博物馆（Asian Civilisations Museum）、新加坡国家博物馆（National Museum of Singapore）及新加坡艺术博物馆（Singapore Art Museum）。通行证可在各博物馆购得。

Colontal District ,The Quays & Marina Bay
殖民区、码头区和滨海湾

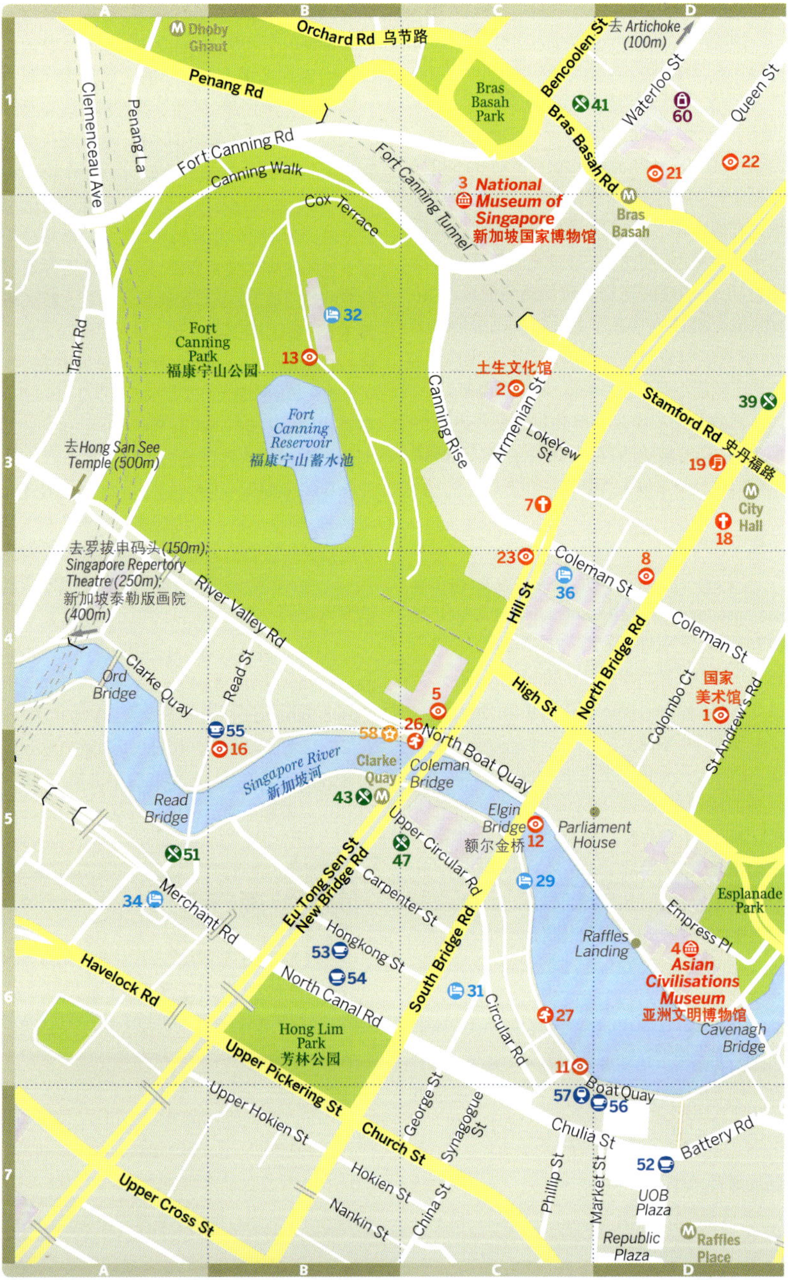

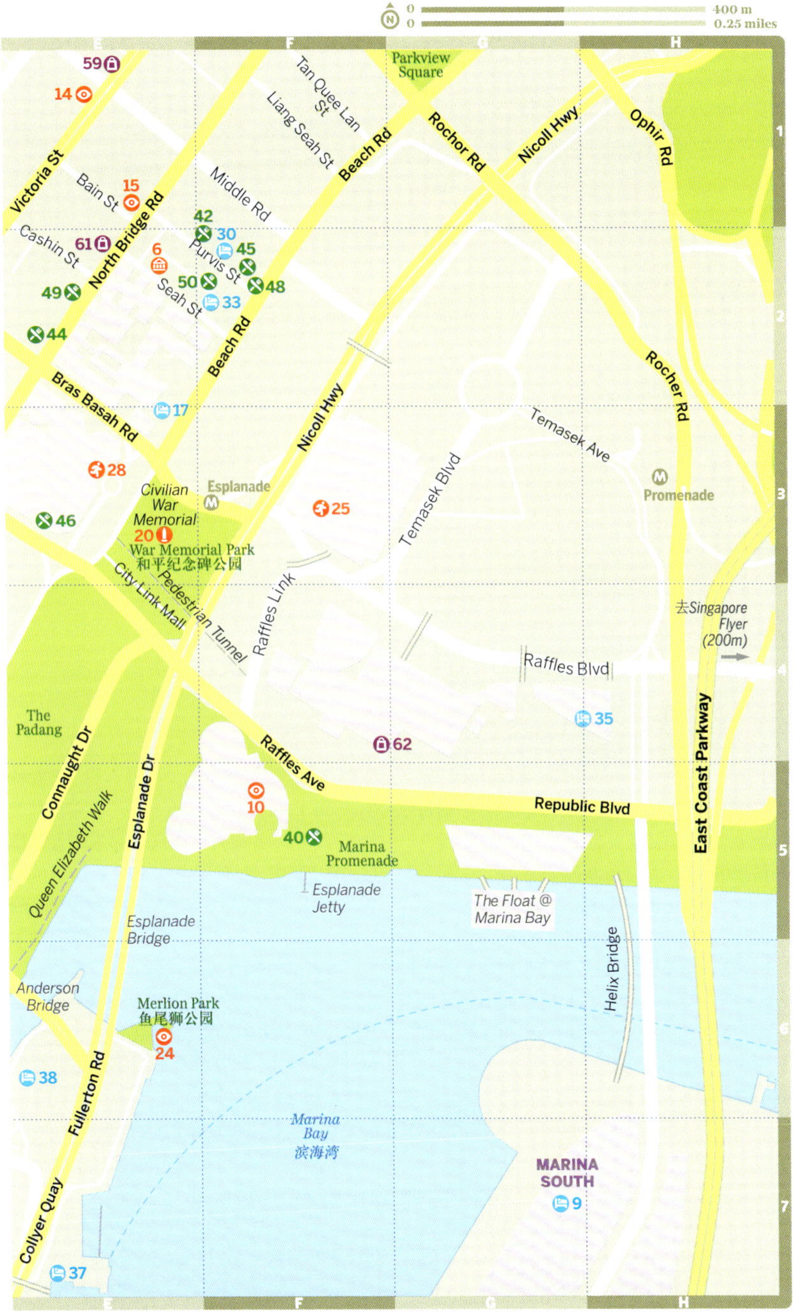

0 400 m
0 0.25 miles
E
F
G
H
Parkview Square
Tan Quee Lan St
Liang Seah St
Beach Rd
Rochor Rd
Nicoll Hwy
Ophir Rd
Victoria St
Bain St
North Bridge Rd
Middle Rd
Cashin St
Purvis St
Seah St
Bras Basah Rd
Rocher Rd
Temasek Ave
Temasek Blvd
Esplanade
Civilian War Memorial
War Memorial Park
和平纪念碑公园
City Link Mall
Pedestrian Tunnel
Raffles Link
Promenade
去Singapore Flyer (200m)
Raffles Blvd
The Padang
Connaught Dr
Esplanade Dr
Raffles Ave
Republic Blvd
East Coast Parkway
Queen Elizabeth Walk
Marina Promenade
Esplanade Jetty
The Float @ Marina Bay
Esplanade Bridge
Helix Bridge
Anderson Bridge
Merlion Park
鱼尾狮公园
Fullerton Rd
Marina Bay
滨海湾
MARINA SOUTH
Collyer Quay
59
14
15
42
30
45
61
6
50
48
49
33
44
17
28
46
20
25
35
62
10
40
24
38
9
37
1
2
3
4
5
6
7

Colontal District,The Quays & Marina Bay
殖民区、码头区和滨海湾

重要景点
1 国家美术馆 D4
2 土生文化馆 C3
3 新加坡国家博物馆 C2
4 亚洲文明博物馆 D6

景点
5 MICA Building C4
6 Mint 玩具博物馆 E2
7 亚美尼亚教堂 C3
8 柏龄大厦 D4
9 滨海湾金沙酒店 G7
10 滨海艺术中心 F5
11 驳船码头 C6
12 额尔金桥 C5
13 福康宁山公园 B2
14 国家设计中心 E1
15 国家图书馆 E1
16 克拉码头 B5
17 莱佛士酒店 E3
18 圣安德烈教堂 D3
19 首都戏院 D3
20 新加坡和平纪念碑 E3
21 新加坡美术馆 D1
22 新加坡美术馆（奎因街8号） D1
23 新加坡中央消防局 C4
24 鱼尾狮 E6

活动和团队游
25 Duck Tour F3
26 G-Max Reverse Bungy 和 GX-5 Extreme Swing C5
27 Singapore River Cruise C6
28 Willow Stream E3

住宿
29 5 Footway.inn project Boat Quay C5
30 Adonis Hotel F2
31 Five Stones Hostel C6
32 福康宁酒店 B2
33 Naumi F2
34 Park Regis A5
35 Ritz-Carlton Millenia Singapore H4
36 半岛怡东酒店 C4
滨海湾金沙酒店 （见9）
37 浮尔顿海湾酒店 E7
38 浮尔顿酒店 E6
莱佛士酒店 （见17）

就餐
Chef Chan's Restaurant （见3）

周五 20:00，周六和周日 19:00；Ⓜ Bayfront）欢迎来到未来的植物园。这个占地101公顷的填海地带，耗资10亿新元建成滨海湾花园，设有高科技的温室、具有环保功能的“擎天大树”（Super Tree）和各种花艺及雕塑艺术，让你一窥岛国在绿化方面的成就和智慧。

滨海湾花园内的明星景点就是宛若巨大贝壳的温室，这两个对称的钢铁玻璃建筑就坐落在滨海湾边上，超过20万株的800种植物在受保护的环境中欣欣向荣。在公园的南部能拍摄到这对花房的全貌。

花林（The Flower Dome）复制了地中海的气候，种植了来自五大洲的植物，甚至还能看见年老的橄榄树及宝瓶树和猴面包树，其中包括不少濒临绝种的植物。著名的英国米其林餐厅Pollen也设于此，主厨由花园的植物天堂中汲取创意的灵感及食材。**云雾林**（Cloud Forest Dome）则模拟了热带雨林的气候及环境，并设有一个高达35米的人工瀑布，漫步其中，宛若置身于人造的热带丛林中，并能观赏到无数在温润气候中愉悦生长的兰花。

科技和植物在擎天大树上有了完美的结合，18座钢铁结构的“大树”上长满了超过15万棵各式各样的植物，连接这些大树的华侨银行空中走道，则让你更近距离地贴近热带的绿意。每晚19:45和20:45，免费的灯光秀将这些擎天大树点燃起梦幻的色彩。户外的多个主题公园则对游客免费开放，**文化遗产花园**（Heritage Gardens）的设计灵感来自新加坡多元的文化基因，带小孩的旅行者也不要错过公园内专为孩童而设的游乐场设施。公园经常举办各种花卉展览，欲知海湾花园的最新消息，可浏览其官方网站。

莱佛士酒店 历史建筑

（Raffles Hotel；见54页地图；www.raffleshotel.com；1 Beach Rd；ⓂCity Hall）象牙白的建筑正立面会令人忍不住想要掏出手机，门口锡克族的门童也已经成了游客和住客们竞相合影的对象。莱佛士酒店是鸡尾酒“新加坡司令”（Singapore Sling）的发源地，它也曾多次出现在约瑟夫·康拉德（Joseph Conrad）和萨默塞特·毛姆（Somerset Maugham）的小说中，在新加坡人心中它是一个地标，也是一栋充满传奇和故事的建筑。

这座气派的酒店于1887年建成，原本只是一座拥有10个房间、面向海滩（后因填海工程，海岸线被推远了）的平房。酒店由The Sarkies brothers建造，仰光的The Strand酒店和槟城的Eastern & Oriental酒店，也同样是这对亚美尼亚兄弟的杰作，当时它们可是东南亚最奢华的连锁酒店。目前所见的主楼及回廊式的住客楼群建于1899年，在那之后莱佛士酒店迅速成为东南亚最知名的奢华酒店。

1915年，当时的酒吧Ngiam Tong Boon发明了举世闻名的新加坡司令鸡尾酒。关于莱佛士酒店的故事，最为人津津乐道的是，1902年新加坡的最后一只老虎命丧于酒店的Billard Room，老虎其实是从在附近演出的马戏团里逃出来的，后在莱佛士酒店被枪杀。1970年，莱佛士酒店已经失去了往昔的光环，逐渐衰败，到了1987年新加坡文物局将之列为重点文物，在花费1亿6000万新元的改（下接61页）

新加坡旅游局 提供

新马的独特族群

随着《小娘惹》的热播，新马的土生华人文化带着其灿烂的身影进入了大众的视线。土生华人是新马一带独特的族群，Peranakan意为本土出生，早期由中国南来的华族男子和当地马来女子通婚，生下的男孩为“峇峇”（Baba），女孩则称之为“娘惹”（Nyonya）。这种异族通婚的形式，使得两种截然不同的文化相互碰撞融合，并混合成独具特色的新文化。土生华人有独特的语言，称之为Baba Malay。他们的语言基本上和马来语差不多，只是不少发音和当地方言相差不远，比如称“我”为“gua”。

现代人的结婚仪式越来越简单，但传统土生华人的婚礼却长达12天。土生文化馆二楼的婚礼馆，通过生动的展示品，让你仿佛亲身经历一场独特而华丽的土生华人婚礼。其中梳头的仪式特别重要，通常在婚礼的第一天举行，仪式中需要用到的物品包括《通书》、剪刀、迷你秤等。剪刀象征剪去不良习惯；秤则象征夫妻过着和谐而平衡的生活。

娘惹善于持家，特别擅长缝纫和烹饪，博物馆也收藏了不少独特的手工艺品。制作绣珠鞋、钱包及各种饰品，不只需要一双巧手，还需要耐心和坚持，一件上好的作品，可能需要至少三个月才能完工。在土生华人的绣珠品上，也能看见不少具有象征意义的图腾，比如象征盈余的昆虫，而牡丹和凤凰则是“富贵”的代名词。

追求生活品位的土生华人，在平日穿着上也不会马虎。娘惹人的传统服装为卡巴雅（Kebaya），这可算是一种改良版的马来服装，却更突出女性的曲线。新航空姐的制服设计的灵感就来自土生华人的传统服装。穿上卡巴雅的娘惹都会配上襟针（Kerongsang），再加上发钗、项链、手镯、脚环等，穿上绣珠鞋后，才算大功告成。如果对绣珠艺术感兴趣，游客还能到如切的Rumah Bebe精品店拜师学艺，或购买精致的绣珠产品。图为娘惹饰珠鞋。

李欣赏 摄

花园中的城市

新加坡作为花园城市的美誉已经名声在外，这是新加坡建国总理李光耀定下的国策，现在整个小岛国绿树成荫，3318公顷的土地被辟为公园、林道及绿地。小小的新加坡共设有超过350个公园。

新加坡大大小小的花园都通过公园林道（Park Connector）连成一体，现在通过公园连道，你由东边骑车或者慢跑也能直达新加坡的西边和北边等地区。全岛的河流，甚至排水渠都经过美化和绿化（名为ABC计划，Active,Beautiful,Clean Waters），让市民们能在这些经过规划的空间中进行各种休闲活动。一些公园也开辟了由社区居民共同经营的菜园和花园，居民也能通过这些活动来增进感情，促成新加坡一贯推崇的和谐生活。

随着2012年滨海湾花园（Gardens by the Bay）的开放，新加坡迈向“花园中的城市”（City in a Garden）这一愿景，距离成为城市可持续发展与生物多样性的先锋典范更近了一步。为了实现“2005年至2030年间将能效提高35%”的目标，政府对建筑采取了名为Green Mark的可持续性评级系统。2008年起，所有超过2000平方米的建筑工程（无论是新建还是改建）都不得低于Green Mark的最低标准。

目前，Green Mark认证的建筑超过了新加坡总建筑面积的20%，而慷慨的奖励机制也使得采用可持续发展设计的建筑日益增加，这些设计包括遮光的外墙、巨大的外延物、空中花园、高效的节水系统，以及可以监控碳排放的电脑系统。

乌节路的商场313@Somerset（见167页）就是其中的典范，其总耗水量的81%是非饮用水，并且回收烹饪用油、使用节能自动扶梯与电梯。新建的获奖作品Park Royal On Pickering酒店（见103页）更令人印象深刻，酒店收集雨水并且有壮观而凉爽的悬垂式花园。图为金融区的绿色建筑。

Marina Bay 滨海湾

Marina Bay 滨海湾

重要景点

1 滨海湾花园 D3

景点

2 滨海堤坝 D3
3 新加坡观景摩天轮 C1

活动和团队游

4 皇家郑和号游船 C5

餐饮

5 Pollen C2
6 Satay by the Bay D2

饮品和夜生活

7 Level 33 .... A3

（上接57页）造之后，于1991年重开大门。现在莱佛士不只是一家奢华酒店，更是一处深受欢迎的旅游景点，在酒店的大厅中甚至对客人有着装要求，穿短裤和人字拖者慎入。酒店为蓊郁的丛林和热带花园所包围，坐在酒店的庭院内，会让你有远离都市尘嚣的错觉。酒店内也设有不少具有殖民地情调的怀旧酒吧，让你感受旧日的美好时光。在莱佛士酒店商场的三楼，有个**莱佛士酒店博物馆**（Raffles Hotel Museum），收藏了丰富的纪念品，详细记录了酒店的黄金时代。

新加坡和平纪念碑　纪念碑

（War Memorial；见54页地图；Beach Road；免费；Ⓜ City Hall）位于政府大厦草场的东边，四根高耸的70米白色柱子，象征着新加坡的四大种族。和平纪念碑竖立于20世纪60年代，当年新加坡多个地方发现了"二战"期间被日军屠杀的当地人遗骸，中华总商会不忍看见这些骸骨被弃尸荒野，于是就有了建造纪念碑的想法。纪念碑四周环绕着小水池，天气凉爽的话，这倒是一处十分宁静的歇息点。每年的2月15日，这里会举行哀悼会，缅怀战乱的罹难者。

Mint玩具博物馆　博物馆

（Mint Museum of Toy；见54页地图；emint.com；26 Seah Street；成人/儿童 15/7.5新加坡元，有家庭套票优惠；⏲9:30~18:30；Ⓜ City Hall）这个民营的玩具博物馆会激发你的怀旧情绪和童真。四层楼的展厅摆放了超过5万件来自40个国家的老玩具，部分藏品的历史超过百年。在这里你能看到伴随着新加坡人童年的卡通玩具，比如米老鼠、蝙蝠侠、丁丁、大力水手及阿童木等。这里还设有咖啡馆和餐厅。

国家设计中心　展览馆

（National Design Center；见54页地图；www.designsingapore.org；111 Middle Road；免费；⏲9:00~21:00；Ⓜ Bugis）崭新的国家设计中心原是一栋建造于1879年的圣安东尼修道院，现在它成了展示新加坡优良设计及进行各种设计活动的场所。中心经常会策划精彩的设计展览，包括精彩的新加坡设计50年的展览，展示了新加坡设计产业的发展历程。馆内也设有来自香港的设计商铺Kapok，店里摆售不少国内外潮牌产品，商铺内还有一个舒适的咖啡馆。

福康宁山公园　公园

（Fort Canning Park；见54页地图；www.nparks.gov.sg；免费；Ⓜ Dhoby Ghaut）当莱佛士在1819年登陆新加坡宣布获得新加坡的治理权时，福康宁山对于当地人来讲还是一座禁山，即"Bukit Larangan"（意即"禁山"）。出于对旧时代的新加坡最后一位统治者Iskandar Shah苏丹神龛的敬畏，当地人都会绕开此山。今天，你可以到公园内考古区

国家设计中心
叶孝忠 摄

叶孝忠 摄

聪明的国家图书馆

这栋2005年落成、由超长玻璃幕墙设计而成的全白色建筑，是新加坡最早的节能环保建筑之一。

国家图书馆（National Library Building；见54页地图；www.nlb.gov.sg；100 Victoria Street；免费；周一至周日 10:00~21:00；Ⓜ CityHall）过去十年来，平均每年的到访者多达400万人次，包括不少达官显贵，如美国前第一夫人罗拉·布什、日本天皇夫妇、英国女王伊丽莎白二世等。

公共图书馆 位于底层，你能在这里翻阅不少中文报章、杂志及书籍。专为孩子们设计的“我的树屋”也设于此，森林主题的设计极富童趣，孩子们可自由坐在树下看书。这里的儿童书籍全都与环保绿化相关。有些书籍甚至是由小朋友们撰写的。

七楼至十一楼收藏了60多万册参考书，名为**李光前参考书图书馆**。馆内每层楼挑高约9米，空间宽阔，适合安安静静吹着冷气看书，这里也收藏有不少中文书籍。看累了一抬头就能透过落地窗眺望新加坡风景，一边是中央商业区和滨海湾的亮丽海景，另一边是错落有致的城市住屋景致，仔细查找还能瞄到乌节路的地标。

如果你对亚洲的老地图感兴趣，千万不要错过位于10层的**地图珍藏品展区**，这里可以看到一些16世纪的地图。馆内还藏有18世纪初莱佛士公爵的亲笔信。

顺道提醒一下，在国家图书馆内看书时，如果发现卷帘突然发出“咕噜咕噜”的声响，无须惊慌，那只是卷帘随着室外阳光的强弱而升高或降低。这些自动化的绿色生态建筑系统，还包括会根据室内人口多寡而调整室温的智能空调系统，以及用于收集雨水和调节建筑外墙温度的10个空中花园等。图为新加坡国家图书馆。

一窥14世纪的爪哇文物，在香料花园里感受大自然的气息，或者前往**战争博物馆**（Battle Box Museum；见54页地图；www.thebattlebox.com；2 Cox Terrace；成人/儿童 8/5新加坡元；⏲10:00~18:00，17:00停止入场）参观“二战”时期的军事掩体。福康宁山公园也经常主办一些精彩的户外演出，包括星空下的芭蕾等，详情可以查询相关网站。

滨海艺术中心　艺术中心

（Esplanade-Theatres on the Bay；见54页地图；☎6828 8377；www.esplanade.com；1 Esplanade Dr；⏲10:00~18:00，售票处 正午至20:30；Ⓜ Esplanade）斥资6亿新元修建的滨海艺术中心是当代新加坡的标志，这组艺术建筑经常被比喻为苍蝇的眼睛、融化的蜂房或两个倒置的榴莲。存在争议的铝制遮光板，借鉴了亚洲人用芦苇编织的几何图形，以最大限度地利用自然光。自建成以来，国际和本土的精彩演出在这里轮番上演，艺术中心里还有一些很棒的餐馆和免费的户外演出。演出详情可上官方网站查询。

滨海湾金沙酒店　知名建筑

（Marina Bay Sands；见54页地图；www.marinabaysands.com；10 Bayfront Ave；Ⓜ Bayfront）这个造型酷似飞船的酒店，已经成了新加坡最引人注目的景点，连贝克汉姆也要在酒店的无边际泳池发脸书昭告天下他“曾到此一游”。位于滨海湾的南边，这组巨无霸建筑群其实是一个综合娱乐城，除了酒店之外，赌场、餐馆（不少全球最知名的餐馆分号）、购物中心（集中了不少奢侈品牌店）也将竞相抢夺你的银两。三栋55层高的大楼由以色列裔建筑师Moshe Safdie设计，设计灵感来自站立着的赌牌。位于顶层的空中花园设有名满天下的无边界泳池，并和眼前的商业区天际线融为一体，泳池似乎永远处于下水饺的状态，但仅供酒店住客使用。露天的观景台（成人/儿童 23/17新加坡元；⏲周一至周四 9:30~22:00，周五至周日 9:30~23:00）则对公众开放，尽量在日落前“登顶”，并做好防晒准备。另外，下雨天要避免前往，因为风景会大打折扣。

滨海湾金沙酒店每晚有精彩且免费的13分钟激光灯光汇演（⏲周日至下周四 20:00和21:30，周五至周六 20:00、21:30和23:00）。最佳的观赏位置其实在金沙酒店对面，滨海湾的北边，鱼尾狮和浮尔顿1号附近。

滨海堤坝　蓄水池

（Marina Barrage；见60页地图；www.pub.gov.sg/marina；8 Marina Garden Drive；免费；⏲9:00~19:00，新加坡资源永续馆，周二闭馆；Ⓜ Marina Bay）这个位于中央区的堤坝，集公园、蓄水池和防洪功能于一体，集水面积能达到1万公顷。这里的风景特别好，能拍摄到新加坡天际线的风景，不少新加坡人周末会选择到这里放风筝及拍摄婚纱照。（下接67页）

金沙酒店
叶孝忠 摄

新加坡国父李光耀

李慧敏

提起新加坡，大家除了想到鱼尾狮，也一定会谈到建国总理李光耀。新加坡1959年脱离英国殖民地而独立，后加入马来西亚，1965年脱离马来西亚而独立，两次“独立”中李光耀一直出任总理，直到1990年交棒给时任副总理的吴作栋，并继续在内阁担任资政至2011年5月，对国内外政治局势提出意见和看法。

不少新加坡人常说，没有李光耀就没有今天的新加坡，可见李光耀和当代新加坡的发展历程有着密不可分的关系。李光耀在2015年3月23日凌晨3时18分去世，现任总理李显龙在公开场合多次表示李光耀的地位无法取代。新加坡在1965年8月9日正式脱离马来西亚成为独立国家后，李光耀和其团队就通过周详的规划，积极推动经济改革与发展，成功吸引大量外国的投资，在短短的三十年里取得的经济成就是有目共睹的。

在他任期内，他延续并完善英国人留下的公积金制度，进行教育以及公共住房改革等多项政策，这些措施摆脱了新加坡土地面积狭小、没有天然资源的客观局限。他和领导班子鞠躬尽瘁，在短时间内让新加坡取得耀眼的经济成就，因此不少老一辈以及在独立前后出世的新加坡人，都对他和执政的人民行动党心存感激。举国哀悼一周期间，超过165万人到国会大厦和全国社区悼念处向他致敬，当中有不少就属于这两代人。新加坡的发展和稳定，为周边国家包括马来西亚、菲律宾、印度等国的人民提供了不少就业机会。不单是新加坡民众和政要，一些国外媒体也肯定了李光耀对新加坡和周边区域的贡献，形容他为“亚洲巨人”。

不过李光耀也是一个充满争议性的政治人物，他成功打造了一个经济奇迹，但他打击政敌以及钳制新闻和言论自由的手段也同样举世闻名，经常受到西方媒体的批评，形容他是独裁者。

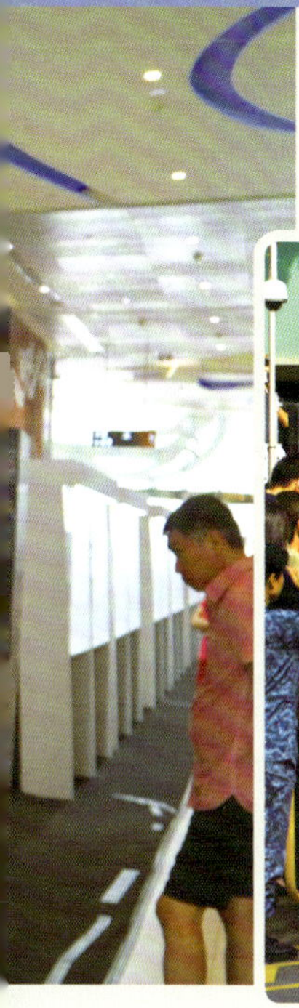

（左）纪念李光耀的展览；（右）送李光耀最后一程的民众
（左）叶孝忠 摄（右）CFP 提供

他本身对此也毫不避讳，直言媒体和言论自由必须服从于国家的利益，表示自己从不在乎民调结果和民众支持率，更坦言：在受人爱戴和令人畏惧这两者之间，他宁可选择后者，因为“如果谁都不怕你，那就毫无意义了”。

对于这位建国领袖的功过评述，新加坡社交媒体上出现了相当热烈的讨论，不少人将建设国家的功劳完全归于李光耀，但其中也有不少网民担忧民众将李光耀“神格化”，呼吁客观看待历史。由于李光耀治理手法的独特性，要评价他的功与过并不容易，而且由于目前新加坡学校以及媒体仍避开讨论建国、独立期间具有争议性的政治斗争课题，所以要客观全面地展开反思，考验着执政当局的胸襟，并非短时间能做到。在新加坡经济腾飞后出世的年轻一代，对于李光耀式的威权管理手法无法认同，渐渐显露出对执政者的逆反情绪。在李光耀逝世后，网络上就出现有少年批评他的视频，而政府也逮捕起诉另一些异议分子、关闭民营社会政治网站，这些都对执政党的形象造成了负面影响。执政的人民行动党接下来也面对更严峻的挑战，必须在维持国家经济保持竞争力、社会持续繁荣稳定的同时，确保国家资源分配均衡，并在外来人口大量增加的当口儿，拿捏好人们的情绪以及维护国民的国家意识。对新一代国民来说，他们面对的是更加激烈的全球化竞争环境，而外在因素并非政府所能完全掌握，戳破了过去李光耀时代“精英政府万事能”的神话。

虽然新加坡政治未必会因为李光耀的离去而在短时间内出现重大改变，但执政者也已经无法像过去那样以强硬的手段压制不同的声音，强势治国模式的作用也会随着时间的推移而逐渐被削弱。

叶孝忠 摄

小缅甸，更多元的新加坡

黄匡宁

新加坡的早期移民当中，不同族群各有不同的聚居地。时至今日，不同种族都已融合成为新加坡人，而新加坡仍然以开放的态度，欢迎各地人士前来工作与生活。

其中人数较多的社群，自然而然地形成了各自活动团聚的地方。菲律宾人聚集在乌节路的幸运商业中心，印度客工聚集在小印度，泰国人聚集在美芝路的黄金大厦。而近几年来渐渐形成一定规模的是缅甸人聚集的“小缅甸”，位于哥里门街（Coleman Street）的柏龄大厦（Peninsula Plaza；见54页地图）。

早期的新加坡已有不少缅甸侨民，最著名的是缅甸华人胡文虎兄弟，以及他们的虎标万金油。位于大人路的缅甸玉佛寺，早在1878年建立。新加坡也有许多以缅甸地方命名的街道，如仰光路、摩绵路、曼德礼路等，不过，今天的缅甸人已不在这些街道活动，而是聚集在柏龄大厦一带。

今天的新加坡，缅甸社区估计有10万人左右。每逢周末，柏龄大厦人山人海，挤满了来自缅甸的异乡客。大厦的空气中弥漫着缅甸食物香料的味道，店铺招牌都以缅甸文书写，售卖着缅甸食材、衣物、书刊、日常用品等，也有缅甸人所需的服务如旅行社、钱币兑换商等。走在人群中，耳畔都是缅甸话，背景音乐是商店里传来的轻柔的缅甸歌曲，恍如身在缅甸。

这里可以找到一些缅甸的特色产品，如缅甸妇女与儿童经常涂在脸上的特纳卡黄香楝粉、缅甸人用作草药的槟榔叶等。大厦里的食阁、咖啡座、餐厅里可以尝到缅甸风味餐饮，包括小吃、热菜、甜品糕点等。缅甸食物一般口味较重，偏咸、偏甜、偏酸、偏辣味，而且喜欢使用调味料。菜单大多为英文和缅文，不确定从何下手的话，可以到地下一层的Inle Myanmar餐厅，晚餐时段推出任点任食自助餐，有缅式沙拉、面食、蔬菜、鱼虾、咖喱等，可尽情点用，逐样品尝。图为柏龄大厦内的缅甸杂货店。

（上接63页）新加坡资源永续馆（Sustainable Singapore Gallery）展出了不少老照片和视频，看完之后，再看看眼前整容和治理后的滨海湾和新加坡河，你就能理解到新加坡在美化环境方面下了多少工夫。

鱼尾狮 地标

（Merlion；见54页地图；1 Fullerton Road；M Raffles Place）这是团队游最喜欢的摄影景点，也是新加坡旅游的标志之一。由新加坡旅游局于20世纪80年代设计，希望借此吉祥物振兴新加坡的旅游业。半狮半鱼的雕像原本位于新加坡河的出口，后来才迁移到滨海湾，让游客能以金沙酒店作为背景大拍特拍。通过新加坡河的游览船，你也能在水上近距离观赏这只不断吐水的吉祥物。以纪念新加坡2015年独立50周年而设计，一座衔接鱼尾狮公园和滨海艺术中心的崭新行人桥——金禧桥已经落成，也是拍摄鱼尾狮的绝佳地点。

国家美术馆 展览馆

（National Gallery Singapore；见54页地图；www.nationalgallery.sg；St Andrew Road；M City Hall）耗费10年时间、5.3亿新元建造的国家美术馆，自开张之日起就引来无数关注。美术馆改造自高等法院和市政厅（这也是新加坡最雄伟的殖民地时期建筑），共收藏东南亚超过1万件作品，每次虽然只展出1000件，但已经能让你大概了解东南亚当代的美术成果。美术馆的"变脸"由立足于巴黎并擅长建筑改造的Studio Milou Architecture负责，占地6万平方米，展示了19世纪至今的艺术作品，也是全球东南亚艺术作品收藏最为丰富的美术馆。

美术馆前就是政府大厦草场，周末会有人在这里踢球。这里过去是经常举办国庆阅兵典礼的地方。

新加坡观景摩天轮 观景摩天轮

（Singapore Flyer；www.singaporeflyer.com.sg；30 Raffles Ave；成人/老人/儿童 29.50/23.60/20.65新加坡元；⏲8:30~22:15；M Promenade）仿效全球其他主要城市，新加坡也建设了一座巨型观景摩天轮，为城市天际线增添了一抹亮色。秉承新加坡一贯的作风，这座观景摩天轮目前是全球最大的，票价昂贵。乘坐时间为30分钟，乘客可看到东边的殖民区、中央商务区、滨海湾和高楼矗立的景观，还能眺望满是船只的中国南海。

圣安德烈教堂 教堂

（St Andrew's Cathedral；见54页地图；www.livingstreams.org.sg；11 St Andrew's Rd；⏲周一至周六 9:00~17:00；M City Hall）新加坡这座糖白色、像个结婚蛋糕式的大教堂，与城市风景形成鲜明对比。大教堂于1838年竣工，最初的建筑遭到雷击毁坏（两次）后，进行了拆除和重建，于1862年建成如今的模样。它有一座63.1米高的高塔和巨殿，西侧门上有漂亮的彩绘玻璃。教堂的草地是野餐或午间休憩的好地点。

圣安德烈教堂
GETTYIMAGES 提供

新加坡河上的码头

新加坡河畔的码头区，将殖民区和中央商务区分隔开来。新加坡河曾是这个国家的贸易命脉，一艘艘小船将货物载送到河畔边整齐排列的各个仓库里，如今这条河将三个码头连接在一起。漫步在码头区，可真切感受到该地区这些年来的变化：从曾经脏兮兮的水道，蜕变为今日焕然一新的金融区。想要了解码头区的历史，可参观亚洲文明博物馆。

驳船码头（Boat Quay；见54页地图；Ⓜ Raffles Place）驳船码头的位置最靠近以前的海港，这里曾经是新加坡的贸易中心，它举足轻重的经济区域地位一直持续到20世纪60年代。到了20世纪80年代中期，许多店铺被废弃，各企业纷纷迁移到岛上其他高科技的货运中心。政府宣布这里为保护区，这个地区演变为主要的娱乐区，拥有形形色色的餐馆和酒吧，人们在工作之余涌入这里喝酒休闲。

克拉码头（Clarke Quay；见54页地图；Ⓜ Clarke Quay）以新加坡第二任殖民总督安德鲁·克拉爵士（Sir Andrew Clarke）命名的克拉码头，现在已成为新加坡最热闹的夜生活地点之一。这里聚集了餐馆、酒吧和夜店（一般来说，最多人排队入场的地方就是最好的）。无论喜恶，这里的设计都缤纷多姿，包括色彩大胆绚丽的栏杆，出自苏斯博士（Dr Seuss，美国著名插画家）绘本中的睡莲叶子雨伞，还有以非常艳丽的颜色粉刷的著名老店。

罗拔申码头（Robertson Quay；见54页地图；🚌 64、123、143、Clarke Quay）低调的罗拔申码头位于新加坡河的最远端，曾经用作货物仓储区。如今，一些老旧的仓库已变身为酒吧和奢华的会员制娱乐场所。这里也聚集了一些不错的餐馆和酒店。

首都戏院 地标

（Capitol Cinema；见54页地图；www.capitolsingapore.com；11 Stamford Road；⏲10:00~22:00；Ⓜ City Hall）首都戏院曾经是新加坡最华丽的戏院（电影院），在1998年关闭之后，沉寂了将近20年，最近经过翻新，连同隔壁的首都大厦和史丹福大厦变身为一个综合发展项目，集中了餐饮、娱乐、购物、酒店及服务式公寓等设施。戏院是一座建造于1933年的建筑，内部装饰细节华丽，包括舞台屏幕上的飞马雕像、天花板的星座图案等。现在这家戏院已经被改造成电影院和音乐厅，继续为新加坡人提供娱乐。

除了电影院之外，商场进驻的餐厅及商铺，不少还是首次登陆新加坡。崇尚活泼芬兰风的熟女自然不会错过Marimekko；朋克爱好者都会到越活越精彩的Doc Martens朝圣；喜欢户外时尚的型男不妨留意Napapijri，这个意大利休闲品牌还是首次在狮城亮相；若想要支持本土品牌，则有Max Tan设计师流利剪裁的女装，凸显现代女性的干练及妩媚。

爱吃的新加坡人自然都会关注这商场里的美食圣殿，目前已经开张并开始有人排队的Dazzling Café（蜜糖吐司专卖店），带有欧洲的典雅风格，其实是一家早已在台湾打响名堂的甜品和蛋糕店。Capitol Building也设有号称六星级的顶级酒店The Patina，作者调研期间尚未开业。

亚美尼亚教堂 教堂

（Armenian Church，见54页地图；www.armeniansinasia.org；60 Hill Street；⏲9:00~18:00；Ⓜ City Hall）这座全白色的小教堂经常会被旅行者错过，它可是新加坡最古老的教堂之一。亚美尼亚人是首个在新加坡建造永久性宗教场所的族群，过去他们在当地经济和政治上也有一定的影响力。教堂（下接72页）

叶孝忠 摄

额尔金桥与火烧圆明园

韩山元

你或许想不到，新加坡市区的一座大桥，居然跟1856年至1860年第二次鸦片战争有关。为了纪念第二次鸦片战争英法联军的统帅，这座桥被命名为“额尔金桥”（Elgin Bridge；见54页地图），新加坡通称它为埃尔金桥。额尔金正是当年率领英法联军入侵圆明园大肆掠夺，后又放火烧毁圆明园的罪魁祸首。

读过中国近代史的人都知道，第二次鸦片战争爆发后，清朝咸丰皇帝带了一大帮皇亲国戚、嫔妃随从逃到承德避暑山庄去避难，英法联军在北京城为所欲为。

战争进行到1860年10月结束，清朝政府被迫与英法两国先后签订了两个丧权辱国的条约——《天津条约》（1858年签订）与《北京条约》（1860年签订）。1860年10月6日，英法联军在额尔金和法军统帅葛罗的率领下，攻占了圆明园，并大肆掠夺园内数万件的珍贵文物，这是中华民族文化史上的一场浩劫。10月18日至19日两天，额尔金又发动3500名英国兵纵火焚烧圆明园。

为什么新加坡会有一座桥纪念这个英国大官呢？一个直接的原因是：第二次鸦片战争结束后不久，额尔金因其为大英帝国立了大功而在1862年升任印度大总督（英国那时已经统治印度多年）。印度大总督管辖英国的海峡殖民地，海峡殖民地包括新加坡、马六甲、槟榔屿（槟城），首府设在新加坡。按照英国的惯例，凡是管辖过海峡殖民地的英国高官，在他任满之后，新加坡都会以一座桥，或一条路（或街道）、一座山、一个码头来纪念他。

全白色的额尔金桥是新加坡市区一座很重要的桥梁，它横跨最重要的河流新加坡河，是把市区划分为两大块的分界桥，面向新加坡河的中上游，右边是桥北路，俗称“小坡大马路”，左边是桥南路，俗称“大坡大马路”，往前走就是牛车水了。图为额尔金桥。

市中心步行游览

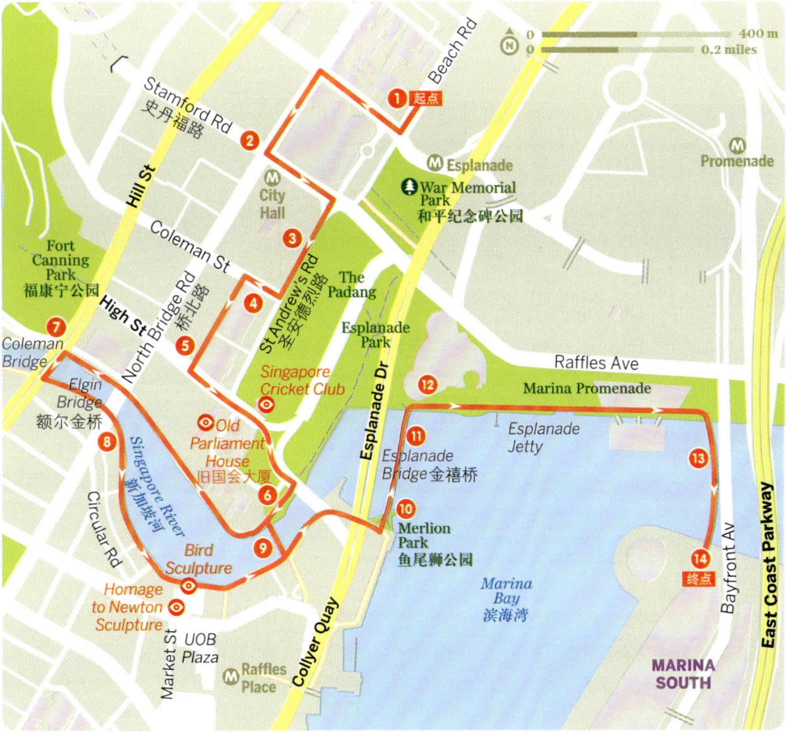

- **起点**：莱佛士酒店
- **终点**：滨海湾金沙酒店
- **距离**：4公里
- **需时**：2.5小时（不含游览时间）

从新加坡地标之一的❶**莱佛士酒店**开始你中央地区的徒步之旅吧。欣赏完精彩的殖民地时期建筑细节，以及其中的热带园林和拱廊商店街后，继续前行至桥北路和史丹福路（Stamford Rd）的路口，瞧一眼已经修复完毕的❷**首都戏院**，老一辈的新加坡人都曾经在这里看过无数好莱坞电影，现在已经改造成了高档公寓及商场。从这里转入❸**圣安德烈教堂**，这个在“二战”期间曾经被当作医院的古老教堂，是岛国最上镜的历史建筑之一。往南走到圣安德烈路（St Andrew's Rd），你就会经过雄伟的市政厅和高等法院，现在已经成功变身为❹**国家美术馆**，附近崭新的宛若太空船一样的建筑是由诺曼·佛士特设计的❺**新高等法院**。圣安德烈路的尽头是不久前经过修复的❻**维多利亚剧场**，现在已重新绽放芳华和美妙的音符。之后沿着新加坡河的

MICA Building

新加坡旅游局 提供

北岸走，会经过莱佛士塑像，据说这里就是莱佛士登陆新加坡的地方，这里也能拍摄到商务区高楼群的风景，走到尽头，一栋色彩斑斓的建筑会让你停下脚步，这里原是旧禧街警察局，现在成了⑦**MICA Building**，也是新加坡新闻与艺术部的总部。跨过额尔金桥，并沿着⑧**驳船码头**走，这些店屋和货仓现在已经被改成餐馆和酒吧，周末晚上人山人海。沿着河走到著名的⑨**加文纳桥**，这座建造于1869年的吊桥在苏格兰完工，并送来新加坡组装，隔壁就是由老邮政局改造而成的浮尔顿大酒店。不要错过这里几个有趣的街头雕塑，包括跳水小孩及特别难找的新加坡猫，它们生动地呈现了新加坡河的一段历史。随后到⑩**鱼尾狮**塑像和游客们拍“到此一游”的照片，然后跨过崭新的⑪**金禧桥**，眼前就是被当地人戏谑为榴莲壳的⑫**滨海艺术中心**，沿着海湾走就能抵达⑬**Helix Bridge**，这里是拍摄新加坡城市景观的好地方，过了桥就能抵达终点站⑭**滨海湾金沙酒店**。

（上接68页）建造于1836年，由殖民地时期著名的建筑师George Coleman设计，希腊十字架的平面设计，加上古典的柱子和尖塔，简洁而漂亮，教堂内供奉亚美尼亚圣人St Gregory。教堂的庭院设有墓地，葬着当地著名的亚美尼亚人，包括Agnes Joaquim，她是新加坡国花卓锦·万代兰的培育者。

新加坡中央消防局 知名建筑

（Central Fire Station，见54页地图；www.scdf.gov.sg；62 Hill Street；免费；⏲24小时；Ⓜ City Hall）这栋抢眼的殖民地建筑，建造于1908年，是新加坡最古老且依旧在使用的消防局，红白相间的建筑，还设有一个造型优美的塔楼，消防局内还曾设有宿舍。现在消防局除了作为民防用途之外，还设有展示厅，以生动的图文记录了新加坡消防的历史，其中不乏一些珍贵的老照片，同时也展示了新加坡民防部队由19世纪至今的发展历史。

新加坡泰勒版画院 博物馆

（Singapore Tyler Print Institute；见54页地图；www.stpi.com.sg；41 Robertson Quay；⏲周一至周五 10:00~19:00，周六 9:00~18:00，周日及公共假期闭馆；Ⓜ Clarke Quay）由美国著名版画家Kenneth E Tyler创建，这个小型的私人博物馆就位于悠闲的罗拔申码头边上，美术馆经常和知名及新锐的版画家合作，采用版画和纸张，创作出令人惊艳的作品。除了国际知名的版画家，你也能在美术馆里欣赏到新加坡本土版画家的杰作。

MICA Building 知名建筑

（MICA Building；见54页地图）很少人看见这栋建筑后能忍住不把手机或相机掏出来，建筑立面的木质窗已经刷上了各种斑斓色彩，让它成为一栋十分上镜的殖民地时期老建筑。MICA原是旧禧街警察局，后来被改造成了新加坡新闻与艺术部的总部，建筑内部也设有不少小画廊。

活动及团队游

皇家郑和号游船 乘船游

（Imperial Cheng Ho Dinner Cruise；见60页地图；☎6533 9811；成人/儿童 日间巡游29/16新加坡元，晚餐巡游 57/31新加坡元；Ⓜ Marina Bay）庞大的仿古郑和号平底帆船，每天会在三个时段从滨海湾南码头（Marina South Pier）出发，绕圣淘沙或龟屿岛（Kusu Island）巡游。船上的食物并不出彩，但沿途景色非常漂亮。

Duck Tour 团队游

（见54页地图；☎6338 6877；www.ducktours.com.sg；成人/儿童 37/27新加坡元；Ⓜ Esplanade）游客们将在从新达城（Suntec city）出发的一艘越战时期的水陆两栖"疯狂鸭子船"上度过热闹的一小时。游客会先游览城市的陆地景点，然后进行海湾巡游。孩子们会很喜欢。

Hippo River Cruise 乘船游

（☎6338 6877；www.ducktours.com.sg；成人/儿童 18/13新加坡元，日票 23/17新加坡元；Ⓜ Clarke Quay）每隔25分钟从克拉码头发团，参加者乘坐敞篷轮船在河上巡游30分钟。购买日票就可任意在新加坡河沿线的9个站点上下船。

Singapore River Cruise 乘船游

（见54页地图；☎6336 6111；www.rivercruise.com.sg；成人/儿童 24/15新加坡元起；Ⓜ Clarke Quay）乘坐传统舢板船，从新加坡河口的鱼尾狮像出发，在新加坡河逆流而行40或60分钟，可驶向这个城市的各个著名码头。

G-Max Reverse Bungy和GX-5 Extreme Swing 极限运动

（见54页地图；www.gmax.com.sg；3E River Valley Rd；每次49新加坡元；⏲14:00至深夜；Ⓜ Clarke Quay）想要尝试以每小时200公里的速度飙升至60米高空吗？那就把自己捆

新加坡中央消防局

新加坡旅游局 提供

绑在G-Max的金属笼里，然后做好准备欣赏让你屏息的美景。先到克拉码头喝几杯可能会让你勇气倍增的啤酒，但随后当你进入金属笼里，你的胃可能会翻江倒海。隔壁的GX5就没那么恐怖了，它在新加坡河上摆动的速度比较慢（但其实也就慢那么一点点）。

Willow Stream 水疗

（见54页地图；☎6339 7777；www.willowstream.com/singapore；6楼，Fairmont Hotel，80 Bras Basah Rd；按摩服务149新加坡元起；Ⓜ City Hall）在这家豪华的世外桃源般的水疗中心内，你可享用瀑布泳池、按摩浴池和香熏蒸汽浴。一流的护理配套，包括草药、藻类和热矿泉浴以及身体裹敷，还有11种按摩（包括“消除旅途疲劳”和“舒缓购物疲累”选项）。

住宿

莱佛士酒店 酒店 $$$

（Raffles Hotel；见54页地图；☎6337 1886；www.raffleshotel.com；1 Beach Rd；套房1400新加坡元起；❄ @ 📶 🏊；Ⓜ City Hall）这座有着120多年悠久历史的标志性建筑，最能代表殖民时代的奢华。客房设有宽敞的客厅、走廊、缓慢旋转的吊扇及一杯Long Bar提供的“新加坡司令”（Singapore Sling）。酒店的屋顶泳池、供人漫步的花园及历史悠久的酒吧，都散发着慵懒的氛围。不过，这里对着装有严格的要求，把那些无袖衬衫、拖鞋或脏兮兮的背包客物品收起来吧。

首选 Naumi 精品酒店 $$$

（见54页地图；☎6403 6000；www.naumihotel.com；41 Seah Street；房间 340~400新加坡元；❄ @ 📶 🏊；Ⓜ Esplanade，City Hall）酒店玻璃和钢筋的锐利外表使之非常醒目，内部大量使用的丝绸、皮革和蓬松的枕头，调和了这种凌厉的气势。屋顶的无边游泳池，能够看到隔邻莱佛士酒店的迷人风光。

浮尔顿酒店 酒店 $$$

（Fullerton Hotel；见54页地图；☎6733 8388；www.fullertonhotel.com；1 Fullerton Sq；房间 含早餐 515新加坡元起；❄ @ 📶 🏊；Ⓜ Raffles Place）这座具有帕拉第奥风格的

建筑，曾是新加坡最宏伟的邮政总局。豪华的浮尔顿酒店提供优雅、保守、色调柔和的客房，从窗户往外望，可看到酒店内庭、河滨或城市天际线。爱好游泳的住客，会爱上酒店25米长的标准游泳池，还能一边游泳，一边欣赏河滨美景及城市风景线。浮尔顿酒店附近的姐妹酒店**浮尔顿海湾酒店**（Fullerton Bay Hotel；见54页地图；☎6333 8388；www.fullertonbayhotel.com；80 Collyer Quay；ⓂRaffles Place），以相似的费用提供奢华的河滨观景客房。

Ritz-Carlton Millenia Singapore 酒店 $$$

（见54页地图；☎6337 8888；www.ritzcarlton.com/singapore；7 Raffles Ave；房间 912新加坡元起；❄@📶🏊；ⓂPromenade）不是所有酒店都拥有Warhol、Chihuly和Hockney的艺术作品，同时也没有几家酒店可以媲美这家酒店的内涵。超级舒服的羽绒被和枕头，以及拥有城市天际线景观的大理石浴室，都让住客兴奋不已。酒店服务近乎无懈可击，而文化爱好者可通过语音器的讲解，欣赏酒店内出色的艺术珍藏品。有时候，酒店会推出高达50%的折扣，可上网查询。

福康宁酒店 精品酒店 $$$

（Fort Canning Hotel；见54页地图；☎6559 6770；www.hfcsingapore.com；11 Canning Walk；标单/双含早餐 350/375新加坡元起；❄@📶🏊；ⓂDhoby Ghaut）由福康宁山公园山顶一座殖民地时期风格建筑改建而成的超级无敌华丽酒店。这里的酒店客房充分展现现代时尚，但一些客房开放式的浴室，意味着与你同房的不能“只是朋友”。豪华花园套房有个让住客慵懒闲坐的小而温馨的户外平台。傍晚6时至晚上8时之间，所有住客都能享用免费饮料。

Gallery Hotel 精品酒店 $$$

（☎6849 8686；1 Nanson Rd；标双含早餐 320新加坡元起；❄@📶🏊；ⓂClarke Quay）这家酒店是新加坡最早的精品酒店之一，提前通过网上预订，通常能获得更好的价格。没错，住客必须在四楼换乘电梯才能去往他们的客房。灰色的招牌镶嵌原色窗台花箱，而复古家具、钢铁房梁和浴室的毛玻璃墙是客房的特色。天台的玻璃泳池和免费网络都让人喜出望外。

Five Stones Hostel 青年旅舍 $

（见54页地图；☎6535 5607；www.fivestoneshostel.com；61 South Bridge Rd；铺 含早餐30~37新加坡元，房间 含早餐 105~110新加坡元；❄@📶；ⓂClarke Quay）“五颗石子”（five stones）是新加坡的一个传统游戏，其中的地方文化内涵是这家时尚旅舍内明亮、时髦壁画的灵感来源。旅舍吸引人之处包括多

Adonis 酒店
叶孝忠 摄

人间和私人客房都使用舒适的矫形床垫，还有现代化的浴室、免费早餐和网络，而且距离码头区、牛车水、中央商务区和殖民区仅有几步之遥，位置优越。

滨海湾金沙酒店 酒店 $$$

（Marina Bay Sands；见54页地图；☎6688 8897；www.marinabaysands.com；10 Bayfront Avenue；房间525新加坡元；❄@📶≋；ⓂBayfront）滨海湾金沙酒店位于气派的滨海湾金沙赌场/零售商场内，以其天台跨越三个酒店建筑屋顶的大型无边泳池而闻名。酒店房间虽然风格千篇一律，但宽敞、现代化且舒适。这里非常适合爱去赌场和逛商场的游客；可上网查询最优惠的价格。滨海湾金沙酒店就在中央商务区的东边，对面就是滨海湾。

罗拔申码头酒店 酒店 $$

（Robertson Quay Hotel；☎6735 3333；www.robertsonquayhotel.com.sg；15 Merbau Rd；房间 200新加坡元；❄@📶≋；ⓂFort Canning）这或许是新加坡河边最物超所值的酒店了。在这座类似中世纪城堡的圆形塔楼中，客房壁纸俗气，墙上艺术品的品位一般，但房间洁净，风格平实，楼顶还有一个令人惊喜、棕榈树环绕的可爱游泳池。

5 Footway.inn project Boat Quay 青年旅舍 $$

（见54页地图；www.5footwayinn.com；76 Boat Quay；房间 80~150新加坡元；❄@；ⓂClarke Quay）位于驳船码头，这个设有66间客房的精品青年旅舍是5 Footway Inn旗下最新的青年旅社。全白的客房虽然空间逼仄，但简约、干净和时尚，阳台还能眺望到新加坡河的景致。虽然旅舍不设厨房，但何必介意呢，附近就有大把价廉物美的小贩美食供选择。

Park Regis 酒店 $$

（见54页地图；☎6818 8888；www.parkregissingapore.com；23 Merchant Road；房间 200新加坡元；❄@📶≋；ⓂClarke Quay）稍微偏离中心点，但其实由酒店走到地铁站也只要大约10分钟，离牛车水也算是一个适合步行的距离。客房设计得十分温馨，大落地窗使得采光良好，酒店的泳池也为它加分不少。

首选 Adonis Hotel 精品酒店 $$$

（见54页地图；☎63360013；www.hoteladonis.com；13 Purvis Street；房间 250~500新加坡元；❄@📶；ⓂCity Hall）这是一家带有低调简约亚洲风格的精品酒店，少于20个客房，却有6种不同房型的房间供选择，最佳套房位于顶层，还设有半露天的浴室空间。酒店位于一栋改造后的战前店屋里，被著名的小贩美食餐馆所包围，位置算是闹中取静，距离地铁站也不远。

半岛怡东酒店 酒店 $$

（Peninsula Excelsior Hotel；见54页地图；☎63378080；www.peninsulaexcelsior.com.sg；5 Coleman St；房间 200~300新加坡元；❄@📶≋；ⓂClarke Quay或City Hall）这家老牌的四星级酒店早已经过它的巅峰时代，但由于价格合理，加上绝佳的地理位置，因此颇受游客的欢迎。客房略显老气，但也算干净和一应俱全。就位置而言，性价比颇高。

就餐

首选 三姨太 中国菜 $$

（Sum Yi Tai；见104页地图；www.sumyitai.com；25 Boon Tat Street；⏲周一至周五 11:00~14:30和17:00至次日1:00，周六 17:00至次日1:00；ⓂRaffles Place）摩登中餐厅的布置，采用不少漂亮的中式吊灯，以及一墙80年代的CD。找找曾经让你心动的歌手吧，重温一下美好的回忆。三姨太是一家采用全新方式来呈现广东食品的餐馆，包括云吞面、咸鱼肉饼砂锅饭等。餐馆位于一栋四层楼高的战前店屋，第一层是酒吧，第二层是用餐区域，第三层是办公室，顶层露天酒吧目前只招待受邀的客人。

The Lighthouse Restaurant and Rooftop Bar 意大利菜 $$$

(Fullerton Hotel；见54页地图；☎6733 8388；www.fullertonhotel.com；1 Fullerton Sq；⏰周一至周五 12:00~14:30，周一至周日 18:30~22:30；Ⓜ Raffles Place）顾名思义，这家供应意大利南部菜肴的顶级餐厅，就位于浮尔顿酒店原有的灯塔里，因此，你大可期待在这里眺望滨海湾及新加坡河的风景，它也是本区域景观最漂亮的餐厅之一。餐馆的户外露天酒吧位置特别受欢迎。

Gluttons Bay 小贩中心 $

(见54页地图；www.makansutra.com；01-15 Esplanade Mall；人均消费 6~10新加坡元；⏰周一至周四 15:00至次日凌晨1:00，周五至周六 15:00至次日凌晨2:00，周日 15:00至次日凌晨00:00；Ⓜ Esplanade）权威的Makansutra美食指南挑选出当地小贩美食，并集中在一个类似大排档的露天场地，这里可以是你探索当地美食的首站。味道和价格都不错，加上靠着滨海湾的绝佳位置（这附近较难找到便宜的餐饮），因此，晚餐时间会挤满人。建议你先找好桌位再去购买蚝煎、沙爹、烤魔鬼鱼和炒萝卜糕等新加坡美食。

Satay by the Bay 小贩中心 $

(见60页地图；www.gardensbythebay.com.sg；18 Marina Garden Dr, Gardens by the Bay；人均消费 8~15新加坡元；⏰8:00~20:00；Ⓜ Marina Bay，转400路巴士）游览完滨海湾花园，可以考虑到这里来用晚餐。凉风习习的夜晚，最适合在露天位置享受炭烤沙爹和冰镇啤酒，这里的价格比一般的小贩中心贵两成，但临着滨海湾加上远离尘嚣的位置，让它一到夜晚就变得热闹起来。

首选 **松发肉骨茶** 新加坡菜 $

(Song Fa Bak Kut Teh；见54页地图；www.songfa.com.sg；11 North Bridge Road；人均消费 4.50~10新加坡元；⏰周二至周日 7:00~21:15；Ⓜ Clarke Quay）这是本地肉骨茶名店。自1969年开始经营，松发已经由路边摊的小推车发展到共有五家分店的连锁餐饮集团，其中三家分店位于市中心，深受当地白领的喜爱，在饭点这里总会大排长龙，因此，建议你错开饭点去光顾。喝完了肉骨茶带有胡椒味微辣的汤头还可以续汤。牛车水的唐城坊也有一家分店。

首选 **亚洲金阁** 粤菜 $$

(Grand Asia；见54页地图；01-02 Odeon Towers 331 North Bridge Road；人均消费 40新加坡元；⏰周一至周六 11:30~14:30和18:30~22:30，周日和公共假期 10:00~14:30和18:00~22:30；Ⓜ City Hall）本地老招牌的粤菜餐馆，其招牌菜是需要提前预订的烤乳猪，皮脆肉嫩，让你心甘情愿忘记减肥计划。餐牌上有不少粤菜选择，包括烧腊和油鸡等，亚洲金阁的广东点心因采用新鲜的食材，也做得很有水准。

Pollen 西餐 $$

(见60页地图；www.pollen.com.sg；Flower Dome Gardens by the Bay, 18 Marina Gardens Drive；人均消费 100新加坡元；⏰周二至周日 12:00~14:30，下午茶 15:00~17:00；Ⓜ Bayfront）位于滨海湾花园花林里的顶级欧陆餐馆，其实是名震伦敦的米其林餐厅Pollen Street Social的新加坡分号。这个高档的西餐厅除了供应精致（昂贵的意思）的午、晚餐之外，还设有下午茶时段，来自伦敦自然能奉献地道的英式下午茶，其英式松饼特别好吃。

福乐居 新加坡菜 $

(Rendezvous Restaurant Hock Lock Kee；见54页地图；www.rendezvous-hlk.com.sg；The Central 6 Eu Tong Seng Street #02-72；人均消费 10新加坡元；⏰11:00~21:00；Ⓜ Clarke Quay）这家小餐馆自20世纪50年代就开始供应地道的印尼菜肴Nasi Padang，这种由各种小菜组成的菜肴，适合重口味的吃货。不少菜品采用南洋独有的Sambal酱烹煮，包括Sambal鸡肉、Sambal虾和Sambal墨鱼等，当然最不能

错过的是招牌的仁当牛肉（beef rending）。饭饱后别忘了点地道的南洋甜品Chendol和红豆冰作为甜蜜的结局。

津津 新加坡菜 $

（Chin Chin Eating House；见54页地图；19 Purvis Street；人均消费 10新加坡元；⌚11:00~21:00；Ⓜ City Hall）津津是当地著名的海南鸡饭店之一，午饭和晚饭时间总会被挤爆，环境虽然一般，但不少食客看中的是这里较为合理的价格和品质颇高的海南鸡饭。店内虽然已经经过装潢，但还保留一个古老的木柜台。招牌菜还包括羊肉煲和海南炸猪排，炸得香酥可口的茄汁猪排是典型的新加坡式西餐，也是必点的菜式之一。

Jaan 法国菜 $$$

（见54页地图；☎9199 9008；www.jaan.com.sg；2 Stamford Rd，Swissôtel The Stamford；238新加坡元，配搭葡萄酒 398新加坡元；⌚周一至周六午餐，每日晚餐；Ⓜ City Hall）坐落在70层楼上，别致、温馨的Jaan由青年才俊、法国厨师Julien Royer掌厨，为食客带来其招牌法国料理，其中包括小龙虾意大利珍珠面、灰鸡油菌、迷迭香熏有机蛋及黑松露。包含7道菜的套餐让食客大开眼界。请务必提前预订，要求能够俯瞰滨海湾金沙的靠窗座位，可以鸟瞰城市的璀璨夜景。

Flutes at the Fort 各国风味 $$$

（见54页地图；☎6338 8770；www.flutes.com.sg；Fort Canning Park，入口处在23B Coleman St；主菜 38~48新加坡元；⌚周一至周六 午餐及晚餐，周日 10:00~17:00；Ⓜ City Hall）餐馆是一座位于福康宁山公园边缘、建于1908年的别墅。Flutes是一家高级餐馆，环境充满绿意，餐具精美，服务周到，提供的是富有想象力的"摩登菜肴"（mod-Oz）。如果预算许可，可选择"主厨餐桌套餐"（Chef's Table menu，108新加坡元）里让人垂涎欲滴的招牌美食，包括入口即溶的扇贝与迷你虾卷、迷你芹菜、紫菜饼干和冻柠檬沙拉酱。建议提前预订。

Chef Chan's Restaurant 中国菜 $$$

（见54页地图；www.chefchanrestaurant.com.sg；93 Stamford Rd，01-06 National Museum；

津津

叶孝忠 摄

逸群海南鸡饭

叶孝忠摄

套餐38新加坡元起；⏲午餐与晚餐；ⓂDhoby Ghaut）与餐馆同名的大厨厌倦了在他能容纳200人的大餐馆里炒菜，于是将餐馆关闭，然后开了这家只有9张桌子的小餐馆，餐牌每天都不一样。餐馆内的古董家具非常讨喜。推荐芒果鲜奶炒扇贝和黑木耳红枣清蒸石斑鱼。

寒舍 中国菜 $$$

（My Humble House；见54页地图；☎6423 1881；www.myhumblehouse.com.sg/space/info.php；8 Raffles Ave, 02-27, Esplanade Mall；午餐/晚餐套餐 60~80新加坡元/100~120新加坡元；✍；ⓂCity Hall）当你看到寒舍稀奇古怪的装饰（由一位中国艺术家设计）及菜单上"有人在山后唱歌"等菜名，绝对不会联想到"寒酸（humble）"这个形容词。如果你想要品尝配搭花雕酒、干贝和鸡蛋的清蒸波士顿龙虾等大胆菜肴，就预订位子吧，记得要精心打扮。寒舍也特别为素食者提供专属菜单。

Saveur 法国菜 $$

（见54页地图；www.saveur.sg；5 Purvis St；主菜 10~24新加坡元；ⓂEsplanade）早在加东Kopitiam（老式中国风咖啡店）开始营业的时候，Saveur的美食就已经十分吸引人，但该餐馆始终保持合理的价格以及现代法国美食的风味。先品尝油封鸭腿配奶油面包等美味小吃，再享用淋上肉碎和樱花虾酱料的意大利面，或配搭土豆和菜豆的香脆澳大利亚肺鱼。不能预订。

莱佛士城 各国风味 $$

（Raffles City；见54页地图；www.rafflescity.com.sg；252 North Bridge Rd；ⓂCity Hall）在这家商场里，可以找到许多很棒的用餐选择，其中大多数位于令人眼花缭乱的商场地下一层。Hand Burger提供美味的汉堡包（虽然有点儿小）；Skinny Pizza以平顶脆饼皮搭配美味食材制成的比萨而闻名；鼎泰丰（Din Tai Fung）门外总是大排长龙，客人等着品尝美味小笼包。你也可到Brotzeit一边狂饮德国啤酒，一边咬嚼香肠。

购物中心四楼也设有食阁，提供价廉物美的新加坡地道小吃。

华乐 中国菜 $$$

（Wah Lok；见54页地图；☎6311 8188；

2nd fl, Carlton Hotel, 76 Bras Basah Rd；主菜 20新加坡元起；Ⓜ City Hall, Bras Basah）老字号华乐提供非常美味的北京烤鸭和点心，备受家庭欢迎。记得让胃部留一点儿空间，以品尝经典小吃叉烧酥和风味十足的西兰花豆腐。

逸群 中国菜 $

（Yet Con；见54页地图；25 Purvis St；鸡饭5.50新加坡元；⏲10:00~22:00；Ⓜ City Hall）这家经营了七十多年的老字号没有名家设计的外观，也没有什么独特魅力，全靠其风味无穷、无法匹敌的海南鸡饭，吸引一批忠实的老顾客和一群二十多岁的新晋美食爱好者。不要被人群吓跑了，一般很快就可以找到座位。

首选 喜园 中国菜 $

（YY Kafei Dian；见54页地图；37 Beach Rd；每餐 3新加坡元起；⏲7:30~22:30；Ⓜ Esplanade）这家售卖传统海南美食的老式咖啡店，天花板上有吊扇、地上铺着亚麻布油毡、摆着大理石圆桌和木椅子，全天营业。早餐提供柔软的kaya（咖椰酱）小面包、溏心蛋（蘸作料吃味道好极了）和一杯香醇的Teh C（加入淡奶的奶茶）。喜园也供应海南鸡饭和其他小炒。

Kopitiam 咖啡馆 $

（见54页地图；www.kopitiam.biz；Bras Basah Rd和Bencoolen St交叉路口；⏲24小时；Ⓜ City Hall, Bras Basah）这是个吃夜宵的好去处，Kopitiam这家分店很有活力，灯光非常明亮刺眼，如果在凉爽的深夜前往，可选择坐在光线较柔和的户外座位。食物可口，品质有保证，吃一顿饭的费用不会超过6新加坡元。

珍宝海鲜楼 海鲜 $$$

（Jumbo Seafood；见54页地图；☎6532 3435；www.jumboseafood.com.sg；30 Merchant Rd, 01-01/02 Riverside Point；菜肴 8新加坡元起，辣椒螃蟹每公斤约48新加坡元；Ⓜ Clarke Quay）如果辣椒螃蟹让你垂涎欲滴，就到珍宝海鲜楼尽情享用吧。这里的酱汁甜鲜，富含坚果味，辣椒分量恰到好处。别忘了点一些煎馒头来蘸辣椒螃蟹的酱汁。虽然每家珍宝海鲜楼分店烹饪这道菜都是驾轻就熟，但这家分店拥有最佳的河滨景观。1公斤螃蟹足够两人分享。

Coriander Leaf 创意菜 $$$

（见54页地图；☎6732 3354；www.corianderleaf.com；River Valley Rd, 02-03, 3A Merchant Court；主菜 25~40新加坡元；⏲周一至周五午餐，周一至周六晚餐；✎；Ⓜ Clarke Quay）在这个口碑颇佳的小餐馆里，你可以找到很成功的跨文化美食实验典范。以香菜辣椒香蒜扁豆干面条、洋芋片和茄子什蔬，或以有机的安格斯肋眼牛排配搭泡菜饭、辛辣亚洲茄子等菜肴欢庆世界和谐吧。

莱佛士城
GETTYIMAGES 提供

DB Bistro Moderne 法国菜、地中海菜 $$$

（见54页地图；☎6688 8525；2 Bayfront Ave, The Shoppes at Marina Bay Sands；2/3道菜午餐套餐 42/52新加坡元，晚餐主菜 22~46新加坡元；Ⓜ Bayfront, Marina Bay）法国大厨Daniel Boulud在新加坡开设的餐馆，这个既整洁又悠闲的用餐热门场所，是滨海湾金沙名厨餐馆中最好的一家。令人难忘的美食包括多汁的海鲜烩饭，以及让人"堕落"的鹅肝DB汉堡。餐馆提供近30种葡萄酒选择，可杯点，其中有些来自鲜为人知的精品酒庄。若计划在周四至周日前往用餐，最好提前预订。

Pizzeria Mozza 意大利菜 $$$

（见54页地图；www.pizzeriamozza.com；2 Bayfront Ave, The Shoppes at Marina Bay Sands；比萨 18~37新加坡元，主菜 25~36新加坡元；Ⓜ Bayfront, Marina Bay）纽约明星主厨Mario Batali是这家著名意大利菜馆的股东之一。该餐馆也是滨海湾金沙名厨餐馆中，少数让你无须倾家荡产也能满足味蕾的选择。虽然开胃菜和面食都很美味地道，但都不敌该餐馆的拿手菜——木柴烘烤比萨，这里的比萨以饼皮香脆闻名，会让人欲罢不能。

饮品和夜生活

New Asia 酒吧

（见54页地图；Swissôtel The Stamford, 2 Stamford Rd；⏲周日至周二 15:00至次日1:00，周三及周四 至次日2:00，周五及周六 至次日3:00；Ⓜ City Hall）轻啜马提尼酒的时候，怎么能少了令人眩目的天际线景观？在众多时尚酒吧俱乐部中，很少像位于71层楼酒吧兼夜店的New Asia这般幸运，能将美景尽收眼帘。精心打扮后，早一点儿到这家酒吧欣赏日落，然后在舞池中尽情地展现舞艺。周五及周六25新加坡元的入场费包括一杯饮料……但有美景如此，谁还会斤斤计较呢？

首选 **Bitters & Love** 酒吧

（见54页地图；www.bittersandlove.com；36 North Canal Rd；⏲周一至周四 18:00~0:00，周五至周六 18:00至次日2:00；Ⓜ Clarke Quay）这家位于芳林公园（Hong Lim Park）对面的小酒吧，自信到不需要采用显眼的招牌就能引来大批"酒徒"，皆因酒吧的创意十足，并采用不少本地元素来创造出卖相、口味俱佳的鸡尾酒。招牌特饮包括Kaya Toast，以朗姆酒和茶为原料，深受欢迎。酒吧同时供应下酒的鲜蚝和牛粒。酒吧就在Shoebox Canteen后面，在餐厅享用晚餐的客人也能点酒吧里的鸡尾酒。

Ku De Ta 酒吧

（Marina Bay Sands；见54页地图；10 Bayfront Ave；⏲11:00至深夜；Ⓜ Bayfront）挑一个天气好的日子，并且盛装打扮一下再登上金沙

Lantern Bar一角

Lantern Bar 提供

酒店的顶层酒吧，一览新加坡的无敌风景。酒吧的客人以游客居多，而且鸡尾酒的价格并不便宜，但为了风景以及同你一样用心装扮的客人，奢侈一把也值得。过了18:00，酒吧不欢迎穿短裤、背心和拖鞋的客人。

28 Hong Kong Street 酒吧

（见54页地图；www.28hks.com；28 Hong Kong Street；⏲周一至周三 17:30至次日1:00，周四 至次日2:00，周五及周六 至次日3:00；Ⓜ Clarke Quay）一个没有招牌的酒吧却能吸引无数客人，靠的就是有品质和趣味性极高的鸡尾酒。获奖连连的酒保，确保你品尝到极具创意的品种，一些鸡尾酒的取名足以吸引眼球，比如Whore's Bath等。晚上没有预订的话，通常只剩下吧台的位置或站位。

Loof 酒吧

（见54页地图；www.loof.com.sg；03-07 Odeon Towers Building，331 North Bridge Rd；Ⓜ City Hall）位于天台的Loof酒吧，独特店名灵感来自屋顶"roof"的新加坡式英语念法。在这里，可以一边欣赏市政厅区的景观，一边欣赏柔和的音乐、品尝亚洲复古酒吧小吃，以及享用名字灵感来自区域或城市的饮料，如Ho Chi Mint（梨汁、伏特加、薄荷及黄瓜）和Java Ginger Crush（姜汁啤酒、鲜姜和广东姜酒）。

莱佛士酒店 酒吧

（Raffles Hotel；见54页地图；www.raffles.com；1 Beach Rd；Ⓜ City Hall）是的，莱佛士酒店是一家老牌酒店，但大多数前来新加坡的游客，会至少到酒店内的其中一家酒吧喝两杯。别管**Long Bar**（⏲周日至周四 11:00至次日0:30，周五及周六 11:30至次日1:00）及其价格过高的"新加坡司令"（Singapore Sling），具有Raj风格的**Bar & Billiard Room**（☎6412 1816；⏲周二至周六 11:00至午夜）更吸引人。你也可选择到婆娑棕榈树下的**Raffles Courtyard bar**（⏲11:00~22:30）小酌几杯。

Lantern Bar 酒吧

（见54页地图；☎6597 5299；Fullerton Bay Hotel，80 Collyer Quay；⏲周日至周四 8:00至次日1:00，周五及周六 8:00至次日2:00；Ⓜ Raffles Place）位于五楼的Lantern酒吧在层高上可能面对一定的挑战，但这里决不欠缺吸引人的未知元素。除了闪闪发光的马赛克水池，还有诱人的鸡蛋花树、摩天大楼景观、DJ精选的音乐和多种完美混搭的酒精饮料。如果想要拥有私人空间，必须提前3天预订。

Brewerkz 自酿酒馆

（见54页地图；www.brewerkz.com；01-05 Riverside Point Centre，30 Merchant Rd；⏲周日至周四 正午至午夜，周五及周六 正午至次日1:00；Ⓜ Clarke Quay）这是新加坡第一家酿酒馆，至今仍然是规模最大，也可算是最好的酿酒馆。无论是备受欢迎的India Pale Ale，或是稀奇古怪的时令水果啤酒，都是口味一流的，还有多样化的美国式佳肴用以佐酒。最棒（或最糟糕）的是，越早到酿酒馆，酒水价格就越便宜。

Penny Black 小酒馆

（见54页地图；www.pennyblack.com.sg；26/27 Boat Quay；⏲周一至周四 11:30至次日1:00，周五及周六 11:30至次日2:00，周日 11:30至午夜；Ⓜ Raffles Place）Penny Black看起来像个"维多利亚"时代的伦敦酒馆，其室内设计确实是在伦敦建造后才运到新加坡的，因此还算是原汁原味。这里专为在该地区工作的大批英国籍人士供应别处难得一见的英国麦芽啤酒。楼上的酒吧特别吸引人。

Harry's 酒吧

（见54页地图；www.harrys.com.sg；28 Boat Quay；⏲周日至周四 11:30至次日1:00，周五及周六 11:30至次日2:00；Ⓜ Raffles Place）新加坡有31家Harry's分店，这家是第一家，也是最好的一家。这个酒吧颇受城市人喜欢，超额交易导致巴林银行倒闭的交易员尼克·李森

（Nick Leeson）也爱光顾这里，酒吧曾名噪一时。来这里可以彻底放松，在"欢乐时光"（20:00之前）中尽情畅饮。偶尔还有现场乐队演奏，或可免费打台球。

Cuba Libre 酒吧

（见54页地图；www.cubalibre.com.sg；3B River Valley Rd，Block B，01-03 Clarke Quay；⏲周日至周四 18:00至次日2:00，周五及周六 18:00至次日3:00；Ⓜ Clarke Quay）现场古巴音乐表演（周二至周日）活力四射，就连最没舞蹈细胞的人似乎也要随之摇摆起来。如果你可以抗拒莎莎舞（salsa）的节奏，就一边畅饮Caipirinha鸡尾酒，一边看学生们在舞池扭臀热舞吧。潮流音乐达人会喜欢周一晚上的40大金曲排行榜的。

1 Altitude 酒吧

（见54页地图；www.1-altitude.com；Lvl 63，1 Raffles Place；入场费 25新加坡元，晚上9时过后 30新加坡元，包括一杯饮料；Ⓜ Raffles Place）幻想自己躺在云端上喝鸡尾酒？这家酒吧或许是最接近梦想的地方。位于高耸入云的1 Raffles Place摩天大楼63楼，1 Altitude结合柔和的酒廊音乐、摇曳的棕榈树和新加坡闪烁的夜景。记得要精心打扮（不能穿短裤或拖鞋），也别忘了带相机。

Level 33 自酿酒馆

（见60页地图；www.level33.com.sg；Level 33，Marina Bay Financial Tower 1，8 Marina Blvd；⏲周日至周四 正午至午夜，周五和周六 正午至次日2:00；Ⓜ Raffles Place）这里是全球最高的"城市工艺酿酒馆"，可以一边品尝自酿酒，一边欣赏美景。虽然食物与高档环境不是很匹配，但它所酿制的金黄啤酒、淡啤酒、波特酒和黑啤酒都非常顺滑，与俯瞰下去的滨海湾景色一样美妙。

娱乐

Zouk 夜店

（www.zoukclub.com；17 Jiak Kim St；⏲Zouk 周三、周五及周六 22:00至深夜，Phuture & Velvet Underground 周三、周五及周六 21:00至深夜，Wine Bar 周二 18:00至次日2:00，周三及周四 至次日3:00，周五及周六 至次日4:00）这是新加坡最热门的夜店，以多位极富创意的DJ、宽敞的舞池和5个酒吧而著称。周末是前卫舞蹈、嘻哈和电音的天下，周三则以20世纪70年代、80年代和90年代的怀旧音乐为主题。在这座建筑里，你还可到露天Zouk Wine Bar、前卫的Phuture以及闺房风格的Velvet Under-ground，欣赏安迪·沃霍尔（Andy Warhol）和基思·哈林（Keith Haring）的原创作品。选择乘坐出租车吧。

新加坡交响乐团 古典音乐

（Singapore Symphony Orchestra；见54页地图；☎6348 5555；www.sso.org.sg；Ⓜ Esplanade）拥有1800个座席的滨海艺术中心先进的音乐大厅，是新加坡交响乐团的主场。这个值得尊重的交响乐团每个月都有多场演出；可上网查询演出详情并提前预订。学生和老人（55岁以上）可享有折扣；6岁以下的儿童谢绝入场。

Crazy Elephant 现场音乐、蓝调

（见54页地图；www.crazyelephant.sg；01-03/04，Clarke Quay；Ⓜ Clarke Quay）摇滚酒吧Crazy Elephant的空气中弥漫着啤酒味道，音乐声震耳欲聋，到处都是涂鸦之作，是新加坡历史最悠久、最值得信赖的现场音乐演奏场所。在这里大可抛开那些电子杂音，尽情陶醉于认真、响亮、嘶吼的摇滚乐和蓝调中。

Singapore Repertory Theatre 剧院

（见54页地图；☎6733 8166；www.srt.com.sg；DBS Arts Centre，20 Merbau Rd；Ⓜ Clarke Quay）这家剧院上演的大型剧目，除了莎士比亚和现代西方经典，还有新加坡、亚太等地区的当代作品。虽然主场在DBS Arts Centre，但也将在滨海艺术中心和福康宁山公园的剧场演出。

新加坡的表演艺术

新加坡旅游局 提供

新加坡舞蹈剧院　舞蹈

（Singapore Dance Theatre；见54页地图；☎6338 0611；www.singaporedancetheatre.com；2楼，Fort Canning Centre，Cox Tce；Ⓜ Dhoby Ghaut）新加坡世界级的舞团，上演传统的芭蕾经典剧目和当代作品。不要错过该舞团在福康宁山公园举办的“星空下的芭蕾舞”（Ballet Under the Stars），这是极受热捧的舞蹈剧目。剧院还定期举办现场芭蕾舞课，未来的芭蕾舞巨星有可能在这里诞生。

购物

百胜楼　购物中心

（Bras Basah Complex；见54页地图；bras-basah-complex.com.sg；231 Bain Street；⏲10:00~19:00；Ⓜ City Hall）如果你想找一些港台出版物，可以考虑到位于国家图书馆旁边的百胜楼。这个富有新加坡20世纪80年代feel的购书中心内有不少中文书店，包括连锁的大众书店和台湾出版物颇为齐全的友联书局。有中文情结的新加坡人对百胜楼毫不陌生，过去这里曾经举办过无数的小型新谣演唱会。书城内有个供应本地美食的食阁，价廉物美，其中的潮州肉鱼丸面摊位，让人最有排队的欲望。

Campers Corner　户外用品

（见54页地图；www.camperscorner.com.sg；51 Waterloo Street #01-01；⏲11:00~20:00；Ⓜ Bras Basah）这家经营了十几年的户外用品店，能买到各种进口品牌的高质量户外用品，包括冲锋衣、背包、营帐及露营用品等，店内也设有咖啡馆并经常主办与旅行及探险有关的讲座。

滨海广场　商场

（Marina Square；见54页地图；www.marinasquare.com.sg；6 Raffles Blvd；⏲10:00~22:00；Ⓜ Bras Basah）经过装修的滨海湾广场，有超过250家的店铺，以大众品位为主，包括Zara、Desigual、无印良品等。商场内设有戏院。

城联广场　商场

（City Link Mall；见54页地图；1 Raffles Link；⏲10:00~22:00；Ⓜ Bras City）这个位于地下的

新加坡的华语歌谣

李慧敏

新加坡的流行音乐文化多受到国外流行思潮的影响，整体上并不带有很显著的本土风格。不过三十年前兴起的一股“新谣”热，至今在新加坡华族流行文化中仍是一朵奇葩。

2013年8月，中国总理李克强为到访的新加坡总理李显龙设国宴，在晚会上人民解放军军乐团就演奏了一首新谣歌曲《细水长流》。

“年少时候，谁没有梦，无意之中，你将心愿透露……”这是新加坡词曲人，也是新谣鼻祖梁文福的代表作之一，是不少新加坡华人所熟悉的旋律，曾经激荡莘莘学子的内心。

新谣起源于20世纪80年代，由于受到70年代末兴起的台湾民谣风的影响，新加坡校园里也出现了创作民谣的风气。当时的校园里，华族学生们自发地谱写歌曲，用吉他、口琴等简单的乐器，在学校舞台上或者同学间发表自己的创作。这些新加坡的华语歌谣后来被笼统地称为“新谣”。

除了《细水长流》，《邂逅》《月色同行》《我们的歌在哪里》等都是朗朗上口的新谣歌曲。新谣音乐形成潮流之初，歌手们常会聚集在莱佛士酒店对面、俗称“书城”的书市百胜楼里，举办歌曲发表会，经常吸引大批年轻人捧场支持。由于新谣广受瞩目，新加坡电台和电视台也留意到新谣歌手们，为他们提供宣传的机会与平台。

在港台流行音乐占据华文流行乐坛空间的时代里，这一首首没有过多雕琢痕迹的本土创作歌曲显得格外清新、清纯。当时的新加坡独立不到二十年，执政当局正着手建构人民的国家意识，无心插柳柳成荫，这些新加坡人的创作就成为维系身份认同的无形资产。

新谣也为一些歌手和词曲创作者奠定了走向海外、进军中国台湾乐坛的根基。曾经在台湾乐坛上红极一时的艺人黎沸挥、巫启贤等正是从新谣出发，后来走出新加坡的。发掘亚洲天后孙燕姿的

（左）新谣演唱会；（右）新谣的领军人物梁文福
（左）李欣赏 摄；（右）李欣赏 摄

音乐人李伟菘、李思菘两兄弟，也在20世纪80年代中期出道。他们的才华备受肯定，最终也走向海外，迈向更蓬勃的华语流行圈，先后为多位知名歌手，如张学友、张靓颖等写歌以及制作专辑。

不过由于大部分新谣歌曲都以中文来创作，因此，这个时代的文化现象只为华人群体所熟悉，并未成为一个普及的全民文化。在新加坡的马来或印度朋友，未必对新谣有太多的认识与了解。

值得注意的是，创作歌曲的新谣歌手多数是受中文教育的华校生，中文掌握能力很强。不过这股流行文化热潮在80年代中期进入全盛期后，开始出现断层，到90年代走向没落。

这种现象与教育政策不无关系。新加坡在1965年独立后，开始着重英文教育，以中文为教学语言的华文学校，在20世纪80年代初期纷纷关闭，新加坡华人子弟中文水平下降已成为不可逆转的趋势。

随着新加坡年轻一代华人对中文学习的热情逐渐减弱，校园里吟诗、弹唱的风气已不复存在。能够以中文谱写歌曲的新加坡学生凤毛麟角，因此新谣并没有得到延续和更新，而是慢慢走入历史，成为一个特定时代昙花一现的文化产物。

三十多年后的今天，哼唱着新谣歌曲成长的听众已步入中年。一些音乐机构不时举办新谣演唱会，邀请当年大家的偶像来演唱三十多年前耳熟能详的作品。这些演出往往会得到热烈的支持和响应。在一场场的演出中，大家沉浸在集体的回忆中，一起聆听曾经感动过自己的歌曲，缅怀已逝去的青春。

对年轻一代的新加坡人来说，那些20世纪80、90年代的华语歌曲，都成了陌生的旋律，他们或许也无从体会父辈当年在校园里参与集体创作的热情。

购物商场，宛若隧道一样，将City Hall地铁站和滨海广场、滨海艺术中心和新达城连接于一体，若你不想暴晒在烈日下，可以通过这个地下购物中心，步行到以上的景点及购物商场。商场内也有咖啡馆和面包房。

Bugis Street Market 市场

（见54页地图；www.bugis-street.com；Victoria St；⌚11:00~22:00；Ⓜ Bugis）这条街曾经臭名昭彰，设有赌馆，挤满了休假中前来找乐子的外国军人和“姐妹”们（异装癖者）。如今，它已蜕变成新加坡最大的市集街道，售卖各类廉价衣服、鞋子、配饰、美甲服务和食物。此外，这里还有一家向其颓废过往致意的性情趣商店。你还可到**The Good Old Days**（店铺门牌CSL/D4，2楼；⌚正午至22:00）购买20世纪70年代至90年代复古风格的连衣裙、手袋、珠宝和高跟鞋。

BUGIS+ 购物中心

（见54页地图；www.bugisplus.com.sg；201 Victoria St；Ⓜ Bugis）这家Y世代购物中心设计极具未来感。在**St Games**（www.stgamescafe.com；03-16/17 Bugis+；⌚周日至周四11:30~21:30，周五及周六 至午夜）加入打游戏的极客们，又或是在娱乐厅**Arcadia**（05-04/05 Bugis+；⌚周日至周四 11:00~23:00，周五及周六 至次日1:00）怀旧一把。当然你也可以在**K Suites**（www.ksuites.com.sg；03-18 Bugis+）的主题包房里当个麦霸。四楼的美食广场式餐馆多到爆。

Shoppes at Marina Bay Sands 商场

（见54页地图；www.marinabaysands.com；10 Bayfront Ave；Ⓜ Bayfront, Marina Bay, Promenade）你将在这个巨型亮丽的购物商场里，找到所有时尚大牌，包括时尚名牌Prada和Miu Miu。对流行了如指掌的潮流达人，可到男女皆宜的**Society of Black Sheep**（见54页地图；www.societyofblacksheep.com），这里出售的品牌包括悉尼网络朋客风格的Injury、新加坡几何主题的Yumumu以及当地设计师Carrie K设计的珠宝。这里还有个旱冰场、多家名厨餐馆以及水上Louis Vuitton专卖店。

莱佛士城 商场

（Raffles City；见54页地图；www.rafflescity.com.sg；252 North Bridge Rd；Ⓜ City Hall）热闹的莱佛士城是新加坡最好的购物商场之一，有一家三层楼的Robinsons百货商店，Topshop、agnès b和Kate Spade等全球时尚品牌专卖店，以及多种儿童服装和玩具供选择。此外，这里还有Ode to Art画廊。逛累了，可到数目众多的食阁摊位或餐馆补充精力。

新达城 商场

（Suntec City；见54页地图；www.suntec

Bugis 购物中心
叶孝忠 摄

滨海湾金沙酒店购物商场

新加坡旅游局 提供

city.com.sg; 3 Temasek Blvd; ⓂPromenade, Esplanade）新达城这座巨型购物商场售卖的商品包罗万象，还有60家餐馆、咖啡馆和好几个食阁。商场内的财富喷泉（Fountain of Wealth）吸引不少购物者前去添好运，这个喷泉还曾被吉尼斯世界纪录列为全球最大的喷泉。这里还经常举行各种主题“展销会”，消费者能以相当优惠的价格购买到相机、电子商品和电脑设备等。

牛车水、小印度和小阿拉伯

牛车水、小印度和小阿拉伯构成了新加坡最具民族色彩的区域，它们分别代表了传统华人、印度人和马来人居住的区域。在新加坡三种文化高度融合，牛车水最著名的地标之一竟然是一个满天神佛的印度庙；在小印度也能遇见不少香火鼎盛的华人庙宇。

无论你游走在哪个区域，都会被色彩斑斓的战前店屋及丰富多元的人文历史景观所包围。这一两年，为了凸显区域特色，新加坡更是打造了代表当地族群的文物馆，无论是重新装修的牛车水原貌馆，还是刚落成的印度文化中心，都通过生动有趣的设计及布展，让你深入了解新加坡多元种族的魅力。

但这里还是新加坡，传统老区内永远不缺优质而价位合理的餐馆，这三个地区距离不远，通过便捷的地铁及其他交通，你就能实现早餐牛车水、午餐小印度、晚餐小阿拉伯的一天完美行程，还有什么国家能让你那么轻易地在一天内用味蕾来环游世界？

印度庙上的神像
GETTYIMAGES 提供

甘榜格南里的阿拉伯街
新加坡旅游局 提供

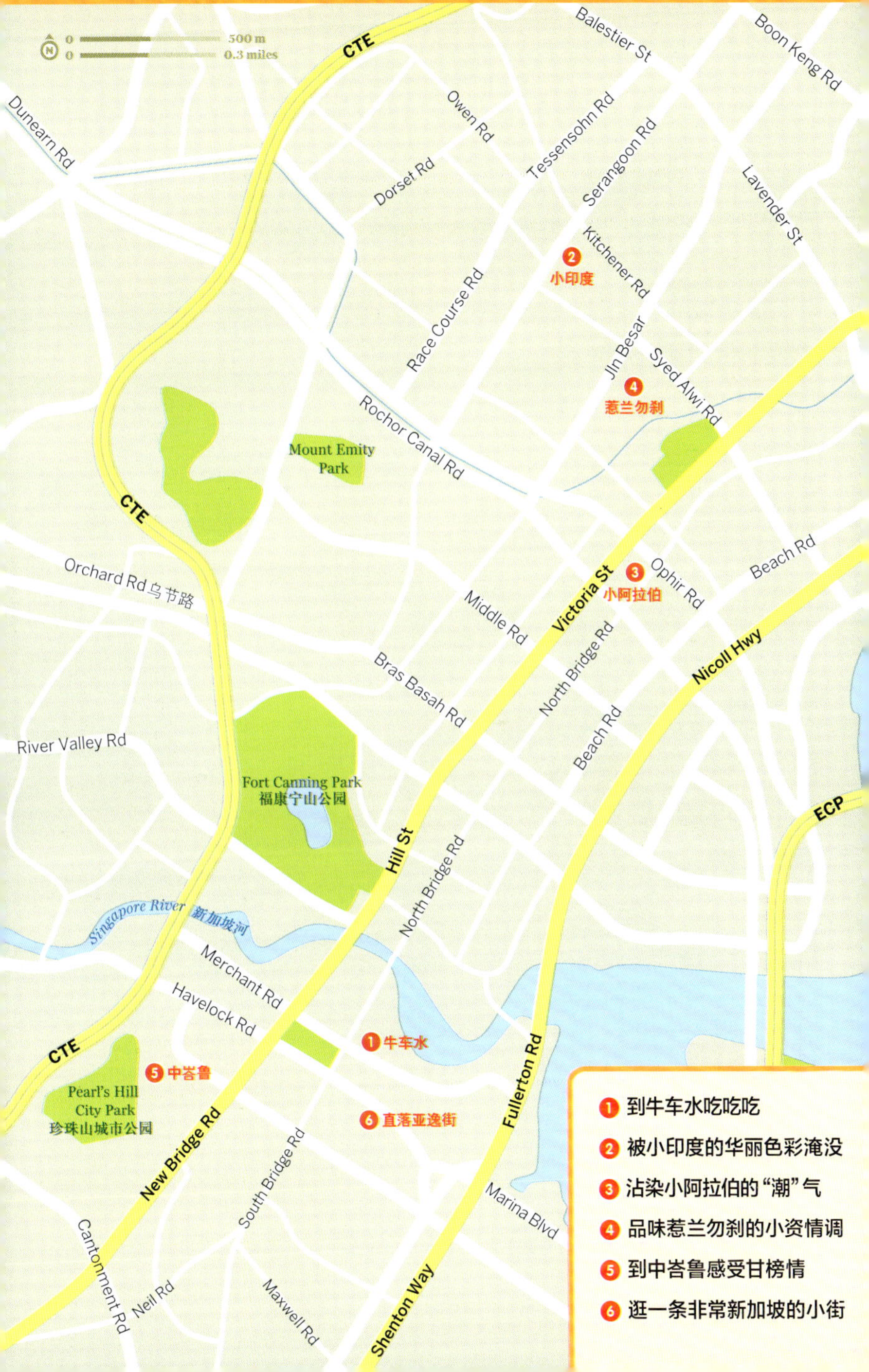
0 500 m
0 0.3 miles
CTE
Balestier St
Boon Keng Rd
Dunearn Rd
Owen Rd
Tessensohn Rd
Serangoon Rd
Dorset Rd
Lavender St
Kitchener Rd
2 小印度
Race Course Rd
Jln Besar
Syed Alwi Rd
4 惹兰勿刹
Rochor Canal Rd
Mount Emity Park
Orchard Rd 乌节路
Ophir Rd
3 小阿拉伯
Beach Rd
Victoria St
Middle Rd
North Bridge Rd
Bras Basah Rd
Nicoll Hwy
River Valley Rd
Beach Rd
Fort Canning Park
福康宁山公园
ECP
Hill St
North Bridge Rd
Singapore River 新加坡河
Merchant Rd
Havelock Rd
1 牛车水
Fullerton Rd
5 中峇鲁
Pearl's Hill City Park
珍珠山城市公园
6 直落亚逸街
New Bridge Rd
South Bridge Rd
Marina Blvd
Cantonment Rd
Neil Rd
Maxwell Rd
Shenton Way
1 到牛车水吃吃吃
2 被小印度的华丽色彩淹没
3 沾染小阿拉伯的“潮”气
4 品味惹兰勿刹的小资情调
5 到中峇鲁感受甘榜情
6 逛一条非常新加坡的小街

牛车水、小印度和小阿拉伯亮点

1 到牛车水吃吃吃

有华人的地方就有美食，从早、午、晚餐到夜宵，任何时段，牛车水都有美食能慰劳你。这里集中了不少已经“喂养”了好几代新加坡人的老字号，有一定的信誉保证。新加坡人最钟爱的几个小贩中心都扎堆于牛车水，包括牛车水熟食中心、麦士威路小贩中心等，一顿15元人民币的简餐，就能让你体会到庶民的“小确幸”。图为牛车水熟食中心的小贩。

行前参考

- 地铁站就在牛车水中心区域，这里十分游客化，但走入小贩中心，就能走入新加坡人生活的场景里。
- 牛车水中心以外的街区更具有魅力，并设有不少咖啡馆、精品酒店等，可以尝试往Keong Siak一带逛逛。

(上)小贩中心
(下)当地小贩美食

多元的魅力

江振诚,名厨

你眼中的牛车水是个怎样的地方?

很多人说到牛车水,就以为这里只有华人,但其实它比想象中的多元,除了华人庙宇,还有印度庙、回教堂等。我认为感受它生活化的一面,更能体会牛车水的魅力,比如牛车水熟食中心底下有个菜市场,在那里就能感受到牛车水原有的风貌和庶民的生活状态。

一些旅行者认为牛车水很游客化,你怎么看?

的确,牛车水的中心比较游客化,但如果你往边缘的街区走,保证你能有所发现。Duxton一带有不少的时髦餐馆,Keong Siak Street一带新旧混杂,现在也越来越时髦,我的餐馆所处的Bukit Pasoh平日也静悄悄,但街上却有不少好玩的地方,比如文艺气息特别浓厚的草根书室等。我餐馆隔壁有个粤剧团,到了黄昏时分就经常有粤剧爱好者到这里唱戏。

牛车水还有什么隐秘的角落吗?

我个人特别喜欢Spottiswoode Park一带,这个街区几乎没有游客,但有很多漂亮的战前老房子,很多人经常到这里来写生。每次来到这里,我都感觉自己离开了新加坡,其实它离牛车水也不过十分钟的步行时间。

作为一个厨师,你如何评价牛车水的美食?

牛车水是新加坡美食的集中地,各种档次的都有,从5元到500元都有捧场客。追求西餐或国际风情的旅行者会满足,喜欢小贩美食的旅行者在麦士威路小贩中心能找到天堂。牛车水的夜生活也十分蓬勃,Tippling Club是一家特别值得推荐的酒吧,他家的鸡尾酒很有创意。

被小印度的华丽色彩淹没

喧闹的不只是人群，还有各种斑斓的色彩。看似杂乱无序的小印度，是新加坡最具异国情调的街区。无论是品尝印度煎饼或拉茶，或是和印度大妈一起逛传统的莎丽店，小印度的精彩就是能让你在干净、安全的环境下品味南亚的魅力。在刚落成的印度文化中心，细细体会街区的历史，或在巷弄里的百年店屋中迷路，找到最地道的印度滋味，这些美好的体验都不容错过。图为小印度的印度庙宇。

2

3

沾染小阿拉伯的"潮"气

由华丽的苏丹回教堂把守着，潮（朝）气十足的小阿拉伯，能把你瞬间送到遥远而神秘的中东。由Arab Street派生出去的小街巷，大多是历史悠久的老店屋，现在布满各种时尚的小店和咖啡馆，等待旅行者去发现。从最传统的阿拉伯香水店到最时髦的设计师小店，从最接地气的马来美食到弥漫着水烟香气的中东餐馆，小阿拉伯能给你意想不到的惊喜。图为哈芝街的潮店。

叶孝忠 摄

4 品味惹兰勿刹的小资情调

位于小印度和小阿拉伯之间的历史街区原本死气沉沉，一直也算是新加坡一个较为低调的红灯区，由于地理位置优越，加上租金相对低廉，惹兰勿刹近年来吸引了不少年轻人在此创业，个性咖啡馆、精品酒店、风味餐馆开始涌现，现在已经成了当地小资最喜欢流连的区域之一。图为惹兰勿刹的咖啡馆。

叶孝忠摄

5 到中峇鲁感受甘榜情

这是新加坡历史最悠久的组屋区，现在已经成了时髦青年也喜欢出没的街区。绿树如荫的街区，散落不少价廉物美的餐馆，而外国人开的咖啡馆或面包房也比比皆是，更难能可贵的是，这里依旧推崇缓慢的生活步调，类似闹市中的小村庄。越来越多的年轻人选择在这里买房，落地生根，让这个老化的组屋区多了些蓬勃的朝气。图为中峇鲁的小店。

叶孝忠摄

6 逛一条非常新加坡的小街

新加坡最漂亮的华人庙宇——对这样的赞誉，历史悠久的天福宫可谓当之无愧。这座庙宇位于牛车水附近的直落亚逸街，远离了牛车水游客区的喧闹，你可以更好地体会闽南建筑师的精致工艺，庙宇风格也是典型的“非常新加坡”，一些装饰细节也带有西方建筑的影响。这条短短的街道还有回教堂和基督教堂，高度浓缩了新加坡多元的宗教文化。图为天福宫。

行前参考

交通

- 东北线和市区线都会经过牛车水(Chinatown站),Outram Park站和Tanjong Pagar站也都靠近牛车水边缘区域，出发前可查询谷歌地图，以了解最方便的地铁站。

- 东北线和市区线都经过小印度，包括Little India站和Farrer Park站，在Little India站下车，就能直达小印度的中心。去往惹兰勿刹可在Lavender站下车，或由Farrer Park站走过去。

- 最靠近小阿拉伯的地铁站为Bugis站。

住宿

- 这几个街区都有酒店住宿选择，价格也比商务区便宜，因此深受旅行者的欢迎，小印度和牛车水有不少的青年旅社和精品酒店。

- 惹兰勿刹这几年多了不少性价比高的小型酒店。虽然这个位置距离市中心约有两站地的距离，不算是热门的住宿区，但周边其实有不少优质的餐馆供选择，交通也十分便利，旅行者可以考虑入住于此。

餐饮

- 牛车水、小印度和小阿拉伯都有无数的餐饮选择。牛车水无数的中餐选择最符合中国旅行者的口味。

- 想要感受浓郁的异国情调，可以考虑在小阿拉伯用餐，周围的氛围特别热闹，而且大部分的消费者都是本地人。

购物

- 牛车水有不少传统的饼店、肉干店，想要为家人朋友带点手信，这里是不错的选择；小印度则能买到传统的印度服饰等；而追求时髦的旅行者不要错过小阿拉伯的个性小店。

（左）马来市场；（右）惹兰勿刹的老店屋
（左）GETTYIMAGES 提供；（右）叶孝忠 摄

不要错过

最佳住宿

- **Hotel Vagabond** 法国设计师打造的时髦设计酒店，喜欢艺术的旅行者不要错过。（见124页）
- **Park Royal on Pickering** 你会先被这栋酒店绿意盎然的建筑所打动，然后在其无边际泳池遗忘城市的烦嚣。（见103页）
- **Amoy Boutique** 浓厚的怀旧时尚感加上独特的地理位置，让你感受牛车水旧日的风情。（见104页）

最佳餐饮

- **麦士威路小贩中心** 新加坡人最爱的小贩中心之一，不要错过天天海南鸡饭。（见117页）
- **Andre** 名满天下的法式餐厅，采用当日最新鲜的食材打造完美餐饮体验。（见116页）
- **Warong Nasi Pariaman** 已经成为传奇的马来菜，价格和味道都令人称心如意。（见132页）
- **竹脚中心** 新加坡人都到这里品尝印度穆斯林的黄姜饭、印度煎饼，还有带有泡沫的拉茶。（见125页）

最佳街区

- **小阿拉伯** 抽水烟，逛个性小店，让清真寺日落前的祷告立体声环绕。（见130页）
- **惹兰勿刹** 潮人潮店聚集惹兰勿刹，这是当前新加坡最时髦的区域。（见128页）
- **中峇鲁** 老组屋区里遍布有趣的个性咖啡馆、精品店等，越老越时尚。（见108页）

牛车水

牛车水是传统华人老区，由于过去这里使用牛车来运载水源，故此得名。这里并没有太多吸引眼球的必看景点，整个街区由经过修复的战前店屋构成，大多被粉刷得色彩斑斓，并进驻了各类型的餐馆、游客纪念品商铺等，香烟缭绕的庙宇、湿巴刹和小贩中心散落其中。20世纪70年代生活于此的新加坡人，依旧对这里杂乱无章的过往怀念不已，想要了解这段被抹掉的历史，可以到牛车水原貌馆看看。附近的恭锡街（Kong Siak Street）、安祥山（Ann Siang Hill）、麦士威路（Maxwell Road）和达士敦山（Duxton Hill），有不少更有个性的餐馆及酒吧，成了时尚夜猫子留恋的场所。

景点

峇峇住宅 博物馆

（Baba House；☎6227 5731；www.nus.edu.sg/cfa/museum/；157 Neil Rd；门票免费；⏲1小时团队游，周一 14:00，周二 18:30，周四 10:00，周六 11:00；Ⓜ Outram Park）参观峇峇住宅必须预约，但你将发现，跟随导游参观这座忠实再现土生华人文化的民居是非常值得的。室内摆设与20世纪20年代刚落成时一模一样，博学多识的导游会详细讲解富有的土生华人的生活面貌，包括害羞的娘惹通过屏风上的小孔偷窥大厅里的客人。

住宅建于19世纪90年代，这里曾是船运大亨黄敏（Wee Bin）的宅第。

牛车水原貌馆 博物馆

（Chinatown Heritage Centre；见102页地图；www.chinatownheritagecentre.sg；48 Pagoda St；成人/儿童 10/6新加坡元；⏲9:00~20:00，最后入场时间19:00；Ⓜ Chinatown）以三座相连老店铺改建而成的牛车水原貌馆，集中展示了牛车水混乱、多姿多彩且不甚光彩的过去。虽然设备不及城市里其他热门博物馆，但原貌馆以旧照片、人物轶事和重现室内装饰等讨喜的方式，生动地展现了这个地区曾经历的起落兴衰。

新加坡佛牙寺龙华院 佛教寺庙

（Buddha Tooth Relic Temple；见102页地图；www.btrts.org.sg；288 South Bridge Rd；⏲7:00~19:00，舍利子观赏时间 9:00~18:00；Ⓜ Chinatown）2008年开光的新加坡佛牙寺龙华院规模很大，共有5层楼，设计风格结合了佛教曼陀罗和唐朝建筑的特色，最吸引人之处在于——一颗来自印度北部拘尸那迦的佛陀左犬牙舍利。虽然佛牙舍利的真实性备受争议，但它仍被郑重地安置在一尊由420公斤黄金（自行准备好望远镜）制成的舍利塔基座内，摆放在四楼一间装饰非常华丽的房间里。

三楼的博物馆还有更多宗教文物，而顶楼宁静的屋顶花园还建有一个万佛亭，里面安放着一个巨大的转经轮。

牛车水的街头餐厅
GETTYIMAGES 提供

消失的行业：街边讲古

韩山元

街边讲古，这是一种十分独特的行业，这个行业在新加坡已经消失多年。但在老一代的记忆中，它并没有消失，老人家还怀念当年在街边、河边、山下，听说书先生讲《三国演义》《水浒》《七侠五义》《封神榜》的故事。

新加坡过去有五个说书中心：牛车水三个，直落亚逸街与新加坡河畔的克拉码头各一个。街边说书这种民间文化活动是从中国传来南洋的，历史上最著名的说书先生应该是明末清初的柳敬亭。新加坡也有几个家喻户晓的说书先生：讲粤语的李大傻，讲潮州话的黄正经和讲闽南话的王道，但是这三位讲古大师都不在街边讲古，而是在无线电台讲。街边说书先生的社会地位很低，他们的收入低微，往往是白天做工，晚上到街边讲古，赚点小钱维持生活。

现在，让我们去新加坡河的克拉码头，看看讲古的场景吧：

夜幕低垂，华灯初上，暮色下的新加坡河，俗称"柴船头"的地方，三三两两穿着短裤、短袖上衣或背心的市民，从简陋的住屋走出来，走到河边一张张小小的矮桌子前，小桌子上有一盏亮着的"臭土灯"（以电石即碳化钙为燃料），围着的人从口袋里掏出一角钱银角币，放在小桌上，然后在离小桌不远的地方，或者站着，或者在小凳子上坐着，还有人坐在河岸的栏杆上。

矮桌后面坐着身材瘦削的中年人，那就是说书先生了。只见他"啊喝"两声清一清喉咙，再拿起茶壶喝一口茶，就开始讲故事了。讲古先生声情并茂，眉飞色舞，往往把听者带入故事的现场。讲了一个章节，休息片刻再继续。有时，还会拿起当天的报纸报告新闻。因为来听故事的多半是文盲，没读报，来听讲古实际上也是了解时事。

不要小看这些说书先生的贡献，新加坡旧时的劳苦大众，文化程度极低，他们正是靠这些说书先生的传播，才知道许多中国历史知识和文学经典，另外还包括天下大事。

遗憾的是，这个行业找不到接班人，加上新加坡20世纪80年代初开展推广华语（普通话）运动，政府要求人民多讲华语，少说方言，甚至不说方言。这些方言说书就渐渐式微，如今已销声匿迹。

马里安曼兴都庙

印度教寺庙

（Sri Mariamman Temple；见102页地图；244 South Bridge Rd；⏲7:00至正午，18:00~21:00；Ⓜ Chinatown）有趣的是，牛车水最吸引眼球的建筑竟然是一座南印度的庙宇。始建于1823年，后于1843年重建，马里安曼兴都庙是新加坡最古老的印度教寺庙，以入口上方建于20世纪30年代的印度南部风格的色彩缤纷的塔楼（gopuram）闻名。塔楼上的亮点是趣味十足的创造之神梵天（Brahma）、守护之神毗湿奴（Vishnu）和毁灭之神湿婆（Shiva）的神像，不要错过神庙围墙上栩栩如生的圣牛塑像。每年10月，寺庙都会举行蹈火节（Thimithi Festival）庆典——信徒们会赤脚从燃烧着的焦炭上走过。听着就觉得疼！

天福宫

华人寺庙

（Thian Hock Keng Temple；见102页地图；158 Telok Ayer St；⏲7:30~17:30；Ⓜ Chinatown, Tanjong Pagar, Raffles Place）位于牛车水最负盛名的印度教寺庙人潮汹涌，但历史最悠久、最重要的福建人寺庙——天福宫却非常宁静。天福宫建于1839年至1842年，在填海工程将海岸线推远之前，这里曾经是中国船员最喜爱的着陆点；庙里供奉了海上的守护神妈祖，因此当海员即将出发远行时，都会到庙里祈求一路平安。

天福宫是典型的闽南庙宇建筑，采用木架结构，并饰以各种精致的木雕等，几年前天福宫进行了修复，还专程找来泉州的老师傅。悬挂在正殿的匾额"波靖南溟"是清朝光绪皇

多元种族大熔炉

黄匡宁

新加坡是个移民社会，早期的先民从亚洲各个角落漂洋过海而来，在这个小小岛屿落地生根，历经半个世纪的发展，赋予这个国家独特的魅力，形成多元种族与文化的大熔炉。走在街上，不同肤色、不同语言的人士，都可能是土生土长的新加坡人。

新加坡学童每天上课前念的信约是这样写的：“我们是新加坡公民，誓约不分种族、言语、宗教，团结一致，建设公正平等的民主社会……”今天的新加坡，不同的种族、语言和宗教兼容并蓄、和谐共处，已不再流于表面或口号，而早已深入民间，成为新加坡人生活的常态。

新加坡的四大种族分别为华人、马来人、印度人和欧亚裔人士，在宪法中把英语、华语、马来语和淡米尔语（即泰米尔语）定为国家的四种官方语言，其中英语为共同语言，马来语为国语。学生入学后都以英文为主要学习语言，并选修一门母语（华语、马来语或淡米尔语），这就是新加坡著名的双语政策。

新加坡人从小在多元语言的环境下成长，但是不要以为新加坡人都能讲自己的“国语”，也不要以为每一个新加坡人都能掌握流利的“母语”。实际上，很多新加坡人都说不清马来文国歌的内容，而很多华人的华文程度也只限于基本的日常用语。与新加坡华人交谈，会发现新加坡式的华语掺杂了大量的英语与方言词汇，如：“去做工等不到taxi，只好坐MRT咯。”（去上班等不到出租车，只好搭地铁。其中“咯”是常用的语气助词）以及下一句：“结果去到office已经late了，进去meeting很paiseh，还kena被骂！”（结果去到办公室迟到了，进入会议室很不好意思，还被骂了！其中“paiseh”是闽南方言里的“不好意思”，“kena”是马来话中“遭受”的意思）

新加坡人最常使用的是所谓的Singlish，新加坡式英语。语音与词汇掺杂了马来语、淡米尔

(左)当地华人过年的摆设品；(右)大宝森节

(左)GETTYIMAGES 提供；(右)DERRICK SEE 摄 新加坡旅游局 提供

语以及闽南语或其他中国南方的方言，颠覆了英语语法，还有个特殊的腔调。如："Want to go makan? The food there damn shiok!"（要吃饭吗？那里的食物超赞！）

新加坡式的华语或英语，离开新加坡未必有人能听得懂，却是新加坡人互相沟通时最感亲切的交谈方式。新加坡人经常以此自我调侃，政府更为此推行"讲华语运动"和"讲正确英语运动"，鼓励华人以华语取代方言，也鼓励新加坡人讲标准英语。

当然，不要因此以为新加坡人的语言能力很差，不少老一辈的华人能讲多种方言如闽南语、潮州话、广东话、客家话等以及简单的马来语，商店里的印度人看到华人上门，有时会突然用华语或闽南语跟你打招呼，不须惊讶！

早期的殖民地政府为了方便管理，让不同的种族居住在新加坡的不同地区，如华人聚集在牛车水一带、印度人住在小印度地区，而甘榜格南则分配给马来人及其他穆斯林。时至今日，这些地区都已发展成商业地段，也是历史保留区，可以看到不同种族的文化特色。比如，要品尝正宗印度料理一定要到小印度，马来人过节时最热闹的必定是甘榜格南一带，而牛车水具有最显著的华人特色。早期的牛车水地区，还可细分出福建人、广东人、潮州人等的活动街区，而现代的牛车水更吸引了不少中国新移民，中国各地的小吃与菜肴也可以在这里找到。

有趣的是，华人聚居的牛车水也汇集了其他种族的宗教地标建筑，如桥南路的马里安曼兴都庙，是新加坡最古老的印度庙，阿尔阿布拉回教堂与詹美回教堂也是新加坡最古老的回教堂。牛车水以外，香火旺盛的四马路观音庙，旁边也是克利须那神庙，许多华人在观音庙参拜后，经过兴都庙门口也会顺便上香，堪称新加坡多元文化融合的最佳写照。

Chinatown 牛车水

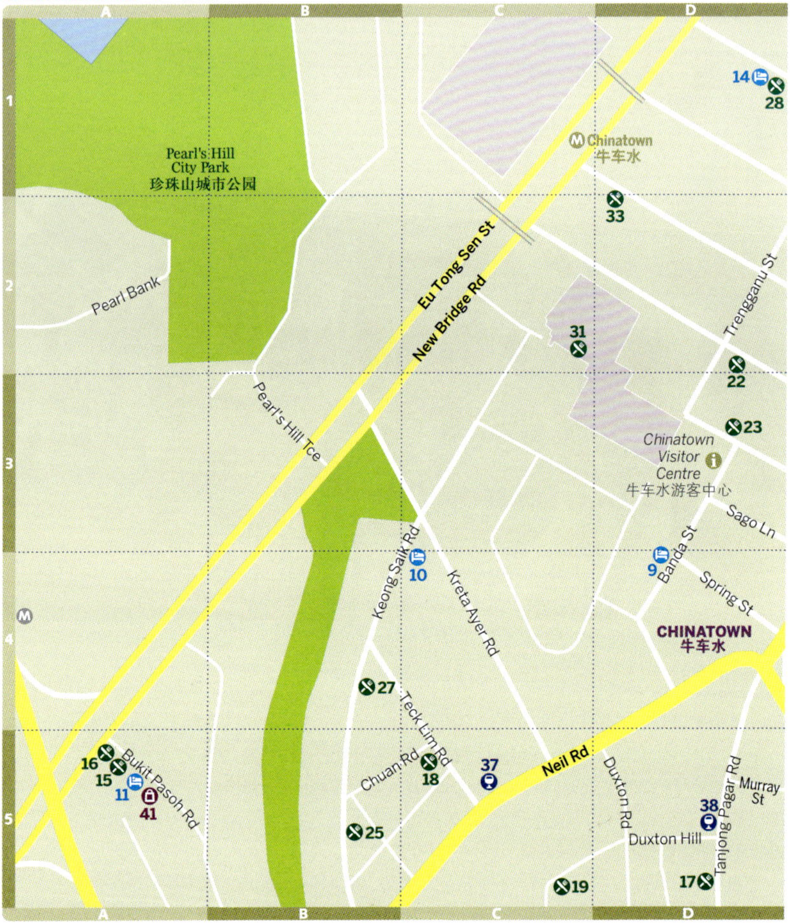

帝御赐的，此处匾额为复制品，真迹已经捐献给国家文物馆。

有趣的是，寺庙的围栏是具有英式风格的，而使用的瓷砖则来自荷兰，也体现了新加坡多元文化的特色。

新加坡城市展览馆 展览馆

（Singapore City Gallery；见本页地图；www.ura.gov.sg/gallery；URA Bldg，45 Maxwell Rd；⏲周一至周六 9:00~17:00；Ⓜ Tanjong Pagar）在此能深入了解政府坚持兴建高层住宅、填海造地的政策。馆内的亮点包括一个"11m*11m"比例的城市微缩模型，展示了新加坡在当前发展项目完成后的面貌。

达士岭 观景台

（Pinnacle@Duxton；www.pinnacleduxton.com.sg；1 Cantonment Road；观景台 5新加坡元；⏲9:00~22:00；Ⓜ Tanjong Pagar）这是屡创售价记录和获奖连连的经济适用房，两座空中花园将7栋高楼连成一体，位于第50层的空中花园对公众开放，只需5新加坡元就能眺

望到狮城360度的美妙风景，包括远处的港口、中部的原始森林和眼下的牛车水历史保留区，以及高楼林立的商务区。登上观景台的门票需要以交通卡Ez-Link支付，入口的闸门在G栋的第一层。

粤海清庙　　华人寺庙

（Wak Hai Cheng Bio Temple；Phillip St和Church St路口；⏲8:00～17:00；Ⓜ Raffles Place）这个被一众高楼包围起来的华人庙宇，是新加坡第一座由潮汕人设立的妈祖庙。1820年由潮汕乘船南来的中国人，为了答谢神明保佑海上平安，就在此建造了庙宇。

这座庙宇虽然小巧，却包含了丰富的民俗细节，色彩斑斓及做工精细的嵌瓷、泥塑和木雕艺术，体现了南洋潮州传统建筑的特色。记得留意屋顶上大大小小表情各异的人偶。

住宿

Park Royal On Pickering　　酒店 $$$

（☎6809 8888；www.parkroyalhotels.

Chinatown 牛车水

com；3 Upper Pickering St；房间 $350起；❄@📶🏊；MChinatown）这里有夸张的瀑布状花园，无边游泳池旁还有鸟笼状的小屋，引人注目的设计令人想起水稻梯田。这家出众的新酒店，细到废纸篓都是本土建筑事务所Woha的杰作。客房明亮恬静而现代，使用了原木和舒缓的绿色，还有高天花板和舒适的床垫。写字台空间富足，时尚的卫生间里有拉门和来自酒店水疗馆St Gregory Spa的便利设施。

Bliss Hotel 精品酒店 $$

（见102页地图；☎6438 1088；www.blisshotel.com.sg；62 Upper Cross St；标单/双 $120/140起；❄📶；MChinatown）经济的精品酒店Bliss就在牛车水地铁站（Chinatown MRT station）正对面，客房现代而光鲜，有着舒适的床铺和现代化的陈设。有几间房的厕所和淋浴间为透明玻璃，如果你和同伴一起住的话可能有点尴尬；隔音不太好，睡觉轻的人应该带上防噪耳塞以防万一。服务专业，礼仪周到。

Amoy Boutique 酒店 $$$

（见102页地图；☎6580 2888；www.stayfareast.com；76 Telok Ayer St；标单/双 含早餐 $318/368起；❄@📶；MTelok Ayer）通过古老的庙宇（已经改造成博物馆），你就能进入Amoy Boutique的大堂。历史启发了这家现代的美丽酒店——从大堂墙上展示的旧时新加坡华人姓氏，到布局巧妙的"馨逸单人房"里的订制榻床。豪华双人房有栅格壁饰和青花瓷洗手池，所有的房间都有名师设计的卧房、意式咖啡机和免费迷你吧。

酒店慷慨的大手笔，还包括豪华轿车机场单程接送服务。

健身馆，还有时髦的“空中酒吧”（sky bar），可远眺港口与圣淘沙。

Carlton City 酒店 $$$

（☎6632 8888；carltoncity.sg；1 Gopeng St；房间 $280起；❄ @ 📶 🏊；Ⓜ Tanjong Pagar）这家高耸而优雅的商务酒店位于繁荣的丹戎巴葛，其386间光鲜的客房全部以亚光灰色、巧克力色和红色装饰。卫生间小却现代，大多同时配有淋浴和浴缸。酒店设施包括一个户外游泳池和按摩浴缸，以及设施现代的小型

Wangz 精品酒店 $$$

（☎6595 1388；www.wangzhotel.com；231 Outram Rd；房间 228～408新加坡元；❄ @ 📶；Ⓜ Outram Park）精品酒店新宠Wangz线条流畅，位于牛车水西边，41间客房非常神气和现代化，以当地的当代艺术作为装饰，还有非常舒适的床、iPod基座和时尚的浴室。此外，酒店出彩之处还有健身房和（下接112页）

“小红点”里的粉红点

林顺华

新加坡在地图中就只是一个“小红点”，是个弹丸小国。邻近国家的前领袖以“小红点”来形容新加坡的“渺小”，但这也激励新加坡人不时自我鞭策，以证明小红点在多方面都不容小觑。

2009年5月17日，2500人在新加坡唯一获准举行游行集会的芳林公园（见54页地图）组成一个“粉红点”，借此呼吁社会接纳男女同性恋、双性恋、跨性别（LGBT）等小众社群。之后每年6月的最后一个周六，“粉红点”便在同一个地点集会，规模逐年壮大，出席者大多身穿粉红服饰，其中包括陪孩子出席的年长者，以及带着年幼小孩的家庭人士。2015年的集会，当粉红灯光在夜幕中亮起时，一个白光拼凑出的LOVE字母，道出了这个社群的心愿：有爱无类，大家都是这个家园的一分子。

当支持的声浪越大，反对的声音也就越响。一些宗教人士便在2014年发起穿白衣行动，捍卫传统家庭价值观，针对性取向观念展开“颜色之争”。

新加坡总理李显龙在2015年6月接受外国媒体采访时表示，新加坡人还没准备好接受同性婚姻，因为多数群众“还是保守的”。他说：“在新加坡有一些同性恋者群体，新加坡有同性恋者，他们有自己的栖身之所，我们也应让他们过自己的生活。”

他表示，政府不会去骚扰或歧视同性恋者。但如果去征询大多数新加坡人的意见，相信没有人希望让LGBT成为新加坡社会的基调。

新加坡社会民风相对保守，收纳了不同种族宗教与公民团体的观点。因此，任何可能让其他种族宗教或主要社群无法接受的活动或内容，都会经审查后被取消。一些外国电影、剧集或书籍等提倡同性恋的情节，被删减已经不是新鲜事，但每次都会引起不同社群的激烈争论。

即使如此，丹戎巴葛一带（靠近牛车水）很多年前便出现了同性恋者聚集的夜店、按摩院或专属会所；但店外很少挂着彩虹旗，传统媒体也看不到任何宣传同性恋集会或活动的广告。社交媒体及口碑相传，是小众社群沟通的主要渠道。

李显龙总理说，同性恋社群在新加坡有自己的空间，但LGBT不应该强行鼓吹自己的观点，否则社会的反弹力度会更强烈。主要原因是，双方很难在这个课题上取得共识。

这也就说明了为什么“粉红点”集会可以一连举办七年，也没有被反对声浪淹没。

牛车水
步行游览

- **起点**：Raffles Place地铁站
- **终点**：牛车水大厦
- **距离**：3公里
- **需时**：2小时（不含游览时间）

由Raffles Place地铁站出来后沿着Chulia St往西走，拐入Phillip St走到尽头就是❶**粤海清庙**（见103页），过Church St走到Telok Ayer St，这一带是Far East Square和China Square，原本破旧不堪的老房子，被改造成各种时髦餐馆及场所，尽头是新加坡客家人的❷**应和会馆**，径直走到Boon Tat St，就会看见一个印度南部穆斯林于1830年期间建造的❸**纳哥德卡殿**（Nagore Durgha Shrine）。往前走一点就是经过高明修复的❹**天福宫**及建造于1850年左右的❺**Al-Abrar回教堂**。右转到Amoy St，街口有个小庙❻**仙祖宫**，庙侧有个有盖走廊，上面写着安祥山公园（Ann Siang Hill Park），这是牛车水海拔最高点，虽然没什么风景可看，但它是通往Ang Siang Road的一条幽谧小路。❼**Ang Siang Road**一带过去聚集了各籍贯的华人会馆，其中

佛牙寺

MARKLIN ANG 摄 新加坡旅游局 提供

不少还在使用中，一些则出租给咖啡馆和酒吧，可以留意这些漂亮的战前老店屋，15号、17号和21号尤其漂亮。路的尽头是一座庞大的中式建筑，这是牛车水著名的❽**佛牙寺**。桥南路（South Bridge Road）和Tanjong Pagar Road路口有一栋特别漂亮的建筑，原是人力车的总站❾**Jinriksha Station**，沿着Neil Rd走到Keong Siak Rd，这条路过去布满青楼，现在这些漂亮的楼房都被改造成精品酒店或餐馆，继续往前走就是❿**Layar Sithi Vinygar**印度教庙宇，建造于1925年，也算是牛车水的地标之一。Keong Siak Rd的尽头就是⓫**牛车水大厦**，一楼是略为无趣的商铺，二楼则是一个深受新加坡人喜爱的小贩中心，到这里，是时候停下来让嘴巴开始劳作了。

当地生活——中峇鲁的慵懒午后

对时尚潮流敏感的人士，会在中峇鲁社区找到家的感觉。这个靠近牛车水的区域是新近崛起的酷炫地带，不仅有别具特色的精品店、酒吧和咖啡馆，而且有浓厚的当地生活气息。中峇鲁（Tiong Bahru）独特的低楼组屋是新加坡首批公共住屋，其经过粉饰的街景，充满怀旧气息的民居，都是令人意想不到的建筑飨宴。

1 逛逛市场

中峇鲁市场和熟食中心（Tiong Bahru Market & Food Centre; 83 Seng Poh Rd; ⏲8:00至深夜，不同档口各异; Ⓜ Tiong Bahru）是吃货们不容错过的市场。先在菜市场里激发一下食欲，然后上楼到熟食中心，去**楗柏水粿**（#02-05; 水粿 $1.20~3.30; ⏲6:30~22:30）家吃水粿，这是潮州人的小吃，不要忘记多要一点美味的辣酱。**忠于原味云吞面**（#02-30; 云吞面$4; ⏲6:30~22:30）也是这里的明星档口，最美味的“不见天叉烧”最快被消灭。

2 淘淘书

Books Actually（www.booksactually.com; 9 Yong Siak St; ⏲周一 11:00~18:00，周二至周五 11:00~21:00，周六 10:00~21:00，周日 10:00~18:00; Ⓜ Tiong Bahru）是新加坡最酷的独立书店之一，常有出乎意料的虚构类与非虚构类书品，如果你想找有关新加坡的书籍，这里是不错的选择。再走三家店就是**Woods in the Books**（www.woodsinthebooks.sg; 3 Yong Siak St; ⏲周二至周六 11:00~20:00，周日 11:00~18:00; Ⓜ 中峇鲁），摆售不少好看的童书。

3 古怪的美丽

设计小店**Strangelets**（www.strangelets.sg; 7 Yong Siak St; ⏲周一至周五 11:00~20:00，周六和周日 10:00~20:00; Ⓜ Tiong Bahru）里有来自世界各地的物件，美丽而富有个性，绝对能刺激你的购买欲。从雕刻首饰、台灯和桌子，到复

(左)Books Actually, 新加坡旅游局 提供

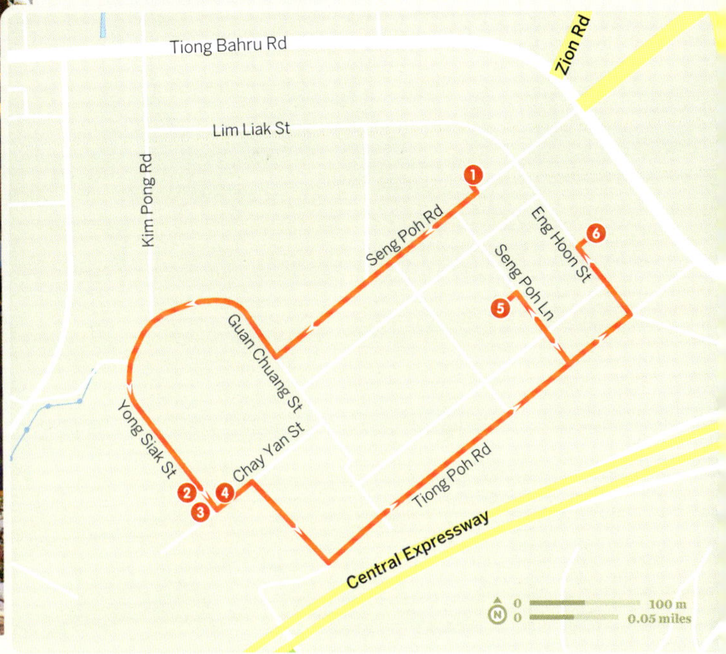

古收音机、漂亮的香皂和70年代风格背包，看看也十分有趣。

❹ 本土时尚

Nana & Bird(www.nanaandbird.com; 01-02, 79 Chay Yan St; ⏲周二至周五 正午至19:00, 周六和周日 11:00~19:00; Ⓜ Tiong Bahru)最初是一家“突然出现”的概念店(Pop Up Store)，因为小清新风格的女装和饰品而闻名全岛，店里还能买到新加坡品牌Aijek和By Invite Only的设计，也有来自远方匈牙利的**Dori Tom-ssanyi**这种后起之秀的产品。新开的旗舰店(01-65, 59 Eng Hoon St; ⏲周二至周五 正午至19:00, 周六和周日 11:00~19:00; Ⓜ 中峇鲁)里有童装。

❺ 生机勃勃的古着

被捧上神坛的古着店**Flea & Trees**(01-10, 68 Seng Poh Ln; ⏲周二至周四 18:00~22:00, 周五至周日 10:00~22:00; Ⓜ Tiong Bahru)的经营者是夫妻档Terrence Yeung与Bella Koh，他们从世界各处搜罗来不拘一格的家居用品、怪诞的时装和首饰，更别说还有超酷的图书与杂志。

❻ 法国韵事

烘焙师贡特朗·谢里耶(Gontran Cherrier)是个典型的法国人，老是心痒痒地想要来点法式爱恋。你在酷而现代的店铺**Tiong Bahru Bakery**(☎6220 3430; www.tiongbahrubakery.com; Stall 01-07, 56 Eng Hoon St; 面点 $3起，三明治 $8起; ⏲8:00~22:00; Ⓜ Tiong Bahru)里也能尝出来。完美的面点有黄油杏仁布里欧(buttery almond brioche)，而小吃则包括一流食材做成的健康三明治。Common Man Roasters芳香的咖啡为它画上完美的句号。

多元的滋味

黄匡宁

新加坡被誉为美食天堂，在弹丸之地汇聚了世界各地的美食精华。但什么是新加坡菜？来到新加坡一定要吃的本地美食，如辣椒螃蟹、叻沙、鸡饭、肉骨茶等，其实是风格迥异的。

新加坡美食的多样性，源自岛国本身特殊的地理位置与历史背景。小小的岛国聚集了华、印、巫（马来族）、欧亚裔人士，各自带来自家的传统口味，所以新加坡菜就和新加坡人一样，多元种族、多元文化，精彩纷呈。

以族群来区分的话，新加坡的中餐以福建、广东、潮汕为主，由于受到香港师傅的影响，酒楼餐馆里的中餐以粤菜居多。家庭式菜色和平民美食也受到其他族群的影响，如马来人爱吃的咖喱杂菜、印度式的咖喱鱼头、西式的炸猪排等，在华人家庭的餐桌上也很常见。新加坡的印度菜，也是源自印度族先民的原乡，以印度南方菜为主，来新以后结合本地食材与口味慢慢改良，如印度餐馆里的咖喱鱼头，灵感来自本地华人爱吃鱼头的习惯，在印度并没有这道菜肴。而早期华人与马来人通婚的后裔，又衍生出综合两种菜肴特色的娘惹菜系，如新加坡式的叻沙就是极具代表性的娘惹美食。

新加坡也没有自己的特色食材，但由于四面环海，海鲜料理很受欢迎。早期在海边开设的海鲜摊档与海鲜小馆，经过数十年的发展，研制出多种海鲜烹饪手法。如今不同品牌的海鲜酒楼遍布全岛各地，广受欢迎的辣椒螃蟹与黑椒螃蟹，也发展成所有旅游指南一致推荐的新加坡“国菜”。

新加坡人口味偏辣，但不是四川、湖南式的辣，而是结合了马来与印度特色的香辣，加入南洋

(左)马来美食;(右)新加坡美食节
(左)新加坡旅游局 提供;(右)新加坡旅游局 提供

香料，浓郁辛香，炎热天气中吃起来比较开胃。早期冷藏设施不足，难以保存食材鲜度，浓辣酱汁也有助掩盖其不足并增添味道。

要了解新加坡美食，一定要到小贩中心（或称熟食中心）里走走。小贩中心源自早期的街头摊贩，为了改善卫生与交通，政府发出执照，把小贩从街头移到特别兴建的熟食中心里，散布在全岛各地。

每一个小贩中心里都有各自的人气摊贩，每一个摊位也有各自的支持者，从华人的云吞面、炒粿条，到马来椰浆饭、印度烤饼、西餐，后来也发展到意大利面、韩国拌饭、年轻人的创意糕点等。小贩中心里弥漫着浓浓的生活气息，不同腔调的语言与口音你来我往、杯盘交错与美食飘香，是新加坡老百姓生活的缩影。除了小贩中心，平民街头美食也可在传统茶室、咖啡店或购物中心里的冷气食阁里找到，这里是绝大部分新加坡人解决三餐的去处，也是新加坡生活中不可或缺的一部分。

作为移民社会，新加坡人对外来文化采取积极开放的态度，也很乐于接纳国际化的美食口味。这些年来，来自世界各地的餐饮业者纷纷进驻狮城，形成百花齐放的蓬勃景象。尤其在过去5年中，随着两家综合度假胜地的开设，国际米其林星级厨师纷纷落户，市区里各大酒店与商场也加强了餐饮环节。食客要求更高，餐饮业竞争激烈，提升了美食水准，也带来更国际化的选项。2015年3月揭晓的“2015亚洲50最佳餐馆”中，新加坡就有十家餐馆入选，名列前十名的有江振诚的Restaurant Andre和滨海湾金沙餐馆Waku Ghin，成绩傲人。

（上接105页）供应各种饮料的天台休闲酒吧。

New Majestic Hotel 精品酒店 $$$

（见102页地图；☎6347 1927；www.newmajestichotel.com；31-37 Bukit Pasoh Rd；房间含早餐 468新加坡元起；❄ @ 📶 🏊；Ⓜ Outram Park）即使牛车水的精品酒店市场蓬勃发展，大华酒店也仍然给人留下深刻印象。古典风格的设计师家具，是这30间客房的特色。酒店的首选包括私人花园套房，6米挑高天花板、配有高架床的阁楼客房，还有以通透玻璃墙浴室为核心特征的神话般的水族馆主题客房。酒店提供优惠促销时，客房费用可低于315新加坡元。

Club 精品酒店 $$$

（见102页地图；☎6808 2188；www.theclub.com.sg；28 Ann Siang Rd；房间 276新加坡元起；❄ @ 📶；Ⓜ Outram Park）在殖民时期风格鲜明的门面背后，Club精品酒店的28间宽敞、简约的客房，以黑白为主要色调，并使用彩色照明以增加情调。酒店内有多个好去处，包括天台酒吧Ying Yang，以及设计精美的威士忌酒吧B28，但大多数住客似乎更喜欢前往附近的La Terrazza。

Scarlet 精品酒店 $$$

（见102页地图；☎6511 3333；www.thescarlethotel.com；33 Erskine Rd；房间 374新加坡元起；❄ @ 📶；Ⓜ Outram Park）虽然营销手法性感，但Scarlet的客房其实相当温馨，配有柔和的木制家具、厚厚的窗帘及品位高雅的艺术品装饰，颇具精致的田园农舍风格。许多客房都没有窗户，但室内装饰一点儿都不沉闷，这要归功于散发愉快氛围的装饰。大厅内的Wi-Fi只能覆盖部分客房。一般可享有七折优惠。

Hotel 1929 精品酒店 $$$

（见102页地图；☎6347 1929；www.hotel1929.com；50 Keong Saik Rd；标单/双含早餐 197/290新加坡元起；❄ @ 📶；Ⓜ Outram Park）时尚的精品酒店，但与其大哥——大华酒店不属同一个档次。房间很小，但空间得到很好的利用，室内装饰以复古设计师家具（留意仿Eames和Jacobson风格的复制品）和彩色马赛克带出愉悦氛围。顶层套房还有户外浴缸，在优惠期间，有些客房的房价可低于200新加坡元。

Wink Hostel 青年旅舍 $

（见102页地图；☎6222 2940；www.winkhostel.com；8 Mosque Street；标单/双隔间 50/90新加坡元；❄ @ 📶；Ⓜ Chinatown）以牛车水店屋改建而成的酒店地点适中，其结合旅舍和胶囊酒店的概念，也深受豪华背包客（flashpacker）的欢迎。旅舍内看不到一整排的床铺，而是有隔音设备的私人隔间舱，每个隔间舱内都有舒适的床垫、彩色照明灯和储

黑白风格的Club酒店
叶孝忠 摄

南生面家

叶孝忠 摄

物柜，还有足够的空间可坐。公共浴室配有淋浴花洒，厨房、洗衣房和休息室都营造出温馨的氛围。

Fernloft 青年旅舍 $

（见102页地图；☎6323 3221；www.fernloft.com；2nd fl，5 Banda St 02-92；铺位 22新加坡元，房间 65新加坡元起；❄@📶；Ⓜ Chinatown）坐落于一栋传统新加坡公寓楼内，可俯瞰新加坡佛牙寺龙华院。Fernloft这个空间紧凑的分店只有两间私人客房，但都很宽敞和舒适。宿舍也很干净、整齐，配有舒适的木框床铺。虽然房间没有窗户，但坐在走廊座位上可以眺望绿景，也是与旅伴分享故事的好地方。

Pillows & Toast Heritage 青年旅舍 $

（见102页地图；☎6533 4038；38 Upper Cross St；铺位含早餐 28~39新加坡元；❄@📶；Ⓜ Chinatown）这家老板非常友善、位于市中心的旅舍只提供床铺，但宿舍房间明亮、干净，而且配有舒适的木框睡床。公共区虽小，但都洋溢着爱心与温馨。

就餐

南生面家 新加坡菜 $

（Nam Seng Wanton Mee；☎6438 5669；25 China St #01-01 Far East Square；⏲周一至周五 8:00~20:00，周六 8:00~15:00，星期天和公共假日休息；Ⓜ Telok Ayer）老字号面摊，自1958年开始在旧国家图书馆门口开档，现已搬迁到中国街的这家小小店面，门面朴实简单，80多岁的阿婆至今还亲自在店内掌厨，并坚持亲手包制云吞，成为店里的活招牌。店内最著名的是云吞面，以叉烧干面搭配小碗云吞，面条为弹牙顺滑的黄色碱面。除了面条，也售卖鹿肉河粉、炒饭。

福南街牛肉粿条 本地菜 $

（Original Hock Lam Beef；☎6220 9290；www.hocklambeef.com；22 China Street，#01-01 Far East Square；⏲周一至周五 10:00~21:00，周末 11:00~17:00；Ⓜ Telok Ayer）自1911年开始营业，早期在福南街摆摊售卖牛肉粿条而得名，如今已传承到第四代。设有多家分店，此店为总店，仍按照古早手工方法制作，坚持不

印度抛饼

新加坡旅游局 提供

以机器代劳。这里的招牌牛肉粿条为潮州式口味，有生熟牛肉、牛肚、牛筋、牛杂、牛肉丸面等，褐色汤底是用上等牛骨、牛肉和十五六种药材熬煮而成的，清淡甘香；也可选择干捞版本，酱汁浓稠美味。

陈福成饼家 糕饼店 $

（Tan Hock Seng Cake Shop；见102页地图；☎6533 1798；86 Telok Ayer Street, Far East Square；⏲周一至周六 9:00~19:30，周日 9:00~19:30；Ⓜ Telok Ayer）七十多年的老字号，是新加坡最传统的福建饼家之一，以手工制作传统福建糕饼家喻户晓，现已传承至第三代。店内可以找到许多现已少见的怀旧糕点零嘴，售卖的糕饼种类超过20种，多为节庆、祭神时所用的传统福建糕点和饼干，如发粿、红龟粿、发糕、碰饼、水糕、云片糕等。最受欢迎的是马蹄酥，外层酥香，内馅为单纯的麦芽，每天现烘现卖，限量供应，新鲜出炉后即引来顾客大排长龙，很快售罄。

味香园甜品 本地菜 $

（Mei Heong Yuan Dessert；见102页地图；☎6221 1156；www.meiheongyuendessert.com.sg；63-67 Temple Street；⏲周二至周日 12:00~21:30；Ⓜ Chinatown）由专卖万里望花生的老字号味香园开设的甜品店。位于牛车水的旧店屋内，共占了三家店面，生意很好。专卖传统与新创中式冷热甜品，主打的雪花冰共有二十多种口味，包括本地特色口味如榴莲冰、红毛榴莲冰、浆罗冰以及各式糖水炖品如杨枝甘露、红豆莲子、杏仁糊、花生糊等。店内也售卖咸味与甜味糕点，可以搭配享用，如糯米鸡、芋头糕、三色糕、芒果卷等。

大中国饼家 糕饼店 $

（Tai Chong Kok；☎6227 5701；www.taichongkok.com；34 Sago Street；⏲周一 9:30~18:00，周二至周日 9:30~20:00；Ⓜ Chinatown）成立于1935年的大中国饼家，可说是无人不晓的老字号，专门制作传统广式糕点如年糕、龙凤饼、豆沙饼、老婆饼等，所有糕饼都是手工制作的。店内最著名的是新鲜出炉的广式月饼，每逢中秋节期间总是大排长龙。实际上，店内一年到头都有月饼出售，无须等到中秋节也可买来品尝。大中国的另一大特色，是提供给顾客旧式的纸袋。大大的红色字体，呈现了40年代的怀旧色彩。

丰记咖啡店 本地菜 $

（Foong Kee Coffee Shop；☎9695 3632；6 Keong Saik Road；⏰周一至周六 11:00~20:00；Ⓜ Chinatown）丰记开业已有十年，以自制的叉烧和云吞闻名。叉烧的制作过程复杂，如今已经难以找到自制叉烧的小贩。丰记却坚持使用上等酱油腌制叉烧，色泽自然悦目，入口极佳。云吞馅料是猪肉肉碎和荸荠，饱满爽口，黄色面条爽口而有弹性，没碱水味。除了云吞面和叉烧饭，这里也售卖水饺面、烧肉饭、烧鸭饭、油鸡饭等，搭配带有点酸味的自制辣椒，简单而美味。

韩江大酒楼 潮州菜 $$

（Hung Kang Teochew Restaurant；☎6533 5300；www.teochewhungkang.com.sg；28 North Canal Road；⏰每天 11:30~15:00，18:00~22:30；Ⓜ Clarke Quay）1962年开业的正宗潮州菜老字号，当初由几位来自中国潮州的富商创建，酒楼的名字也是为了纪念潮州著名的韩江。当年还是本地第一家冷气潮州酒楼，也是举行宴会的热门地点。酒楼强调食材的新鲜，鱼原汁原味，菜单上可找到多道具有代表性的本地潮州菜肴，如潮州生鱼、潮州冻蟹、卤水鹅肉、传统蚝煎、蒸鲳鱼、烧乳猪、芋泥等。店内也可品尝到潮州传统功夫茶。

国成餐室—球记 本地菜 $$

（Kok Sen Coffee Shop；☎6223 2005；30-32 Keong Saik Road；⏰12:00~14:30，17:00~22:30；Ⓜ Chinatown）售卖新加坡人常说的“煮炒”类菜肴，店面为餐室形式，也就是新加坡人所谓的“咖啡店”，没有空调，形象平民化。同一条街上各式特色小馆云集，这家餐室看似平淡无奇却总是高朋满座。招牌菜有大虾炒粗米粉、苦瓜炒牛肉、砂煲酿豆腐、虾酱鸡、咖喱鱼头、鱼头米粉等，都是新加坡人熟悉而喜爱的菜肴。

李贵（亚蟹）席馆 潮州菜 $$

[Lee Kui（Ah Hoi）Restaurant；☎6222 3654；www.facebook.com/leekuiahhoire

天天海南鸡饭

叶孝忠 摄

staurant; 8 Mosque St; ⏲11:00~14:30, 17:00~22:00; Ⓜ Chinatown]1968年开业至今的传统潮州菜馆，李贵席馆又称亚蟹，可见潮州冻蟹已成为店家广为人知的招牌美食。招牌冻蟹选用潮州红蟹，味道鲜美，肉质丰厚，冷冻吃法可尝到螃蟹的原味，与被列为新加坡"国菜"的辣椒螃蟹相比，是迥然不同的滋味。菜馆如今由第二代接管，继续传承和发扬传统潮州美食，推出的传统菜肴有潮州猪脚冻、蒸鱼、卤鹅、虾枣、春卷、蚝卷和芋泥等。

红星酒家 中国菜 $$

（Red Star; 54 Chin Swee Rd; 茶点 3~8新加坡元; ⏲7:00~15:00和18:00~22:30; Ⓜ 牛车水）推着食品车的阿姨们，像战斗机一样穿梭在一流的红星酒家里，这里的港式早茶和午餐最是完美，请留意猪扒包和芒果鲜虾卷。酒家藏在一栋HDB旧组屋里，要在街上找一下旧霓虹招牌。

Candlenut 新加坡菜 $$

（见102页地图; ☎8121 4107; www.candlenut.com.sg; Dorsett Residences 331 New Bridge Road #01-03; ⏲午餐 12:00~14:30，晚餐 18:00~22:00; Ⓜ Outram Park）这家新派的娘惹餐馆，开业不久就获得不少佳评。厨师的灵感来自奶奶的手艺，在这里你自然能品尝到娘惹菜的经典菜式黑果鸡（Buah Keluak；年轻厨师原本学的是西餐，因此在卖相上也下了不少工夫）。受欢迎的菜品包括五香（Ngoh Hiang）、沙爹、Sayur Lodeh（马来杂菜）和仁当牛肉等。菜单上也有不少创意菜肴，包括用黄椰糖作为调味的大虾等。

Andre 法国菜 $$$

（见102页地图; ☎6534 8880; restaurantandre.com; 41 Bukit Pasoh Road; ⏲周三及周五午餐 12:00~15:00，周二至周日 晚餐 18:00~23:00; Ⓜ Outram Park）这家法式餐厅门面十分低调，白色的墙上写着若隐若现的Andre，门口没有门把，但它经常被誉为全世界50佳餐馆之一。帅哥主厨江振诚已经名满天下，曾经在米其林三星级的感官花园任职多年，并自创所谓的八角哲学，让客人享受到完美的美食体验。餐馆并没有固定的菜单，完全取决于厨师当天能获得哪些新鲜食材。

Blue Ginger 土生华人菜 $$

（☎6222 3928; www.theblueginger.com; 97 Tanjong Pagar Rd; 主菜 10~30新加坡元; Ⓜ Tanjong Pagar）多年来备受欢迎的Blue Ginger，以精心烹制、融合了中国菜和马来菜特色的别致土生华人菜肴闻名。该餐馆的招牌菜ayam panggang（用椰浆和香料制作的烤鸡）具有酸辣丰富的口味。另外，不要错过bakwan kepiting（肉碎蟹丸汤）和sambal terong goreng（辛辣油炸茄子）。建议提前预订。

Andre 餐厅
叶孝忠 摄

牛车水的小贩中心

一提到美食，就会让人想到牛车水，这一区聚集了不少名闻全岛的历史悠久的小贩中心和一些受欢迎的摊贩。午餐时间往往大排长龙。

牛车水大厦熟食中心

（Nylon Coffee Roasters；11 New Bridge Rd；视个别档位而定；Chinatown）

联合本记砂锅饭（摊位#02-198/199）广式的砂锅饭，因为现点现煮，所以排队和等候时间特别长，但绝对美味。

琼华猪肉粥（摊位#02-069）猪肉粥顺滑美味，但也别忘记点生鱼沙拉。

115 糖水（摊位#02-206）炎热的午后，来点南洋冰品和甜品降降火，热门甜品包括红豆冰。

养记（摊位#02-57）这是一家煮炒摊位，提供各种小炒，招牌菜是香港蒜蓉蒸鱼头。

昌记美食（摊位#02-110）售卖烧烤海鲜，以烧烤魔鬼鱼有名。

麦士威路小贩中心

（Maxwell Rd Hawker Centre；见102页地图；Maxwell Rd和South Bridge Rd的交叉路口；视个别档位而定；；Chinatown）

天天海南鸡饭（摊位#01-10）鸡肉和鸡饭都很有水准，是新加坡最有名的海南鸡饭摊之一。

中国街咸煎饼（摊位#01-28）咸煎饼是一种当地小吃，类似炸包子，6个才卖1新加坡元，新加坡已经很难找到这样廉价的食物了。

中国街兴（摊位#01-31）售卖娘惹的小点心ondeh-ondeh和木薯糕。

南京街肉骨茶（摊位#01-89）这里能品尝到最能代表新马美食之一的肉骨茶。

翁椰浆米煎糕（摊位#01-26）类似法式小吃可乐饼，但却是新加坡人最爱的早餐小吃，这家的做法是卷起来的，类似瑞士卷。

芳林巴刹与熟食中心

（Hong Lim Market & Food Centre；531A Upper Cross St；视个别档位而定；；Chinatown）

欧南园炒粿条面（摊位#01-25）新加坡人最爱吃的炒粿条面摊，值得乖乖为它排队。

兴记咖喱米粉面（摊位#01-58）喜欢咖喱汤底的面食者千万不要错过。

鸿兴手工鱼圆面（摊位#02-30）手工鱼圆的潮州式汤面，也可选择干捞。

德记怡保沙河粉（摊位#02-40）怡保的河粉特别有名，加上独家配制的调味更是美味。

Esquina 西班牙小吃 $$

（见102页地图；www.esquina.com.sg；16 Jiak Chuan Rd；菜肴 12~24.50新加坡元；周一至周五午餐，周一至周六晚餐；Outram Park）餐馆的股东之一是英国米其林星级厨师Jason Atherton，广受好评的招牌菜是经

亚坤咖椰吐司

新加坡旅游局 提供

典又加以创新的西班牙小吃。从菜单上令人垂涎的美食中，选择让涂上芥末的扇贝、酸橘汁腌鱼和萝卜丝刺激味蕾，或让柔滑的黑猪肉及鹅肝在口里融化，最令人享受的是在不锈钢酒吧一边品尝雪利酒，一边和厨师聊天。不能预订。

Latteria Mozzarella Bar 意大利菜 $$

（见102页地图；☎6866 1988；www.latteriamb.com；40 Duxton Hill；主菜 25~35新加坡元；Ⓜ Tanjong Pagar）虽然其绿树成荫的户外平台很吸引人，但这家餐馆真正的卖点是口感柔滑的马苏里拉奶酪。从burrata（里头是充满新鲜奶油的马苏里拉奶酪）到affumicata（烟熏），每周从意大利两次进口各类马苏里拉奶酪，烹制成以茄子蔬菜和松子调味的鸡蛋干酪汤等现代经典菜肴。

Cumi Bali 印度尼西亚菜 $$

（见102页地图；www.cumibali.com；66 Tanjong Pagar Rd；菜肴 6.50~28新加坡元；⏲周日休息；Ⓜ Tanjong Pagar）在这个默默无闻、装饰低调的印度尼西亚菜馆里，可以品尝到美味的印尼炒饭（选择羊肉炒饭，而不是鸡肉炒饭）、烧烤完美的sate Madura（爪哇风格的烤鸡肉串）以及与餐馆同名的招牌菜（即甜美辛辣的酱烤鱿鱼）。

亚坤咖椰吐司 咖啡店 $

（Ya Kun Kaya Toast；见102页地图；www.yakun.com；01-01 Far East Sq，18 China St；咖椰烤面包套餐 4新加坡元；⏲周一至周五 7:30~18:30，周六及周日 8:30~17:00；Ⓜ Chinatown，Raffles Place）虽然亚坤连锁店在新加坡各地涌现，但无论是氛围或地点，这家有露天座位的分店都最接近1944年刚开张时的样子。建议到亚坤享用完美的早餐，尝一尝它的特色咖椰烤面包，配搭溏心蛋（学当地人在鸡蛋上撒黑胡椒）和浓咖啡。

慈缘轩健康素食 素食 $

（Ci Yan Organic Vegetarian Health Food；见102页地图；2 Smith St；主菜 5~8新加坡元；⏲正午至22:00；🖉；Ⓜ Chinatown）态度友善的慈缘轩在牛车水中心售卖有机的素食菜肴。当天的菜单都写在黑板上，可能会有黄金咖喱酥、榴莲瑞士卷或全麦汉堡。我们最喜欢的是中式仿荤菜并配上汤的糙米套餐。

大东酒楼 中国菜 $$

（Da Dong Restaurant；见102页地图；☎6221 3822；39 Smith St；饮茶 2.80~4.80新加坡元，主菜 12新加坡元起；⏲周一至周五 11:00~23:00，周六及周日 9:00~23:00；Ⓜ Chinatown）牛车水历史最悠久的餐馆之一，早在1928年就开业了。如今，这里仍供应城里最好吃的几种点心。不过，老字号并不意味着服务好，但有如此美味的叉烧包（char siew，烤猪肉），谁还会计较呢？

东兴 面包房 $

（Tong Heng；见102页地图；285 South Bridge Rd；点心1新加坡元起；⏲9:00~22:00；Ⓜ Chinatown）这家老牌糕点店的蛋挞远近闻名，入口即化，不容错过。别忘了让胃部留一点儿空间给烘焙完美的叉烧酥（烤猪肉酥）。哦，我们是否忘了提到美味的椰子挞？

饮品和夜生活

Plain 咖啡馆

（www.theplain.com.sg；50 Craig Rd；⏲7:30~19:30；Ⓜ Tanjong Pagar）深受时尚达人欢迎的咖啡馆，有着鲜明的室内装饰、堆放整齐的时尚杂志以及具有北欧风格的公用桌子。Plain提供的澳大利亚Genovese咖啡、上好的全天候早餐以及柠檬和酸橙馅饼等甜食，都非常合顾客口味。员工态度友善，氛围令人轻松舒爽。

Tippling Club 鸡尾酒吧

（www.tipplingclub.com；38 Tanjong Pagar Rd；⏲周一至周五 12:00至深夜，周六 18:00至深夜；Ⓜ Tanjong Pagar）Tippling Club将调酒水平提升至新高，绝妙的"Wake Me Up, F*ck Me Up"（VSOP干邑白兰地、特浓咖啡

EVERTON PARK：创意组屋

新加坡组屋（HDB）类似中国的经济适用房，是有大量政府补贴的公共民宅，80%的新加坡人都居住在组屋里。组屋的底层通常散布着八卦的大爷大妈以及呜哇乱叫的孩子。Everton Park位于时尚的丹戎巴葛旁边，在这里，你更有可能遇到爱好精品咖啡的博主。近年来，一些年轻的企业受到便宜租金的吸引，来此开设店铺，出人意料地将这块地方变得酷了起来。

主角当然是**Nylon Coffee Roasters**（☎6220 2330；www.nyloncoffee.sg；01-40, 4 Everton Park；⏲周一、周三至周五 8:30~17:30，周六及周日 9:00~18:00；Ⓜ Outram Park），这家烘焙咖啡馆小到没有座位，却因出众的季节性调配与单品咖啡豆而声名远播。一班品貌兼优的咖啡狂，向顾客们讲述他们最近的采购咖啡之旅（他们直接向咖啡农下单），或是介绍法压壶的优点。可以大胆品尝一下这里用聪明杯（Clever Coffee Dripper）制作的意式特浓，这种冲制方法凸显了咖啡更为微妙的风味。

亚军当然是**The Redundant Shop**（Block 5, 01-22A Everton Park；⏲周二至周六 11:00~20:00，周日 至17:00；Ⓜ Outram Park, Tanjong Pagar），汇集了来自本土与海外独立品牌的各种富有设计感的小物件。瞄一眼商店，你就有可能买下新加坡设计师所设计的长皮夹和时髦特别的手表、来自美国加州的奇趣袜子，或是搭配复古韦士柏（Vespa）机车的闪亮头盔。

Outram Park地铁站往南走500米就是Everton Park，在有着七栋大楼的达士岭（Pinnacle@Duxton）正对面，从Cantonment Rd进来。

和香料)，或"Smoky Old Bastard"(装威士忌的玻璃管充满着以橘子粉制成的烟雾，散发枫糖浆和香蕉味)都是很不错的选择。不便宜(鸡尾酒21新加坡元起)，但很值得。

La Terrazza 酒吧

(见102页地图; ☎6221 1694; www.screeningroom.com.sg; Level 4, 12 Ann Siang Rd; Ⓜ Chinatown)这个备受欢迎的天台酒吧位于Screening Room影城内，从这里可看到牛车水与中央商务区交界地区的全景。找张舒适的沙发，把鞋子脱掉，然后在怀旧的20世纪80年代和90年代音乐中高声对谈。可提前3天通过电话或电邮预订吧台桌位。

Tantric Bar 同性恋酒吧

(见102页地图; 78 Neil Rd; ⏲周日至周五20:00至次日3:00，周六 20:00至次日4:00; Ⓜ Outram Park, Chinatown)有个棕榈树环绕的庭院，Tantric Bar是新加坡最热门的同性恋酒吧，周五和周六特别热闹。这里吸引了许多时尚的当地人和热情的外籍人士，在Gaga、Kylie和韩国流行乐的音乐声中闲聊和舞动身躯。酒客一定要在周三晚上前往这个酒吧，因为只需支付20新加坡元就能喝上两杯马提尼酒。

Beaujolais Wine Bar 红酒吧

(见102页地图; 1 Ann Siang Hill; ⏲正午至次日1:00; Ⓜ Chinatown)位于两条时尚酒吧街的一个角落，这个小小的俗艳不羁的酒吧，是个欣赏俊男美女的好地方。虽然楼上的酒廊感觉不错，但还是要早点儿到，找一个露台上的桌位，以一杯价格合理的葡萄酒与这个热带城市干杯。

小印度

到了不羁喧闹的小印度，迎面而来的是熙熙攘攘的五脚基(廊宽五英尺，有骑楼的临街店屋)、震耳欲聋的宝莱坞音乐及蜡笔色调的店屋。小印度原本是欧洲人的聚集地，后来一位犹太裔印度商人开始在此饲养水牛，于是这里便逐渐发展成为印度文化中心。如今，这里到处都是来自印度、孟加拉和斯里兰卡的劳工，他们签了两年合约，从事新加坡人不愿从事的又脏又累的建筑工作。想真正体会

维拉玛卡里雅曼兴都庙

新加坡旅游局 提供

外劳问题

新加坡人与外来劳工之间的矛盾越来越紧张。政府对于“外国人才”的偏爱，与对于底层外籍劳工的批评，都是社交媒体上的常见主题。来自中国大陆的劳工被称作“PRCs”，常常被嘲讽不懂社交礼仪、英文烂，而最喜欢批评他们的就是新加坡的华裔。

菲律宾人也是本地偏见的对象。在2014年6月，菲律宾人要求新加坡当局对名为“Filipino infestation in Singapore—five-point guide to showing displeasure without breaking the law”（新加坡菲律宾人成灾——不犯法地表示不悦的五点指南）的本地博客采取措施。四个月后，英国银行家安东·凯西（Anton Casey）在社交媒体上评论称地铁乘客为“穷人”，引来了猛烈的抨击，凯西甚至收到死亡威胁，导致失业并离开新加坡。由于许多本地人指责外籍劳工导致他们生活开销的激增，凯西基于阶级的嘲讽戳到了他们特别的痛处。

新加坡的外籍劳工中包括215,000名女佣。半岛电视台（Al Jazeera）在2014年的一份报告中指出，这是一项涉及数百万元的产业。报告将女佣签字卖身的情形描绘为“菲律宾和印尼女佣：没有休息日、工资和费用最低”。据报道，有些中介机构将应聘女佣的工作情况拍摄成视频，让雇主根据视频进行挑选，而对于女佣市场中种族刻板印象的指控也浮出水面。

家庭佣工大多来自菲律宾、印度尼西亚和缅甸，他们往往陷入高昂中介费导致的债务循环中。对于新加坡300,000多名外籍建筑工人中的许多人来说，情况也是类似的，他们没有法定最低薪资，还要面对中介费和无良工头的回扣，导致剥削的循环。

据许多国际观察员称，2013年12月8日震撼小印度的暴乱，牵涉大约400名主要来自印度和孟加拉的外籍劳工，劳工日益增长的怒火也是激发暴乱的原因之一。政府否认了这一说法——其对于事件调查的结论是移民劳工所受的待遇与暴乱无关。

“孟买”经验，那就在周日下午到拥挤的小印度吧。

景点

印度传统文化馆 博物馆

（Indian Heritage Centre；见122页地图；www.indianheritage.org.sg；Campbell Lane和Clive St交叉路口；Ⓜ小印度）耗资1200万新加坡元，技术尖端，于2015年开馆，通过文物、地图、档案视频和多媒体，展示聚焦于新加坡印度社群的起源与传统文化。除了五个永久展厅之外，这里还有访客中心、屋顶花园以及活动空间。其建筑本身就是一个引人注目的当代艺术形态，其半透明的外墙在白天色彩斑斓，到了夜晚就变成透明的，一幅色彩协调的壁画显现出来。

维拉玛卡里雅曼兴都庙 印度教寺庙

（Sri Veeramakaliamman Temple；见122页地图；141 Serangoon Rd；⏲5:15~12:15和16:00~21:15；ⓂLittle India）维拉玛卡里雅曼兴都庙是小印度最绚丽和热闹的庙宇，供奉的是女神卡莉（Kali，湿婆神的配偶），这尊女神通常被刻画成“佩戴着骷髅项链，正对不幸的人们开膛破肚”。女神卡莉在孟加拉占有重要的地位，来自那里的劳工于1881年修建了这座寺庙。在进行每天四次祷告（puja）时，也正是寺庙最有魅力的时候。

阿都卡夫回教堂 清真寺

（Abdul Gafoor Mosque；见122页地图；41 Dunlop St；ⓂLittle India）于1910年竣工的阿都卡夫回教堂，完美融合了摩尔、南印度和维多利亚时代的建筑风格。别错过正门上方精致的日晷，其所有25条射线都饰以象征着25位

Little India & Jalan Besar
小印度和惹兰勿刹

先知名字的阿拉伯文。此日晷是全球独一无二的。唯有信徒才可进入祈祷堂。

斯里尼瓦沙柏鲁马兴都庙 印度教寺庙

(Sri Srinivasa Perumal Temple; 见本页地图; 397 Serangoon Rd; ⏲5:45至正午和17:00~21:00; Ⓜ Farrer Park)献给毗湿奴的斯里尼瓦沙柏鲁马兴都庙建于1855年，但高20米的塔楼则是在1966年斥资30万新加坡元建的。寺内供奉着一尊毗湿奴神像，还有其左膀右臂Lakshmi和Andal，以及半人半鸟的坐骑揭路荼(Garuda)。如果在2月大宝森节(Thaipusam Festival)期间来到这里，可看到身体扎着铁钩尖刺的信徒队伍从寺庙塔楼出发开始游行。

千灯寺 佛教寺庙

(Sakaya Muni Buddha Gaya Temple;

Little India & Jalan Besar 小印度和惹兰勿刹

重要景点

1 维拉玛卡里雅曼兴都庙……A2
2 印度传统文化馆……A3

景点

3 阿都卡夫回教堂……B4
4 观音庙……B5

住宿

5 B88 Hostel……C3
6 Bunc@Radius……C4
7 Hotel Vagabond……D3
8 Mayo Inn……B4
9 Perak Hotel……B4
10 Wanderlust……B4

就餐

11 Ananda Bhavan……A3
12 Lagnaa Barefoot Dining……A3
13 Moghul Sweet Shop……A3
14 Sankranti……C1
15 民众菜馆……D2
16 莆田……D1
17 泉馨园……D1
18 瑞春点心……D2
19 竹脚中心……A3

饮品和夜生活

20 Zsofi Tapas Bar……B4

购物

21 Celebration of Arts……A4
22 Mustafa Centre……C1

Temple of 1000 Lights；见122页地图；366 Race Course Rd；⏲8:00～16:45；Ⓜ Farrer Park）这个于1927年建成的寺庙，有一尊15米高、300吨重的大佛。此外，寺内还供奉着许多别的神像，包括大慈大悲的观世音，还有印度教神明梵天和象神。入口处的黄色老虎象征保护和活力，寺庙内以珍珠母制成的巨型佛陀脚印，据说是斯里兰卡亚当峰上佛陀脚印的复制品。

龙山寺 华人寺庙

（Leong San See Temple；见122页地图；371 Race Course Rd；⏲6:00～18:00；Ⓜ Farrer Park）道教寺庙龙山寺建于1917年，是供奉大慈大悲观世音的。寺庙的木梁雕刻着精美的兽形图腾、龙、花和人物，所呈现的宗教色彩浓于新加坡其他较大规模的道教寺庙。要到此寺庙，沿着Serangoon Rd往北走，寺庙就在Beatty Rd路口对面。

观音庙 佛教寺庙

（Kuan Im Thong Hood Cho Temple；见122页地图；178 Waterloo St；⏲6:00～18:15；Ⓜ Bugis）供奉大慈大悲观世音的观音庙，是新加坡香火最鼎盛的寺庙之一。入口处挤满了卖花和算命的摊贩，还有上香的信徒。信徒随后还会摸一摸附近一座巨型青铜弥勒佛的肚皮，以祈求好运。

观音庙的隔壁是更加多彩的印度教寺庙**克利须那神庙（Sri Krishnan Temple）**。虽然是一座印度教寺庙，但务实趋利的信徒从观音庙出来后，也会来这里烧几炷香，祈求平安。

住宿

首选 Bunc@Radius 青年旅舍 $

（见122页地图；☎6262 2862；www.bunchostel.com；15 Upper Weld Rd；铺 含早餐 $20起；❄ @ 📶；Ⓜ Bugis，Little India）这里清新、干净且新潮，是城里最酷的背包青旅。水泥地面、装置艺术、iMac和PC赋予宽敞的大堂以时尚的精品感。多人间（分为6人、8人、10人和12人间）既有单人床也有双人床，厚床垫上都铺着卫生床单（没有臭虫！）。

这里有一个女性专层，还有带平板电视机的私人间，露天电影平台上有豆袋椅，还有个半露天的超赞厨房，令人很有下厨的欲望。

克利须那神庙

GETTYIMAGES 提供

首选 **Hotel Vagabond** 精品酒店 $$$

（见122页地图；www.garchahotels.com；39 Syed Alwi Road；❄@📶；Ⓜ Lavendar）由著名设计师Jacques Garcia设计，这家新开业的奢华精品酒店坐落于越来越时髦的惹兰勿刹区域，也是新加坡唯一一家会持续提供"驻场艺术家计划"的酒店，其中两个艺术家工作室就专为接待来自世界各地的艺术家而设。酒店改造自传统店屋，并保留了百叶窗和门廊，以艺术和设计作为设计灵感，因此酒店由大堂到客房到处都陈列着精美的艺术品。拥有41间客房，设计温馨，现代设施也一应俱全。

B88 Hostel 青年旅舍 $

（见122页地图；☎6298 0015；central65hostel.com；134 Jln Besar；铺 含早餐 $26起；❄@📶；Ⓜ Bugis，Little India）小印度、甘榜格南和新晋潮人聚集地惹兰勿刹（Jalan Besar）都在步行范围内。这座5层高的青年旅舍有混住多人间，也有女性专用多人间，全部配有开放式却带有私密设计的床铺，还有两个多人间提供双人床垫。只有一个多人间带窗户，但也是最吵闹的一间。公共卫生间十分现代，而厨房—休息组合区，则带有时髦的波希米亚风情，还有拼贴扶手椅和一幅描绘新加坡食物与咖啡的壁画。

金陵大旅店 精品酒店 $$

（Kam Leng Hotel；☎6239 9399；www.kamleng.com；383 Jln Besar；房间 $90起；❄📶；🚌65、145、857；Ⓜ Farrer Park）在翻新过的复古酒店金陵大旅店，时尚与传统相遇。酒店位于新兴的惹兰勿刹区，公共区域的原始乃有意而为之，还有做旧的墙壁、褪色的中文标识、彩色的墙砖以及现代主义的家具。客房小而简单，但却很酷，有着旧派的水磨石地面和粉彩色系缀亮。但要注意：朝向Jln Besar的房间相当吵闹。

街区最受欢迎的食肆Suprette也在金陵。

Wanderlust 精品酒店 $$

（见122页地图；☎6396 3322；www.wanderlusthotel.com；2 Dickson Rd；房间含早餐 232新

加坡元起；❄ @ 📶；Ⓜ Bugis）Wanderlust是真正的精品酒店，每间客房都有不同的设计，而且极富想象力。例如，单色的"Pantone"客房、漫画书风格的"Mono"客房，还有以"树"和"太空"为主题的"Whimsical"客房。此外，酒店的服务品质高，还有个时尚的法国风味小吃店，而且无线上网免费。

Perak Hotel 酒店 $$

（见122页地图；☎6299 7733；theperak-hotel.com；12 Perak Rd；房间 含早餐 150~185新加坡元；❄ @ 📶；Ⓜ Little India）坐落在小印度中心一条安静的小巷内，这座一直备受欢迎的酒店，有着神气的殖民时代外观及柔和的东方室内设计，还有可供人冥想的空间。客房舒适、设备齐全，员工热情、乐于助人，房价包括免费无线上网。

Hive 青年旅舍 $

（见122页地图；☎6341 5041；www.thehivesg.com；269A Lavender St；铺位 含早餐 22~24新加坡元，标单/双/标三 含早餐 40/60/105新加坡元起；❄ @ 📶；Ⓜ Boon Keng）Hive的地点不是很方便，但旅舍友善的员工和干净的环境非常吸引人。虽然缺乏自然光，但宿舍房间很舒适，甚至有女性专用宿舍。明亮、色彩鲜艳的私人房间物超所值，还有一个温馨的休闲/用餐区。

Mayo Inn 酒店 $$

（见122页地图；☎6295 6631；www.mayoinn.com；9 Jln Besar；房间 110新加坡元起；❄ @ 📶；Ⓜ Bugis）新开设的中档酒店，打扫得一尘不染。空间适中的客房配有宜家的家具，浴室也闪闪发亮。比较昂贵的客房还有专属小露台。

就餐

竹脚中心 小贩 $

（Tekka Centre；见122页地图；Serangoon Rd和Buffalo Rd的交叉路口；菜肴 3~5新加坡元；🕒7:00~23:00；✍；Ⓜ Little India）快到小印度最著名的小贩中心，排队品尝黄姜饭、咖喱羊肉、印度煎饼和拉茶等街头美食吧。美

印度拉茶

新加坡旅游局 提供

惹兰勿刹的好味道

黄匡宁

传统老区自然不缺老字号，这些中餐厅是惹兰勿刹地区价廉物美也深受新加坡人欢迎的选择。

泉馨园（Quan Xiang Yuan；☎6294 6254/ 6292 9251；www.quanxinyuan.com.sg；252 Jln Besar；⏰11:30~14:30，17:30~23:00；Ⓜ Farrer Park）新加坡的福建菜馆不多，而标榜泉州口味的更是只此一家。老字号的泉馨园创于20世纪30年代，开业时为小坡一带的一个小小档口，现已传承了四代，成为本地历史最悠久的福建菜馆之一。目前这家店面也有三十多年历史，室内装潢朴素传统，墙上贴着明星、名人光顾餐厅的照片。餐馆保留古早福建菜肴口味，招牌菜有五香虾枣、炒福建面、海参鸭、红烧猪肝、扣肉包、鱼鳔羹等。

瑞春点心（Swee Choon Tim Sum Restaurant；☎6225 7788；www.sweechoon.com；185/ 187/ 189/ 191 Jalan Besar；⏰18:00至次日6:00，周二休息；Ⓜ Farrer Park）创于1962年的老字号，也是新加坡少有的通宵达旦营业的餐馆。当年深夜营业是为了迎合附近的“新世界”娱乐中心顾客群，如今“新世界”没有了，餐馆还在，弥漫着怀旧气息。有露天与冷气座位，提供港式点心、上海小笼包、拉面及各种甜品，种类多达近百种。店内点心与拉面都是当天制作的，现点现蒸，现场表演制作拉面，吸引海内外媒体报道，经常大排长龙。

民众菜馆（Ming Chung Restaurant；☎6296 3428；www.mingchung.com.sg；67 Maude Road；⏰15:00~23:30，周一休息；Ⓜ Farrer Park）1933年开业时是Sungei Road的一个小档口，经营理念如同名称“民众”，专卖价格大众化的兴化家乡小菜，为早期南来的兴化人服务。20世纪80年代迁入现址，现已传承三代，也是新加坡最早的兴化菜馆。菜肴保留传统风味并融入本地特色，招牌菜有炒花蛤、煎马鲛鱼、炒兴化面线、兴化卤面等，店面朴实，充满怀旧感。

莆田（Putien；☎6295 6358；www.putien.com；127 Kitchener Road；⏰11:30~15:00，17:30~23:00；Ⓜ Farrer Park）2000年由来自莆田的新移民创立，短短数年内迅速发展，现已拥有9家分店，并进军海外市场。莆田菜原本不是餐馆菜色，口味清淡家常，表现出食材的原味。餐馆抓住莆田菜的这一特点，菜肴不讲花俏、排场，却胜在注重品质、讲究用料。在保留家常菜特色的同时，又提升了菜肴的档次。招牌菜有上汤苋菜、莆田卤面、砂煲鱼汤、冰浸苦瓜、铁板盐焗蛏等。

食家最爱光顾的摊位是有名的**Ah-Rahman Royal Prata**（01-248号摊位；“印度有馅烘饼”4~5新加坡元；⏰7:00~22:00），他们所制作的“印度有馅烘饼”（murtabak）美味得令人难以置信，据说连新加坡总统也是其拥趸者。如果仍拿不定主意要吃什么，就尝试鸡肉芝士烘饼吧。

Lagnaa Barefoot Dining 印度菜 $$

（见122页地图；☎6296 1215；www.lagnaa.com；6 Upper Dickson Rd；菜肴 $6~20；⏰11:30~22:00；📶；Ⓜ 小印度）在友善热情的Lagnaa，你可以选择辣的程度：三等代表标准辣，四等代表重辣，四等以上需要勇气才能尝试。不管你选择哪种辣，都能吃到令人回味的印度南北方家常美食。楼下是西式餐位，楼上坐在地上的座垫上。如果你拿不定主意，就点主厨Kaesavan出品的著名的咖喱鲅鱼。

如果吃了三等辣的菜肴，还不需要酸奶饮料来帮助缓解，觉得有辱Lagnaa的麻辣威名，不如再来一盘六等辣的菜，并参加他们每

月一次的满月麻辣挑战赛（Full Moon Chilli Challenge）。如果挺得住，饭钱就免了。

Sankranti 印度菜 $

（见122页地图；100 Sayed Alwi Rd；主菜 8新加坡元起；⌚11:30~16:00和18:00至午夜；Ⓜ Little India）专售印度南部安得拉邦的特色美食，在小印度及其24小时购物商场Mustafa Centre周围众多上好餐馆中，Sankranti可以说是最棒的。丰富的菜单还包括一些印度北部菜肴和让人唇齿留香的套餐，绝对不能错过包含10道菜的"餐厅特选盛宴"（Sankranti Special）。

Ananda Bhavan 印度菜、素食 $

（见122页地图；Block 663, 01-10 Buffalo Rd；菜肴 3~5新加坡元；⌚6:30~22:30；🖉；Ⓜ Little India）这个超实惠的连锁餐馆，是品尝idly和thosai等印度南部风味早餐主食的绝佳选择。这里也提供物超所值的套餐，有些还以蕉叶托底呢。在小印度的58 Serangoon Rd和95 Syed Alwi Rd以及樟宜机场2号航站楼，也设有这家连锁店的分店。

Moghul Sweet Shop 甜点 $

（见122页地图；48 Serangoon Rd；甜品 1新加坡元起；⌚11:00~23:00；Ⓜ Little India）如果想要品尝印度风格的甜品，前往Moghul准没错。店面不大，你可在这里尽情享用甜腻的gulab jamun（糖汁浸油炸面球）、少见的rasmalai（浸泡在豆蔻冻奶油中的奶酪）和口味丰富的barfi（炼乳和糖片），有开心果、巧克力以及胡萝卜等各种味的。

娱乐

Zsofi Tapas Bar 酒吧

（见122页地图；www.tapasbar.com.sg；68 Dunlop St；Ⓜ Little India）天台就是这家酒吧的主角，在新加坡的这个角落里，这是个非常不寻常的美妙空间，宽敞得（几乎）总能找到座位。饮料并不便宜（一杯啤酒至少12新加坡元），但都配有免费的小吃，这在某种程度上缓和了收到账单时的震惊程度。

购物

Celebration of Arts 手工艺品

（见122页地图；2 Dalhousie Lane；⌚9:00~21:30；Ⓜ Little India）这是个珍藏了许多美丽印度饰品、雕像、灯罩、靠垫、床罩、家具和羊绒披肩的宝库。一些大型物品不在店里展示，因此，若你正在寻找特定的东西，可以向友善的店主询问。

Mustafa Centre 百货店

（见122页地图；www.mustafa.com.sg；145

小印度的街头花店
新加坡旅游局 提供

当地生活——惹兰勿刹的悠闲午后

不同阶层的新加坡人有不同的惹兰勿刹（Jalan Besar）。时髦青年把街区里涌现的咖啡馆和酒吧当成温暖的安乐窝，怪叔叔们色眯眯地逡巡于那些鬼鬼祟祟的风月场所，而正是这混杂而冲突的个性，让不少年轻企业家把梦想种在这个经常被忽视的中心老区。现在它已经成为新加坡最好玩和时尚的根据地。

❶ 逛逛画廊

Flaneur（www.flaneur.sg；129 Jln Besar；⌚周二至周五 15:00~19:00，周六至周日 13:00~18:00；Ⓜ Little India）这家位于惹兰勿刹大马路的画廊专门扶持本土年轻艺术家，为他们办个展拉名气。画廊位于一栋历史悠久的店屋里，二楼是画廊Flaneur和设计小店Onlewo（安乐窝），能找到不少本土设计师的个性创作。

❷ 品尝小吃

Jalan Berseh Food Centre（166 Jln Berseh；⌚8:00~20:00；Ⓜ Farrer Park）这家历史悠久的小贩中心虽然摊位不算多，但这里的明星摊位足以满足你。早上才营业的Coffee Hut，让你品尝地道的南洋咖啡及烤面包，卖完就收摊（大概15:00）的美香鱼汤，以香甜的鱼汤和鱼片，征服了不少本地老饕的味蕾。

❸ 看漂亮战前店屋

惹兰勿刹是历史保留区，这个区域有超过500栋的历史建筑，Syed Alwi Rd上有一排特别漂亮的老房子，巴洛克风格的门窗和墙上贴上色彩艳丽的瓷砖，极具土生华人色彩，不要错过这些建筑立面的通风口，大多精雕细琢。

（左）Druggist，叶孝忠 摄

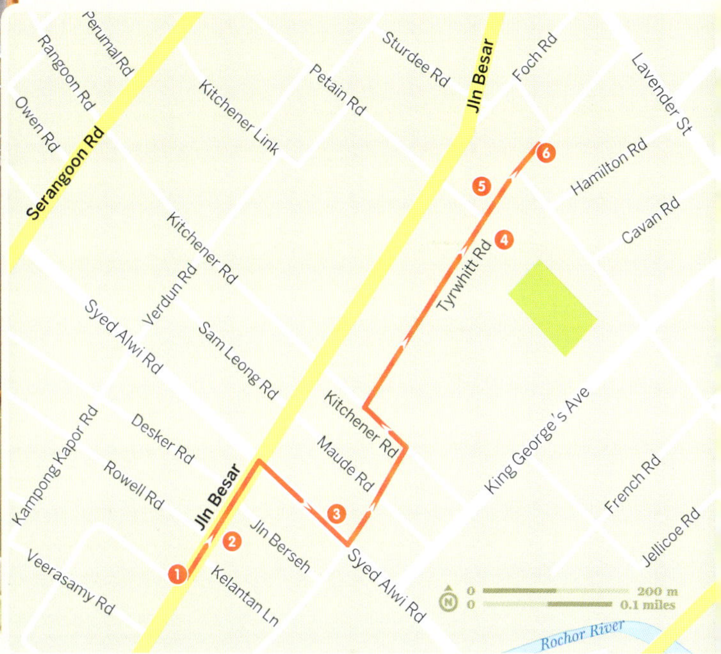

④ **游个泳**

Jalan Besar Swimming Complex（☎6293 9058；100 Tyrwhitt Rd；⏲周四至次周周二 8:00~21:30，周三 14:30~21:30；Ⓜ Lavender）花约1.5新加坡元就能享受新加坡优质的公共服务，这个泳池虽然位于市中心，但使用的人其实不多。泳池内也设有储物柜，如果你刚好住在附近的酒店，可以考虑到这里游泳。

⑤ **喝精酿啤酒**

Druggists（www.facebook.com/DruggistsSG；119 Tyrwhitt Rd；⏲周二至周日 14:00~11:00；Ⓜ Lavender）新加坡人一直有这样的说法："啤酒是老外的凉茶。"门面保留了中药公会的招牌和盛行于20世纪50年代的瓷砖设计，Druggists以23款精酿啤酒夺人眼球。柜台一排的金龙头，一拧开就流出汩汩的啤酒，其中不少品种带有果香味，让不爱啤酒的人也能轻易接受。小酒吧内保留了不少公会原来的摆设，并将其设计得像一家传统的南洋老咖啡店，酒吧同时提供本土风味的小吃，比如辣椒炒江鱼仔。

⑥ **到五金行喝咖啡**

再成发五金（Chye Seng Huat Hardware；www.facebook.com/ChyeSengHuatHardware；150 Tyrwhitt Rd；⏲周二至周四 9:00~19:00，周五至周日 9:00~22:00）如果真想要品尝好咖啡，再成发五金肯定是首选。这家咖啡馆的老板是个咖啡通，店里还设有专业的咖啡烘焙机器，甚至开班培养专业咖啡师。几乎无论什么时候，这家咖啡馆永远都是闹哄哄的，连工作日也坐满人，叫人不禁怀疑新加坡人都不用上班吗？咖啡馆的特调是"Nuts 'n' Bolts"，名字五金味十足。

Syed Alwi Rd；⌚24小时；Ⓜ Farrer Park）到这里购物，既满足了购买欲，也体验了一场文化之旅。Mustafa的狭窄过道和各个小角落，摆放了电子商品、服装、化妆品、俗丽的衣服（高度夸张的宝莱坞服装是最佳的手信）、便宜的DVD和黄金等商品，这里还有货币兑换商及堆满印度香料和腌菜的超级市场。在周日，新加坡半数人口都会出现在这里。

小阿拉伯

小阿拉伯也被称为甘榜格南（Kampong Glam），面积不大但耐人寻味。这里不仅是新加坡的穆斯林中心，聚集了回教堂、水烟咖啡馆、香水商、布料与地毯商店，也是哈芝街（Haji Lane）的所在地。哈芝街时尚前卫，精品店林立，吸引了走在潮流尖端的人。甘榜格南与Victoria街、Jln Sultan和Beach Road相邻，在Bugis地铁站的东北方。它的名字源于马来语的kam-pung（村庄）和gelam（一种曾经生长在这里的树）。

景点

苏丹回教堂 清真寺

（Sultan Mosque；见131页地图；www.sultanmosque.org.sg；3 Muscat St；⌚周六至次周周四 9:00至正午和14:00~16:00，周五 14:30~16:00；Ⓜ Bugis）金色圆顶的苏丹回教堂，是新加坡最大的回教堂，也是甘榜格南的重要地标。最初是基于莱佛士和新加坡苏丹之间的协议，由莱佛士和东印度公司于1825年出资修建这座回教堂，以换取保留该地区的主权。一百多年后的1928年，原有的回教堂被目前的宏伟建筑所取代。

有趣的是，设计这座回教堂的爱尔兰建筑师所任职的公司，也负责设计莱佛士酒店。切记，这座回教堂仍正常运作，游客只能在祈祷时间以外才能入内参观。非穆斯林则在任何时间都不能进入祈祷大厅。

马拉巴穆斯林回教堂 清真寺

（Malabar Muslim Jama-Ath Mosque；见131页地图；471 Victoria St；⌚11:00~21:00；Ⓜ Lavender）天蓝色瓷砖的马拉巴穆斯林回教堂，是全新加坡唯一专属印度南部喀拉拉邦（Kerala）马拉巴海岸（Malabar）穆斯林的回教堂。它是新加坡最有特色的建筑物之一，但它并非一开始就如此。回教堂于1956年开始兴建，但因资金问题，1963年才正式开放。不过，直到1995年，回教堂的宏伟外部瓷砖工程才完工。

只要衣着适当，就可在非祈祷时间进入回教堂参观，只需找宗教领袖伊玛目（imam）即可。他们一般会在一楼的资料室。

马来遗产中心 博物馆

（Malay Heritage Centre；见131页地图；www.malayheritage.org.sg；85 Sultan Gate；成人/6岁以下 4新加坡元/免费；⌚周二至周日

哈芝街

寻找新鲜、鲜为人知品牌的时尚潮人，都会蜂拥到位于甘榜格南（Kampong Glam）内的哈芝街（Haji Lane），穿梭于各家售卖限量服饰的时髦精品店。**Dulcetfig**（见131页地图；www.dulcetfig.wordpress.com；41 Haji Lane；⌚周一至周四 12:30~21:00，周五及周六 12:30~22:00，周日 13:00~20:00；Ⓜ Bugis）以酷炫的海内外服饰风靡女性时尚博主界，这里还售卖二手名牌包和珠宝。走在时尚前端的男性则可到简约风格的**K.I.N**（见131页地图；51 Haji Lane；⌚周一至周六 13:00~20:00，周日 15:00~19:00；Ⓜ Bugis）购买Gitman Bros的复古风格衬衫、K.I.N自家品牌街头时尚风格的衣服和鞋子，或到K.I.N隔邻的Makr选购精心设计的包包。

Little Arabia 小阿拉伯

Little Arabia 小阿拉伯

重要景点

1 苏丹回教堂 B3

景点

2 欧内斯特·查卡勒维克涂鸦 B2
3 马拉巴穆斯林回教堂 C1
4 马来遗产中心 C3

就餐

5 Café Le Caire B4
6 Nan Hwa Chong Fish-Head Steamboat Corner C2
7 Symmetry B2
8 Warong Nasi Pariaman B2
9 Zam Zam B3

娱乐

10 Going Om B3
11 Maison Ikkoku B3

购物

12 Dulcetfig B4
13 K.I.N B4
14 Little Shophouse B3
15 Sifr Aromatics C4

10:00~18:00；P；M Bugis）在莱佛士登陆之前，甘榜格南是历史悠久的马来皇室所在地，这里的马来皇宫（palace）是在1836年至1843年为新加坡最后一任苏丹Ali Iskandar Shah修建的。如今，皇宫已变成一座博物馆，展现新加坡马来人有趣的历史故事。

就餐

首选 Warong Nasi Pariaman 马来菜、印度尼西亚菜 $

（见131页地图；☎6292 2374；738 North Bridge Rd；菜肴 2.60~4.60新加坡元；⏲周一至周六 7:30~14:30；Ⓜ Bugis）这个老旧摊位充满传奇色彩，所售卖的马来菜肴非常美味，据说连马来西亚前首相马哈蒂尔也是它的粉丝。必尝菜肴包括belado（以辣椒、洋葱和醋汁调味的炸鲭鱼）、鲜嫩的辣牛肉或ayam bakar（椰酱烤鸡）。想要避开人群，就必须在早上11:00之前去用餐，而且我们要提醒你——这个摊位的食物一般在13:00就全都卖完了。

Nan Hwa Chong Fish-Head Steamboat Corner 中国菜 $$

（见131页地图；812-816 North Bridge Rd；鱼头火锅 18新加坡元起；⏲16:30至次日0:30；Ⓜ Lavender）如果你只想品尝一下鱼头火锅，那就一定要到这个备受好评的小贩摊位来。大圆锥形锅里热腾腾的鱼头和汤汁，足够3~4人共享，如果再配以米饭和小菜，再来几个人也够。有4种鱼可供选择，最佳选择是肉质肥美的红鲷鱼（20新加坡元）。

Zam Zam 马来菜 $

（见131页地图；699 North Bridge Rd；菜肴 5~8新加坡元；⏲8:00~23:00；Ⓜ Bugis）向任何真正的新加坡美食家提起Zam Zam，都将看到他们立即双眼放光。这家于1908年开始营业的朴实摊位所制作的murtabak（有馅烘饼），美味得令人难以置信。塞满多汁羊肉、牛肉、鸡肉或鹿肉的烘饼，金黄酥脆，但决不油腻。分量很大，若不是特别饿，可两人共享。

Café Le Caire 中东菜 $$

（见131页地图；33 Arab St；菜肴 4~22新加坡元；⏲10:00至次日3:30；🖉；Ⓜ Bugis）在这里可悠闲地抽着水烟，或狼吞虎咽那些可作为主菜或小吃的美味奶油豆泥、橄榄、油炸素丸子、皮塔饼、沙拉和多汁的烤羊肉串。若想要感受最佳气氛，一定要选择周末傍晚前往。

Symmetry 咖啡馆 $$

（见131页地图；www.symmetry.com.sg；9 Jalan Kubor；早午餐 $16~24；⏲周一 10:30~21:00，周二至周四 10:30~23:00，周五 10:30至午夜，周六 9:00至午夜，周日 9:00~21:00；📶；Ⓜ Bugis）落满灰尘的杂乱房梁、位置随意的灯以及独立音乐的调调，让人觉得这里是为乐队演出而准备的车库。但其实这里只有食物、咖啡和啤酒。周末早、午餐要提前预订，野蘑菇馅煎饼、猪颈肉馅羊角包和煎蛋（eggs sur le plat；配猪肉肠、辣椒粉、小番茄酱和嫩菠菜叶加奶油）都好吃极了。暴饮一番香醇的意式特浓、果仁味冰滴咖啡、鲜果汁或是从挪威远道而来的啤酒和苹果酒吧。

哈芝街的小店
新加坡旅游局 提供

亚洲班克西

街头艺术家欧内斯特·查卡勒维克（Ernest Zacharevic; www.zachas.com）被称为"马来西亚的班克西"（Banksy，当今世界上最有才气的街头艺术家之一）。这位二十多岁的艺术家出生于立陶宛，扎根于槟城，因为奇趣的互动街头艺术而为自己积累了一批世界各地的拥护者。从斯塔万格（Stavanger）到新加坡，他的壁画常与现实物品相结合，无论是旧自行车、木椅子，还是裂缝里长出的苔藓。马拉巴穆斯林回教堂（Malabar Muslim Jama-Ath Mosque）对面的一小幅作品中，有两名兴奋的孩童在立体的超市推车上滑行。右边，一个年轻的男孩从盒子里往外翻着筋斗，而更南边Victoria St和Jln Pinang的街角处（见131页地图），一个巨大的女孩正在爱抚一只幼狮。城里还不止查卡勒维克这三幅作品，在加东的东边街区，Joo Chiat Tce和Everitt Rd的交会处，你还能看到他的《骑马决斗的画家》（*Jousting Painters*; Everitt Rd和Joo Chiat Tce交叉路口），在这幅巨大的壁画上，两个栩栩如生的男孩骑在色彩鲜艳的马上，准备开战。壁画好玩又古怪，左边是查卡勒维克在三个矮桩上所绘的微型土匪。

饮品和夜生活

Maison Ikkoku 咖啡馆、鸡尾酒吧

（见131页地图；www.maison-ikkoku.net；20 Kandahar St；咖啡馆 周一至周四 9:00~21:00，周五和周六 至23:00，周日 至19:00；酒吧 周一至周六 18:00至深夜；；Bugis）以切斯特菲尔德长条形软座和木质吊柜为室内装饰的Maison Ikkoku，以虹吸、罐烧和老式蒸馏等专业手法保持了咖啡的品质，颇受咖啡达人的青睐。小吃包括美味的沙拉、蛋糕以及musubi（一种搭配了调味午餐肉、类似寿司的夏威夷小吃）。再上两层楼，是时髦的鸡尾酒吧，还有户外露台。

Going Om 咖啡馆、酒吧

（见131页地图；www.going-om.com；63 Haji Lane；周二休息；Bugis）一部分是咖啡馆，一部分是休闲空间。楼下的座位提供水烟、鸡尾酒、咖啡、茶，甚至有7种颜色的"脉轮"饮料（chakra，每种颜色代表一个脉轮）。楼上有个功能灵活的空间，可以用于做瑜伽、进行塔罗牌算命及集体禅修。每周四晚上都有魔术表演，而每周一、周三、周四和周日20:30后，都有现场乐队表演。

购物

Sifr Aromatics 香水

（见131页地图；www.sifr.sg；42 Arab St；周日至次周周四 11:00~20:00，周五及周六 11:00~21:00；Bugis）这个充满禅意的香水实验室属于香水制造商Johari Kazura的第三代传人。店里考究的香水制品，包括大卖的香水East（50ml/140新加坡元），散发玫瑰、琥珀和橙花的香味。50ml的香水价格介于80~300新加坡元，而古董香水瓶价格则介于60~2000新加坡元。想按需订制香水，必须提前一天通知。

Little Shophouse 手工艺品

（见131页地图；43 Bussorah St；10:00~18:00；Bugis）店主Robert Sng在这个小小的工作坊兼展销店里，制作各种色彩艳丽手工缀珠的土生华人拖鞋。每对售价约300新加坡元的拖鞋，需两个月才能完成，许多仰慕者甚至把缀珠的鞋面框起来作为艺术品欣赏。除了珠饰之外，你还可在这里购得土生华人风格的茶具、餐具、花瓶、手袋和首饰。

南部岛屿

对带孩子旅行或童心未泯的旅行者来说，圣淘沙肯定得编入新加坡行程之中。圣淘沙岛，以新加坡环球影城为标志性景点，基本上就是一个超大型的玩乐岛。双轨过山车、变形金刚3D对决、室内跳伞、特技表演、雪橇赛、伊维萨风格的海滩酒吧及赌场任君选择，这里的娱乐项目让人目不暇接。由于大部分景点都需要额外收费，若是举家出游的话，记得准备好一笔不小的银子。不过，岛上人工打造的海滩是免费的，并深受当地人和游客喜爱。

若你追求的是岛屿的宁静，那么圣淘沙以南的龟屿（Kusu Island）和圣约翰岛（St John' s island），绝对能带给你新加坡本岛上几近绝迹的清静。这里还有新加坡最干净和漂亮的沙滩，就算是周末前来，也不会出现人头攒动的场面。这几座岛屿长得都很“迷你”，对于龟屿和圣约翰岛，基本上步行20分钟就能绕岛一周。岛上除了厕所之外，没有其他设施；只有圣约翰岛上有简朴的平房住宿点，入住客人大部分都是学校组织的学生团体成员。

水上探险乐园
新加坡名胜世界 提供

南部岛屿亮点

1

在环球影城内大声尖叫

是时候用尖叫来释放你抑制已久的压力了。新加坡环球影城（Universal Studios）是圣淘沙名胜世界最大的卖点。影城内的机动游戏、充满嘉年华气息的游行、刺激你购买欲望的商品以及各种美食餐馆，能让你在此度过一天的欢乐时光。图为环球影城。

行前参考

- 提早上网购买门票，官网上偶尔也会有特价或其他增值配套。
- 现场买票的游客，可向售票处人员查询是否有国内银行的优惠。
- 住在岛上酒店的游客，都可免费搭乘岛上的单轨列车，往来于圣淘沙名胜世界和沙滩，以及前往本岛的怡丰城。

(上)鞋猫剑客历险记
(下)未来水世界

体验圣淘沙的精彩

林顺华，圣淘沙名胜世界大中华区市场营销传讯部副总裁

游览环球影城有什么减少排队时间的小贴士吗？

若不想花太多时间排队，可考虑购买环球影城的快速通道票，减少排队时间。你还可以预订贵宾导游服务，让专业导游根据你的要求和时间，安排你的游园行程。

新加坡环球影城的开园时间是10:00，也是访客最多的时候。上午可以先去S.E.A.海洋馆逛两个小时，待其他人开始用餐时，前往环球影城，或许可避开一些人流。

新加坡环球影城一共有7个主题区，入园后很多人在走过好莱坞大道后，便习惯性地右转进入纽约街，开始逆时针地玩。大家不妨考虑沿着顺时针方向走，从好莱坞大道左转去马达加斯加区。另外，有些游客是先冲往热门景区如科幻城市、古埃及、遥远王国等，然后才继续慢慢细玩儿，这就有“凑热闹”之嫌了。

用餐的话，你建议去什么地方？

要品尝新马的街边美食，可以到圣淘沙名胜世界的马来西亚美食街（见139页），在那里能感受到马来西亚的传统街边饮食文化。若想选择价格合理并兼具中西风味的料理，可以考虑去由本地明星厨师Sam Leong主理的森餐厅（见147页）用餐。

除了环球影城和名胜世界，圣淘沙还有其他地方值得推荐吗？

喜欢户外活动的朋友，可以去靠近巨型鱼尾狮的Megazip（见146页），体验飞狐（Flying fox）等刺激活动。另外，在洁白的人工沙滩上，周末时还有身材惹火的男女玩沙滩排球、晒日光浴或以酒伴书休闲度过。

入住岛上的奢华酒店

圣淘沙岛近几年来的发展路线只有三个字：高大上。除了奢华公寓外，顶级酒店也陆续在岛上开枝散叶。W酒店有各种让你不睡觉的理由，是时尚派对动物的安乐窝；改造自殖民地时期老房子的Capella Singapore，让你体味往日殖民地时代的情怀。如果你想住得更靠近环球影城，名胜世界内也有五星级的酒店供你选择。图为W酒店的客房。

2

GETTYIMAGES 提供

3

感受龟屿的民俗情调

岛上有个香火鼎盛的大伯公庙，每年农历九月都会吸引大批信徒到龟屿进香，想要感受岛上的民俗风情，可选择在此期间拜访龟屿；其他时间前来（特别是工作日），你会发现如此宁静漂亮的沙滩上，却没有新加坡人来好好地享受。图为龟屿。

4 到圣约翰岛把自己晒成古铜色

岛上什么也没有，没有餐馆，没有娱乐设施，这是新加坡人会形容为Ulu（马来语，偏远之意）的地方，但这不就是探访圣约翰岛的理由吗？岛上拥有无人的沙滩，还有新加坡难得的休闲气息。这座岛屿有着不堪回首的过去，现在它更愿意被人们记住的是——在宁静沙滩上，把自己晒成热带古铜色的美好回忆。

GETTYIMAGES 提供

新加坡名胜世界 提供

5 让蔚蓝海洋洗尽烦嚣

在想尽办法让你掏钱的岛上，免费的设施自然大受欢迎。圣淘沙岛上的沙滩品相都不错，而且都能免费享用。沙滩边上还有无数的餐饮设施，你将拥有更丰富多彩的旅行记忆。水清沙幼（沙都是进口的）、椰林婆娑，看着蔚蓝的大海，你轻易就能把尘世烦嚣抛在脑后。图为圣淘沙岛的黄昏。

6 将美食进行到底

游客多的圣淘沙，性价比高的美食较少；如果来到环球影城外的马来西亚美食街，就会好一些，这里聚集了马来西亚手艺最佳的小贩，他们的小吃不仅能充分满足你的味蕾，且你的钱包也不会“大出血”。为了提供更优质的服务和环境，圣淘沙全岛看得见风景的地方都会设有时尚餐厅和酒吧，夜晚的气氛最为诱人，为你的圣淘沙之旅画上完美句点。图为海南鸡饭。

行前参考

交通

- 进入圣淘沙岛必须支付一小笔门票费用，但数额多少取决于你选择哪种形式的交通工具。如果你从怡丰城（VivoCity）商场步行入岛，费用是1新加坡元；如果乘坐圣淘沙快线单轨列车（Sentosa Express monorail；从怡丰城三楼出发），费用是4新加坡元；如乘坐缆车，入岛费用已包含在缆车车票中。

- 上岛后，岛内交通问题很容易解决，你可以选择步行、乘坐圣淘沙快线（7:00至午夜）、免费的“沙滩电车”（beach tram；穿行于三个海滩；9:00~23:00，周五和周六至午夜）和前往主要景点的三色编码公共汽车（7:00~23:00，周五和周六至次日0:30）。

住宿

- 除非你想追求更独特的体验，或想要更靠近名胜世界的环球影城，不然没有必要住在岛上。

- 岛上的住宿价格较为昂贵，但拥有不少优质的精品设计酒店，保证能让你体验到一个截然不同的新加坡假期。

餐饮

- 圣淘沙岛上的餐饮选择虽然丰富，但价格较高，节约的旅行者可以备好干粮或三明治到岛上野餐。

- 岛上夜晚的气氛特别好，可以选择一家看得见风景的餐馆好好享受海风和美食。

门票

- 由于大多数景点都必须额外付费，因此若全家同游，一天下来是笔不小的开支。尽可能在网上预购门票，这不只是能节省时间，有时候也能获得优惠。
- 记得在入岛处拿一份好用的圣淘沙地图。
- 圣淘沙岛在周末、公共假期及学校假期特别忙碌，因此，排队和等候时间也较长，我们建议你在工作日前往圣淘沙岛。

（左）森创意中餐；（右）圣淘沙岛的有轨电车
（左）新加坡名胜世界 提供；（右）GETTYIMAGES 提供

不要错过

最佳住宿

- **新加坡圣淘沙湾W酒店** 派对动物们的安乐窝，这家时尚的设计酒店，以疯狂的夜生活笼络人心。（见146页）
- **圣淘沙香格里拉度假酒店** 适合家庭出游旅行者的海滩度假村，站在面对着海洋的阳台上，对新加坡说声早安吧。（见147页）
- **Capella Singapore** 老房子经过建筑大师的金手指一点，变身为岛上最奢华的住所。（见147页）

最佳餐饮

- **Kith Cafe** 开放式的咖啡馆，面对着游艇俱乐部的港湾。在这里享受一顿美味的热带早、午餐吧。（见148页）
- **海之味** 是你在看鱼儿，还是鱼儿在看你，这家设计独特的餐馆，让你宛若在鱼缸中享用美食。（见143页）
- **马来西亚美食街** 网罗了马来西亚最有名气的小吃，你可以一站式品尝南洋众多著名小吃。（见139页）

最佳活动

- **新加坡环球影城** 当一天电影里的英雄，满足你锄强扶弱的梦想，环球影城将挑战你对刺激游戏的接受能力。（见142页）
- **沙滩** 群岛自然不缺沙滩，时尚范儿的人都会聚集在圣淘沙的沙滩上看人或被看。（见145页）
- **Ifly Indoor** 在半空中飞起来吧，这里能满足人类对飞翔最原始的渴望。（见145页）

圣淘沙岛 (SENTOSA ISLAND)

景点

新加坡环球影城 游乐园

（Universal Studios Singapore；见144页地图；www.rwsentosa.com.cn；圣淘沙名胜世界；成人/儿童/老人 74/54/36新加坡元；⏲10:00~19:00；🚇Waterfront）新加坡环球影城（Universal Studios）是圣淘沙名胜世界（Resorts World Sentosa）的王牌，也是不少旅行者前去圣淘沙的原因，影城内有各种好玩的娱乐设施、商店和餐厅，都是根据好莱坞电影主题精心设计而成的。

Transformers The Ride是目前影城内排队最长的游戏，采用逼真的3D动画及效果，让你瞬间闯入变形金刚的科幻世界里，当一回拯救世界的英雄。在城市高楼中享受风驰电掣并和机器人战斗的快感，甚至到了悬挂于高空中摇摇欲坠的程度，这些设计都带来尖叫声连连，但晕车的旅行者慎入。

如果你胆量更大，那么就不能错过Battlestar Galactica，这个全世界最高的双人过山车虽然经常进行维修，但肯定会让你绑好安全带之后就开始后悔，只好用尖叫来掩饰你的恐惧了。你可以选择坐下的Human或翻转得更厉害的Cylon，无论如何都不要忘记欣赏位于高处的风景（如果你还睁大双眼的话）。

室内过山车“木乃伊复仇记”（Revenge of the Mummy）是公园古埃及区域的主要景点，雄伟的神殿建筑是拍照的最佳背景，一路走在能见度极低的古墓里，你将在黑暗里翻转腾跃着搜寻生命之书（Book of the Living）。过程中会有一个短暂停歇让你喘口气，然后又急速倾斜后退，让你惊吓连连。

壮观的现场演出《未来水世界》（*Water World*），以凯文·科斯特纳（Kevin Costner）的同名电影为蓝本，里面有扣人心弦的特技表演、惊险的爆破和身材健美的演员。如果你想要个好座位，至少得在演出前20分钟过来，想被淋湿的话就选择前边的湿身区。

环球影城内最新的游戏是全球首个《鞋猫剑客历险记》（*Puss in Boots*）主题悬吊飞车，设于遥远王国主题区，走入被魔豆藤蔓丛丛缠绕的巨人城堡内，和鞋猫剑客、女友Q手吉蒂一起寻找在城堡的金蛋，以拯救日渐没落的圣里卡多孤儿院。时长约2分钟的悬吊式过山车，让旅行者体验紧张刺激的失重感飞行。

S.E.A.海洋馆 水族馆

[S.E.A. Aquarium；见144页地图；www.rwsentosa.com.cn；圣淘沙名胜世界；成人/儿童 32/22新加坡元（包含海事博物馆门票）；⏲10:00~19:00；🚇Waterfront]这个全球最大的水族馆，将让你一窥世界各地海底世界的精彩生命，海洋馆里一共有超过800种的海洋

海底世界
新加坡旅游局 提供

生物。和鲨鱼隔着安全的距离面对面，有种惊心动魄的喜悦。这个世界级的水族世界，重现了49个覆盖亚洲、大洋洲和非洲的海洋生态。Open Ocean生态区最引人注目，26米长、8.3米高的观赏玻璃屏跻身世界前列，看着鱼儿悠游于蓝色梦幻的空间里，有绝佳的治愈效果。

海洋馆入口处是海事博物馆（Maritime Experiential Museum），展示了郑和下西洋沿途航行的贡品和从沉船中挖掘到的文物，这里的明星展品还包括阿曼苏丹国赠予新加坡政府和人民的一艘复制了9世纪独桅帆船的“马斯喀特之宝”。海洋馆也依据古老的海上丝绸之路航线,展示了沿途可寻找到的10万只海洋生物，想了解海上丝绸之路的旅行者会满意而归。

海洋馆内还有一个独特的用餐地点**海之味**（⏲午餐 11:30~15:00，晚餐 18:00~22:30），是“料理铁人”凯特克拉在亚洲的首家餐馆，选用亚太地区最新鲜的海鲜，以健康清爽的方式烹调。其餐馆位置更是别具一格，让你在被鱼群包围的环境下享用美食。

海底世界 水族馆

[Underwater World；见144页地图；☎6275 0030；www.underwaterworld.com.sg；在西乐索海滩（Siloso Beach）后方；成人/儿童 25.90/17.60新加坡元；⏲10:00~19:00]站在海底世界水下玻璃通道的自动人行平梯上，草状海龙和摇曳的水母优美迷人，而迎面游弋过来的黄貂鱼和10英尺长的大鲨鱼，则不免让人大吃一惊。这个水族馆共设有49种海洋生态环境，超过800种海底生物，让你宛若来到了热带龙宫。如果有足够的勇气，也可潜入水中体验历时30分钟的**“与鲨共舞”**（Dive with the Sharks；每人120新加坡元，必须预约）。门票包括隔邻的**海豚潟湖**（Dolphin Lagoon），那里的印度洋—太平洋驼背海豚和海豹，每天都有好几场表演（建议上网查询表演时间）。这里与海豚共游的活动收费不菲（170新加坡元），也受到了环保人士的抨击。

另类游走方式

如果想以更新颖的方式游岛，可前往**Gogreen Segway Eco Adventure**（见144页地图；www.segway-sentosa.com；一圈12新加坡元，30/60分钟团队游38/80新加坡元，夜间团队游78~88新加坡元；⏲10:00~21:30）。租用一辆赛格威（Segway），踩着这种两轮交通工具滑行游玩一圈需要10分钟，或跟导游带领的团队游队伍，前往海滩附近，时间稍长一些。只限成人参加的Gogreen After Dark团队游，让游客感受岛上的夜晚氛围。该公司也出租电动自行车（每小时12新加坡元）。

西乐索炮台 博物馆

（Fort Siloso；见144页地图；www.sentosa.com.sg；Siloso Point；成人/儿童12/9新加坡元；⏲10:00~18:00，免费导览服务 周五至周日 12:40和15:40；Sentosa缆车站）历史悠久的炮台记录了圣淘沙岛一段不堪回首的历史。过去圣淘沙岛名为Pulau Blakang Mati（马来语，意为死亡岛），西乐索炮台原是英军在“二战”前设立的防御措施，以防备日军的入侵，但这是个失败的战略，1942年日军经由马来亚半岛自北入侵新加坡，而这些炮台对着的是新加坡的南部海域。日军入侵后，这里曾被辟为战俘营。在展览馆内，可以看到当时的文件、文物等，展览馆方还通过人物塑像，还原了当时的历史场景，旅行者还能钻入炮台当时的地道内。

万象新加坡Live 博物馆

（Images of Singapore LIVE；见144页地图；www.sentosa.com.sg；Imbiah Lookout；成人/儿童10/7新加坡元；⏲9:00~19:00；🚉Beach）这个互动感十足的博物馆，采用了仿真的蜡像、场景装置、老影片、灯光及音响效果，来串联起新加坡的历史，为旅行者呈现了新加坡的历史大事件，包括从马来苏丹统治时期到英

Sentosa Island 圣淘沙岛

国殖民地时期，再到第二次世界大战的历史事件，让你了解新加坡从籍籍无名的小渔村变身为国际大都会的历程。

蝴蝶园和昆虫王国 自然公园

（Butterfly Park & Insect Kingdom；见本页地图；www.sentosa.com.sg；Imbiah Lookout, 51 Imbiah Road；成人/儿童 16/10新加坡元；🕘9:30~17:00；🚊Imbiah）这个以蝴蝶和昆虫为主角的公园，共有50多种蝴蝶的翩翩彩翼供你观赏，其中还有不少濒临绝种的品种，一些蝴蝶和昆虫还是在园区内培育的。公园设计得宛若一个袖珍的热带雨林，让你有身临其境之感。展示厅内还有上千种蝴蝶和昆虫标本，让你仔细窥探昆虫的神秘世界。

新加坡杜莎夫人蜡像馆 展览馆

（Madame Tussauds Singapore；见本页地图；www.madametussauds.com/Singapore；成人/儿童 38/28新加坡元🕘周一至周五 10:00~19:30，周六至周日 10:00~21:00；🚊Beach）与好莱坞及亚洲一线"明星"合影，是这里最大的卖点。当然也不缺本地明星如"孙燕姿"和政治名人"李光耀"等。栩栩如生的蜡像和布置，会让你误以为真的遇到偶像呢。

活动

水上探险乐园 游泳

（Adventure Cove Waterpark；见本页地图；www.rwsentosa.com.cn；Resorts World Sentosa；成人/儿童 $36/26；🕘10:00~18:00；

Waterfront）这家水上乐园的娱乐项目不多，更适合儿童，全家一起游玩也不错。尽管如此，喜欢找刺激的旅行者还是可以去玩"喷射滑道"（Riptide Rocket；东南亚首个水流磁力过山车）和"激流滑道"（Pipeline Plunge），波涛游泳池"冲浪湾"（Blue water Bay）也超级好玩。

"彩虹礁游"（Rainbow Reef）可以让你在两万条鱼之间浮潜，而"魟鱼湾"（Ray Bay）则能让你悠游于魟鱼之间（额外付费的项目）。人气景点海豚园（Dolphin Island）也要另外付费，游人可以在泳池中与海豚互动。尽管这项活动十分受欢迎，但都受到动物保护团体的批评，他们指出，圈禁海洋生物会令动物虚弱紧张，而且与人类的互动会加剧这种状况。

水上探险乐园在周末和假日尤其人多，所以可考虑避过高峰期。

圣淘沙冲浪区 冲浪

（Wave House；见144页地图；www.wavehousesentosa.com；Siloso Beach；30分钟冲浪 $35起；⏲10:30~22:30，Double Flowrider 11:00~22:00，FlowBarrel 周一、周二、周四和周五 13:00~22:00，周三、周六和周日 11:00~22:00；Beach）圣淘沙冲浪区总是很受欢迎，这里有两个特别设计的波涛游泳池，可以令冲浪爱好者们进行练习。Double Flowrider没有弯度，适合初学者；3米高的FlowBarrel则更具挑战性。圣淘沙冲浪区还设有海边的餐饮场所。

人造海滩 游泳

圣淘沙有三个适合家庭游玩的人造海滩，海滩上摇摆的棕榈树，足以令人沉迷于热带的白日梦中。**西乐索海滩**（Siloso Beach；见144页地图；圣淘沙缆车站、Beach轻轨站）最受欢迎，挤满了活动项目、餐馆与酒吧。**巴拉湾海滩**（Palawan Beach；见144页地图；Beach轻轨站）有免费的儿童嬉水池，非常适合小朋友；而**丹戎海滩**（Tanjong Beach；见144页地图；Beach轻轨站）则是三个海滩中最安静的。西乐索海滩上有三家酒吧为客人提供小游泳池，丹戎海滩上有一个。只能在指定游泳区游泳。

Ifly Indoor 室内跳伞

（见144页地图；www.iflysingapore.com；Cable Car Rd；成人/儿童 $79/70起；⏲周四至次周周二 10:30~22:00，周三 正午至22:00；Beach）如果你想体验在高空3600米和900米之间自由降落又不想跳飞机的话，就来这家室内跳伞中心吧。价格包含一小时的指导和两段短而刺激的跳伞体验。一切刺激玩意儿都在垂直风洞里进行。去网站上查询一下非高峰时间，那时费用最低。

斜坡滑车与空中吊椅 刺激性项目

（Skyline Luge Sentosa；见144页地图；

Sentosa Island 圣淘沙岛

重要景点
1 新加坡环球影城......C3

景点
2 S.E.A.海洋馆......C2
3 海底世界......A2
海事博物馆......（见2）
4 蝴蝶园和昆虫王国......B2
5 万象新加坡Live......B3
6 西乐索炮台......A2
7 新加坡杜莎夫人蜡像馆......B2

活动
8 水上探险乐园......B2
9 Gogreen Segway Eco Adventure......B3
10 Ifly Indoor......B3
11 Megazip......A2
12 斜坡滑车与空中吊椅......B3
13 圣淘沙冲浪区......B2

住宿
14 Beach Villa......B2
15 Capella Singapore......C3
16 Hard Rock Hotel Singapore......B2
17 The Sentosa......C4
18 圣淘沙香格里拉度假酒店......A2
19 西乐索海滩度假村......B2
20 新加坡圣淘沙湾W酒店......F4

就餐
21 Kith Cafe......F4
22 Malaysian Food Street......C2
23 Mykonos on the Bay......F4
24 森创意中餐......B2

饮品和夜生活
25 Coastes......B3
26 Tanjong Beach Club......D4
27 Woo Bar......F4

www.sentosa.com.sg；斜坡滑车和空中吊椅组合 $15起；⏲10:00~21:30；🚇Beach）你可以从西乐索海滩搭乘空中吊椅前往英比奥山顶景区（Imbiah Lookout），然后坐上滑车（想象一下单座赛车与平底雪橇的结合体），与亲朋好友比赛穿过弯道和穿过森林的刺激直路（提供头盔且强制佩戴）。小孩子们会爱上它的。

Megazip 高空滑索

（www.megazip.com.sg；见144页地图；Siloso Beach；高空滑索 $39；⏲11:00~19:00；🚇Beach）这条高空索道有450米长，75米高，起点是英比奥山顶景区，终点是西乐索海滩边的一座小岛上。有一辆电动车将参加者从海滩运往起点，那里还有一个小型的冒险乐园，里边有一面攀岩墙（$19）和其他活动。

住宿

新加坡圣淘沙湾W酒店 豪华酒店 $$$

（W Singapore-Sentosa Cove；见144页地图；☎6808 7288；www.wsingaporesentosacove.com；21 Ocean Way, Sentosa Cove, Sentosa Island；房间 $390起；❄@📶🏊；🚇Beach）崭新的W酒店有240间客房，是新加坡最时尚的住处之一。客房设计有趣、古怪且宽敞，可以选择不同灯光的情绪照明。客房分为10类，其中水疗主题的Away Room尤其美妙，每间房都配有私家小泡池。酒店还有一个24小时大泳池，配有泳池吧和水下扬声器。额外福利是一间设备齐全的健身房和一个高科技的豪华水疗馆。

Hard Rock Hotel Singapore 度假村 $$$

（见144页地图；www.rwsentosa.com.cn；豪华房600新加坡元起；❄@📶🏊；🚇Waterfront）Hard Rock酒店是音乐爱好者心仪的住宿选择：大门前的巨型电吉他，摆放着不少歌手服饰或乐器的走道，再加上房间内的iPod音响播放系统，让你陶醉在音符中。另一特色是新加坡唯一的沙滩泳池，细沙从澳大利亚运来，让你仿佛在沙滩戏水，却享受着泳池的服务。此外，每间客房备有三张床，非常适合好友两三人入住。

Beach Villa 度假村 $$$

（见144页地图；www.rwsentosa.com.cn；海滨别墅2200新加坡元起；❄@📶🏊）一栋栋充满南洋风味的1~3房海滨别墅，面向碧海蓝天或泳池，是蜜月情侣或举家入住的理想选择。此外，海景套房（Ocean Suite）让很多明星艺人深爱不已。双层复式海景套房，邻近S.E.A.海洋馆，让你可以在床上或泡澡时，观赏不同鱼类悠游的画面。上层是按摩浴缸、开放式客厅与室外露台。只要入住海滨别墅，即可享有私人管家的个性服务。

圣淘沙香格里拉度假酒店 度假村 $$$

（Shangri-la' s Rasa Sentosa Resort & Spa；见144页地图，☎6275 0100；www.shangri-la.com；101 Siloso Rd，Sentosa Island；房间 $400起；❄@📶🏊；🚌Beach）这里是新加坡唯一真正的海滩度假村，特别适合举家出行的旅行者入住。客房明亮、时尚且具有热带风情，色调是舒缓的奶油色和淡黄绿色。服务顶级；宽阔的泳池区适合儿童，还有儿童水滑梯。酒店还可通往西乐索海滩。度假村还有至少5间餐厅，而且开往新加坡中区的免费摆渡车格外便利。

Capella Singapore 度假村 $$$

（见144页地图；☎6591 5000；www.capellahotels.com/singapore；1 The Knolls；双人间 700新加坡元；❄@📶🏊）Capella Singapore度假村或许是圣淘沙，甚至全新加坡最好的住宿选择：宏伟的白色殖民地风格建筑，拥有豪华的游泳池和花园，以及布置精美的客房、别墅和庄园。在绿意盎然的庭院里享受早餐是特别棒的体验。酒店由著名建筑师诺曼佛斯特负责改造，保留了建筑原有的风貌，也添加了现代化的设计和设施。人们对酒店的地中海餐馆The Knoll评价颇高，也是受欢迎的早、午餐选择。

The Sentosa 度假村 $$$

[见144页地图；☎6275 0331；www.thesentosa.com；2 Bukit Manis Rd；房间 285~525新加坡元（不含早餐）；❄@📶🏊]五星级圣淘沙度假村兼水疗中心，建在悬崖顶部，环境宜人，中心拥有低层建筑，配有现代化的家具，还有一家浪漫的餐馆Cliff和新加坡唯一的花园水疗中心——Spa Botanica。此外，还可以看到孔雀随意地在鸡蛋花树下游荡。上网可查询优惠套餐。

西乐索海滩度假村 度假村 $$$

（Siloso Beach Resort；见144页地图；☎6722 3333；www.silosobeachresort.com；51 Imbiah Walk；房间含早餐 230新加坡元起，套房 450新加坡元起，别墅 1000新加坡元起；❄@📶🏊）西乐索海滩度假村是一个环境保护区，有多处符合环保理念的设计细节（例如，使用天然泉水的自循环系统游泳池、楼顶花园降低周围温度、有些客房依树林建造等）。房间本身很舒适，足以吸引住客。此外，景观花园、95米长的游泳池和附近的西乐索海滩，确保你尽情地沐浴在阳光里。

就餐

Malaysian Food Street 小贩 $

（见144页地图；www.rwsentosa.com；圣淘沙名胜世界；菜肴4新加坡元起；⏰11:00~22:00）这个室内小贩中心，以仿建的马来西亚街景为装饰，富有怀旧感，即使显得有点人工化。值得庆幸的是，食物本身货真价实，由马来西亚一些手艺精湛的小贩烹煮。这里的马来西亚经典美食，包括以中式喜饼闻名的吉隆坡老字号凤凰饼家，以炭火煲煮的裀记瓦煲鸡饭，大受食客欢迎的亚妹福建虾面，来自槟城的炒粿条和海南卤面等。当然，还有无所不在的海南鸡饭、巴生肉骨茶等。

森创意中餐 中国菜 $$

（Forest；见144页地图；www.rwsentosa.com；名胜世界；⏰早餐 7:30~10:30，午餐 12:00~14:30，晚餐 18:00~22:30）由本地名厨梁兆基

打理的餐馆，供应创意十足的中餐，服务和上菜都是典型的中餐西吃形式，开放式的厨房让食客能观赏到厨师们烹饪的过程。或许因为厨师的妻子是泰籍，这里的中餐料理也体现了泰式风味。

Kith Cafe 咖啡馆 $$

（见144页地图；www.kith.com.sg；31 Ocean Way, Sentosa Cove；周三至次周周一 8:00~22:00；Beach站换乘，3）这里是三家Kith咖啡馆里最好的，位于环境宜人的圣淘沙湾，与价值百万美元的游艇为邻。拿上一份KINFOLK杂志，一边欣赏身边的各色人等，一边享用布莱克斯通蛋（Blackstone Eggs；英式玛芬配水煮荷包蛋、烤番茄、培根、芦笋加荷兰酱）这种美妙的咖啡馆小吃。这个咖啡馆是新加坡人周末早、午餐的热门选择。

Mykonos on the bay 希腊菜 $$

（见144页地图；6334 3818；www.mykonosonthebay.com；01-10 Quayside Isle, 31 Ocean Way, Sentosa Cove；达帕斯 $9~27，主菜 $23~45；周一至周三 18:30~22:30，周四和周五正午至14:30和18:30~22:30，周六和周日正午至22:30；Beach站换乘3）这家漂亮的希腊餐馆位于圣淘沙湾的船坞之间。客人可以坐在户外享用完美烹制的烤鱿鱼、茄子沙拉和自制辣羊肉肠（giaourtlou）。周末需提前预订。

W酒店里的Woo Bar
新加坡旅游局 提供

饮品和夜生活

Woo Bar 酒吧

（见144页地图；www.wsingaporesentosacove.com；W Singapore Sentosa Cove, 21 Ocean Way；周一至周四 8:00至午夜，周五至周日至次日2:00；Beach换乘3）新加坡圣淘沙湾W酒店的酒吧华丽又有艺术感，有悬空的蛋形座舱、金色的脚凳和落地窗，窗外有棕榈树和游泳池。下午茶（high tea；两人$58起，不含税）装在精致的鸟笼里。每周三为“女士之夜”（税前$36），当天晚上7:30~9:00有免费的香槟，之后直到午夜饮品半价。

Coastes 酒吧

（见144页地图；Siloso Beach；周日至次周周四 9:00~23:00，周五和周六 至次日1:00；Beach）这里比较适合家庭，沙滩上有野餐桌，水边有日光躺椅（$20）。如果你有点饿，这里的菜单上还有不错的标准菜式，其中包括汉堡、意面和沙拉。

Tanjong Beach Club 酒吧

（见144页地图；6270 1355；www.tanjongbeachclub.com；Tanjong Beach；周二至周五 11:00~23:00，周六和周日 10:00至午夜；Beach站换乘海滩电车）这里大体上比西乐索海滩上的酒吧要安静些（周日繁忙的早、午餐时段除外），是个令人回味的地方。晚间沙滩上有火把，还有个时尚的小泳池供客人使用，背景音乐是性感的沙发和放克音乐。

龟屿（Kusu Island）

（www.islandcruise.com.sg）很多新加坡人唯一一次的龟屿之旅就是和妈妈到岛上进香。这是南部群岛中最小的（总面积约8公顷），也是拥有最多看点的小岛。龟屿上有适合野餐的草坪，还有一个养龟池和色彩斑斓的大伯公庙。每年农历九月的龟屿进香就在大伯公庙举行，当地人也喜欢在这里放生乌龟。

走上152个台阶就来到岛上的小丘，这里有三处马来人的圣祠（Kusu Kramats），一路上的树枝都挂满了各种求子、祈福的石头，不孕的夫妇相信这个圣祠能给他们带来好运。

龟屿的沙滩水浅，适合小孩戏水，也适合无所事事地待着。记得备好一些干粮和食用水，在沙滩上野餐。

圣约翰岛（St John's Island）

（www.islandcruise.com.sg）这个宁静的岛屿有着一段段不堪回首的历史。在20世纪30年代，它是用来隔离外来移民的岛屿，之后是关押政治犯的地方，后来则成了戒毒所，岛上的建筑会让你想起监牢。

岛上有一处小沙滩，游人在此野餐，靠海处摆着凳子和桌椅；还有一个结构简单的清真寺，主要是为维护岛上设施的员工而建的。一些钓鱼爱好者会到圣约翰岛上钓鱼。

住宿

St John's Bungalow 度假屋 $

（www.sentosa.com.sg/en/nature/southernislands/st-johns-island; St John's Island; 平房 周二至周四 $53.50，周五至次周周一 $107; ⏲圣淘沙信息中心 9:00~20:00）这座度假屋有3间卧室，最多能住10人，有一间简单的厨房，还有炊具。必须在入住月份的两个月前，在位于怡丰城（VivoCity）三楼的**圣淘沙信息中心**（Sentosa Information Centre）亲自预订。学校假期时房价翻倍。岛上没有餐厅和零售店，你必须自带食物和饮品。

W酒店的泳池派对

新加坡圣淘沙湾有超级受欢迎的泳池派对——“无尽夏日”，W酒店的**泳池**（Endless Summer; 见144页地图; www.wsingaporesentosacove.com; W Singapore Sentosa Cove, 21 Ocean Way; 含一份酒水 $35; ⏲每月第一个周日 14:00~20:00）就是为了派对而建的。派对通常在每月第一个周日举办，来参加的人各式各样，本地人、外国人和酒店住客在这里都尽情释放。在派对上度过一个慵懒大醉的热带午后再美妙不过了，现场有DJ打碟、小型演出，还有许多戴着超大太阳镜的人，以及身着比基尼的热辣美女，或者展露腹肌的男子。出售的食物有热狗、爆米花和美味的沙爹。登录酒店官网可以查询日期和预订。

到达和离开

可以在Marina South Pier码头搭乘南部岛屿渡轮（Southern Islands Ferry）前往龟屿和圣约翰岛，30分钟后，渡轮会先停靠在圣约翰岛约1小时，然后再前往龟屿（15分钟）。你可以在圣约翰岛上多逗留一点时间，再搭下一班前往龟屿的渡轮，但就算是周日也只有5趟船，周六3班，平日则只有2班。从龟屿回到新加坡本岛的最后一趟船时间是——周一至周五16:00，周六16:30，周日18:15。出发去码头前最好上网查询最新的渡轮信息，并备好干粮、食用水及防晒用品和雨具等。

TANG
Marriott

乌节路及周边

乌节路（Orchard Road）是新加坡的香榭丽舍，无论是快速时尚连锁店还是奢侈品牌的殿堂都选择在这里安家落户。一条长约2公里的购物大街上，两旁种满了巨大的青龙木，购物中心和精品店向你挤眉弄眼，足以让最疯狂的购物狂彻底崩溃。

乌节路曾经是果园和香料园，Orchard就是果园的意思。主要的购物商场都集中在乌节路地铁站至索美塞地铁站（Somerset）一段，再往西走就能抵达新加坡植物园，这片闹市中的绿意丛林能暂时把你从物欲中解救出来，"消费"免费的鸟语花香。登布西山（Dempsey Hill）休闲区就在植物园附近，这个由英军仓库和军营组成的绿地，集中了不少优质的餐馆，更是本地人享受周末早午餐的好去处。

再往西一点就是荷兰村（Holland Village），主题依旧是非常新加坡的吃吃吃，各国风味的小馆子散落在这个本地老外喜欢流连的区域，想要好好体会何谓新加坡式的中产生活方式，来这里就对了。

乌节路夜景

新加坡旅游局 提供

乌节路及周边亮点

1 到乌节路进行购物治疗

林林总总的百货商场，能让你一站式完成所有购物任务，这是乌节路在旅行者心中最值得存在的原因。除了各大奢侈品品牌店之外，乌节路也有不少另类的精选品牌店为你的荷包瘦身。这几年乌节路进行了不少规划，设置了宽敞的步行道，并添加了不少定位更新锐的购物商场，让你能更悠闲地进行一场停不下来的购物治疗。图为Ion购物中心。

行前参考

- 乌节路的商场一般上午10点开始营业至晚上10点。
- 脚累了，可以考虑到幸运大厦的足底按摩店，舒缓疲劳。
- 傍晚5点以后，翡翠山路无数酒吧的"欢乐时光"正在进行中。

乌节路的精彩购物

罗斯逸，服装设计师

什么时候是探访乌节路的最佳时节？

乌节路是新加坡的时尚根据地，这里经常举办一些大型的时尚活动，包括已经举办了近10届的新加坡时尚周（一般在5月），这时候整个乌节路就会变成一个大T台，世界各地著名的设计师聚集一堂，带来未来的时尚灵感。若在圣诞佳节前往新加坡旅行，就不要错过乌节路的璀璨圣诞灯饰，这时候的乌节路最漂亮，各大商场的灯饰争奇斗艳，让你体验一下何谓热带圣诞。

你如何评价乌节路上的购物中心？

很多购物中心的定位都差不多，进驻的商铺大多是那几个大型的快速时尚品牌。但这一两年来，乌节路也多了不少定位比较清晰，也更小众的购物中心，比如最新开张的Orchard Gateway就主打个性品牌店，其中也有不少的本地品牌，让逛街的客人有更多选择。这家购物中心的四楼完全献给男装，有不少独特的男装品牌选择，这在乌节路较为少见。另外，我个人挺喜欢Cineleisure购物中心，那里除了有戏院之外，还有不少本地难见的潮牌。

如果想找些比较另类的品牌，你有什么推荐？

要找独特品牌的旅行者，可以到乌节路的Multi Label Store逛逛，你会有不少意外的发现，比如已经名声在外的Club 21，网罗了不少高端品牌的独特产品。如果你追求更休闲的时尚，可以考虑到位于Orchard Gateway的Sects Shop，店里能找到更具有街头感和新锐服装设计师的设计。

乌节路还有什么没被人发现的精彩吗？

313@ Somerset购物中心的顶楼有个露天花园，能眺望到乌节路上的风景，这个购物中心推崇环保理念，采用雨水浇灌建筑内外的植物。

（上）Paragon购物中心
（下）乌节路

为时尚注入人文气息

不要以为乌节路只有消费，你也能在这条路上找到书香。崭新的乌节路图书馆的选书，以设计、生活时尚和旅游为主，颇符合乌节路消费人群的口味，图书馆的设计也十分时髦，设有多个悠闲的阅读区域。馆内拥有齐全的海内外多语种杂志，让你免费翻阅纸上世界的明媚风光。图为乌节路的图书馆。

2

3

到新加坡植物园沾染绿意

太多购物让你喘不过气来，那么就到乌节路西边的新加坡植物园呼吸一下新鲜空气，然后再战江湖。历史悠久的植物园2015年6月申遗成功，成为新加坡第一个世界文化遗产。植物园最早由英国殖民统治者建造，种满了东南亚及世界各地的植物，园内也设有不少优质餐馆，让你能在鸟语花香中度过热带的休闲午后。图为新加坡植物园。

GETTYIMAGES 提供

4

过过新加坡中产的生活

荷兰村没什么特别瞩目的景点，但它的美食却不可忽视。它最早是老外的聚集地，因此在这个令人感觉悠闲的小区里，能品尝到各种风味的美食。如果你想要感受新加坡中产阶级如何过日子，来这里逛逛准没错。近年越来越时髦的Chip Mee Garden，也位于荷兰村的范围内，一家家富有个性的店铺和餐厅排队进驻，为荷兰村注入更时髦的族群。图为荷兰村的酒吧。

GETTYIMAGES 提供

叶孝忠 摄

5

潜入电影的梦乡里

如果你想暂时避开热带的炎热或一场说来就来的风雨，那么就遁入电影的梦境吧。乌节路是新加坡电影院最密集的区域，这里经常上映和美国同步的大片，电影一般都会配上中文字幕。其中最漂亮的电影院是位于乌节路东端的国泰戏院，在这个Art Deco设计风格的电影院观影，也是不少新加坡人的共同回忆。

6

到登布西山过小日子

这里曾经是英军的宿舍，后来改造成新加坡最时髦的休闲场所，几栋老房子散落在绿树成荫的园地里，都纷纷进驻了各种口味的餐厅，新加坡人特别喜欢到这里享用周末早午餐，在盎然的绿意中有滋有味地过着小日子。满足了味蕾，你也可以花点时间好好逛逛这里的精品店、古董店和画廊，没准会有意外的发现呢。

行前参考

交通

- 乌节路交通发达，从头（Orchard站）、中（Somerset站）到尾（Dhoby Ghaut站）三个地铁站串起。
- 环线地铁能抵达植物园站（Botanic Gardens MRT Station）和荷兰村站（Holland Village MRT Station）。要到登布西山基本就得打车或步行。因需要换乘，选择地铁其实比较麻烦，巴士或步行是前往植物园或登布西山较为方便的方式，由乌节路的西段起点，步行到植物园大约15分钟。

住宿

- 由于交通便利加上购物方便，乌节路也是一个热门的住宿地点，但这里的房价一般都在1000元人民币以上，你可以考虑选择一些偏离主干道（一般走到乌节路也不过五分钟）的酒店，性价比会高一点儿。

餐饮

- 乌节路的餐饮选择很多，但一般档次较高，正如国内一样，购物中心内的餐馆大多集中在高层，底层则有价格实惠的食阁。登布西山都是人均消费约200元的餐馆，异国情调餐厅密布的荷兰村，倒是有个价廉物美的小贩中心。

旅游信息

- **Singapore Visitors Centre@ION Orchard**（1楼，Ion Orchard Mall；2 Orchard Turn；⏲10:00~22:00；Ⓜ Orchard）位于ION购物商场内，提供各种新加坡的旅游信息及帮助。

- **Singapore Visitors Centre@Orchard**（乌节路和Cairnhill Road路口；⏲9:30~22:30；Ⓜ Somerset）在这个崭新的游客中心，能找到各种语言（包括中文）的地图和手册等，工作人员也十分友善，并能提供中文咨询。

（左）乌节路的个性店铺；（右）翡翠山路
（左）叶孝忠 摄；（右）新加坡旅游局 提供

不要错过

最佳住宿

- **乌节门今旅** 全新的酒店，绝佳的地理位置，能满足最凶悍的购物狂，顶楼的泳池特别漂亮。（见159页）

- **良木园酒店** 乌节路上历史最悠久的酒店之一，漂亮的老房子会让你一见倾心。（见160页）

- **智选假日酒店** 合理价位和闹中取静的位置，这家酒店也是乌节路上的热门之选。（见159页）

最佳餐饮

- **乐天味之楼** 舒适的环境加上稳定的服务和菜色，让这家主理广东菜的餐馆深受新加坡本地华人的欢迎。（见162页）

- **添好运点心专门店** 刚开张时大排长龙，是卖香港米其林点心的餐厅，价格合理味道好，自然依旧是乌节路上物美价廉的选择。（见163页）

- **Straits Kitchen** 想要享受小贩美食，却对小贩中心内闷热嘈杂的环境却步，这家商务酒店内的熟食中心自然是首选。（见164页）

最佳商场

- **ION Orchard Mall** 迷宫一样的购物中心，能让你一网打尽从高端至平民的品牌店。（见166页）

- **Orchard Gateway** 这里是新加坡年轻服装设计师的大本营，想要找本土设计师的产品来这里准没错。（见168页）

- **Cathay Cineleisure Orchard** 新加坡“90后”的根据地，商场内有不少潮牌可供选择。（见167页）

乌节路

这段2公里长的街道，早已成为新加坡首屈一指的购物街，到处都是商场和专卖店，足以让最疯狂的购物狂逛个痛快。别急，更重要的是，这里还有许多售卖美食的食阁，一条被列入文化遗产、开了许多酒吧的小街，以及一座鲜为人知的电影博物馆。

景点

首选 新加坡植物园 花园

（Singapore Botanic Gardens；见170页地图；☎6471 7361；www.sbg.org.sg；1 Cluny Rd；植物园入门免费，国家胡姬花公园 成人/老人/儿童 5/1新加坡元/免费；⏰5:00至午夜，国家胡姬花公园 8:30~19:00，最后入场时间 18:00；🚌7、105、123；Ⓜ Botanic Gardens）位于乌节路以西2公里处，新加坡这座占地52公顷的植物园是忙碌城市生活的"镇静剂"，内有湖泊、稀有的热带雨林、交响乐舞台和主题花园（包括国家胡姬花公园）。黄昏时分，先在园内无数的小径漫步，然后到**Halia**（☎6476 6711；www.halia.com.sg；Singapore Botanic Gardens；主菜 40~86新加坡元；⏰正午至15:00和18:00~22:00）或Au Jardin Les Amis（见170页）喝饮料、吃晚餐，将是在这个城市最难忘的体验之一。2015年6月，这个历史悠久的植物园被列为新加坡首个世界文化遗产，的确实至名归。

国家胡姬花公园（National Orchid Garden；见170页地图）种植了1000多种胡姬花（即兰花）和2000多种杂交胡姬花，其中约600种对外展示，是全球最大的热带胡姬花展厅。不要错过新加坡的国花卓锦·万代兰（Vanda Miss Joaquim），1893年爱尼丝·卓锦（Agnes Joaquim）女士在她的花园里培育了这种花。你也可以观赏到孙燕姿之兰、周迅之兰这些以名人命名的胡姬花。植物园里会定期举办免费的古典音乐会，可通过网站查询详情。

翡翠山路 历史社区

（Emerald Hill Road；见160页地图；Ⓜ Somerset）到翡翠山路逃避零售商店的疲劳轰炸，漫步在浓郁文化氛围的街道，两旁都是新加坡漂亮的排屋。其中最值得留意的是56号（建于1902年，是这里最早的建筑之一），39号至45号（建筑的正面异常宽阔，还有一道宏伟的中国式大门），以及120号至130号（建筑的艺术装饰可追溯到1925年）。

在翡翠山路靠近乌节路的部分，许多漂亮的店屋都化身为热闹的酒吧，17:00~19:00正是酒吧的"欢乐时光"，能以优惠的价格品尝到各种酒精饮料，其中受欢迎的包括Que Pasa（见169页）。

总统府 总统府

（Istana；见160页地图；www.istana.gov.sg；Orchard Rd；园地和总统府 $2；⏰仅限开放日 8:30~18:00；Ⓜ Dhoby Ghaut）新古典风格的总统府十分漂亮，位于占地16公顷的园地内，原是英国人于1867年至1869年间建造的总督府。总统府全年开放五次：分别在劳动节（5月1日）、国庆节（8月7日）、华人农历新年（1月或2月）、屠妖节（Diwali；10月或11月）和开斋节（Hari Raya Puasa或Eid-ul Fitr，标志着斋月的结束；日期不定）。只有在这些日子里，你才有机会漫步经过9孔高尔夫球场，穿过美丽的梯台式花园，进入接待室（排队的队伍特别长）。其余的时间里，你最多只能走到乌节路上戒备森严的大门口。

国泰电影博物馆 博物馆

（Cathay Gallery；见160页地图；www.thecathaygallery.com.sg；二楼，2-16 The Cathay，2 Handy Rd；⏰周一至周六 11:00~19:00；Ⓜ Dhoby Ghaut）国泰电影博物馆是位于新加坡第一座超高建筑内的电影博物馆，追溯了电影工业早期先锋兼国泰机构创办人陆式家族的历史。馆内展示了电影海报、摄影机和电影，捕捉到了本地电影业的黄金时期。

新加坡植物园

MARKLIN ANG 摄 新加坡旅游局 提供

住宿

首选 **乌节门今旅** 酒店 $$

（Hotel Jen；见160页地图；☎6708 8888；www.hoteljen.com/cn/singapore/orchardgateway；277 Orchard Road；房间 $250起；❄@📶🏊；Ⓜ Somerset）香格里拉集团下的全新品牌乌节门今旅，吸引更为年轻和时尚的商务人群，因此酒店和客房的色彩更为鲜艳活泼。在客房能眺望到乌节路的风景，也备有平板电脑，内置的PressReader可阅览2500种报纸杂志。其中最引人注目的无非是顶层的无边界泳池，几乎和眼前的美景融为一体。酒店的地理位置绝佳，刚好就位于Gateway购物中心楼上。

智选假日酒店 酒店 $$

（Holiday Inn Express；见160页地图；☎6690 3199；www.ihg.com；20 Bideford Rd；房间 含早餐 $200起；❄@📶；Ⓜ Somerset）隐藏在乌节路一个街角，这家新酒店清新怡人、性价比高。大堂欢快现代，有时髦的家具和iMac电脑招揽客人。客房明亮有品位，色调中性，还有亮黄色躺椅和iPod底座，小卫生间里的淋浴间大小适中。公用洗衣机和烘干机十分便捷。

龙都大酒店 酒店 $$

（Rendezvous Hotel；见160页地图；☎6336 0220；www.stayfareast.com；9 Bras Basah Rd；房间 $200起；❄@📶🏊；Ⓜ Bras Basah，Dhoby Ghaut）这是乌节路一个不错的中档之选，在细长的大堂里有夸张的雕塑，体现了其想成为“艺术酒店”的野心。米色与褐色的客房算不上性感，但也都翻新过并且很舒适，床垫结实，大理石卫生间里还有雨淋花洒。健身馆和游泳池都很小，不过后者还是很诱人的。从这里去乌节路和多美歌（Dhoby Ghaut）地铁换乘站都很近。

瑞吉酒店 酒店 $$$

（St Regis；见160页地图；☎6506 6888；www.stregis.com；29 Tanglin Rd；房间 $400起；❄@📶🏊；Ⓜ Orchard）作为乌节路又一家五星级酒店，这里能够让人有所期待，无论是引人注目的外墙，还是古典的法式奢靡，乃至无懈可击的服务。客房十分宽敞，配有奢华的布料

Orchard Road 乌节路

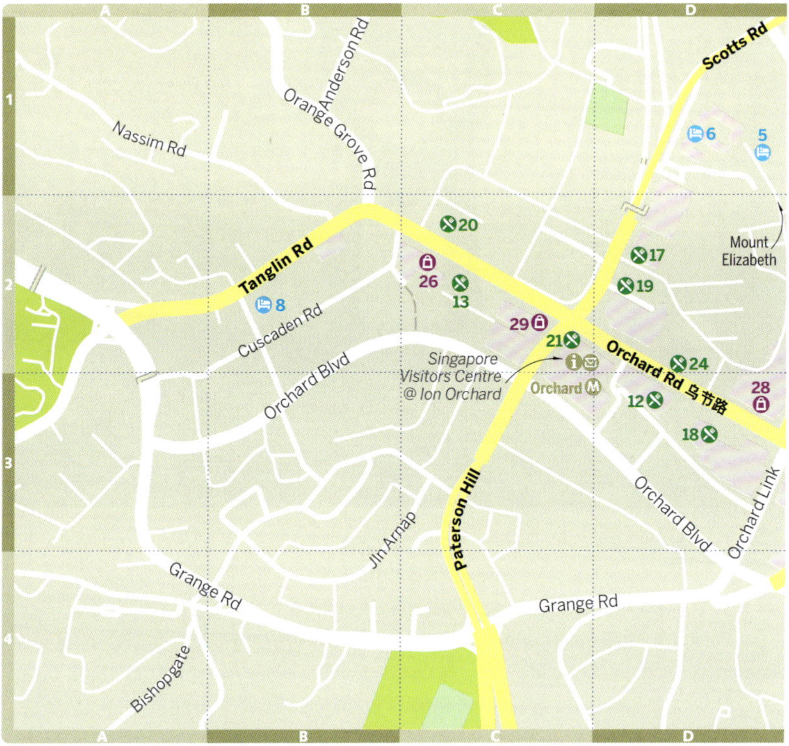

和雅致的艺术品。此外每间客房都有24小时的管家服务。这里的配套水疗馆在城内也属一流，而且酒店还有室内网球场（费用另收）。

首选 良木园酒店 酒店 $$$

（Goodwood Park Hotel；见160页地图；☎6737 7411；www.goodwoodparkhotel.com；22 Scotts Rd；房间 328新加坡元起；❄@📶🏊；ⓂOrchard）建于1900年的良木园酒店值得推崇，既经典又高雅。客房内的装饰包括艺术感十足的新加坡黑白风景照、奢华的家具、毛绒床品和一应俱全的设施以及两个游泳池，让我们印象十分深刻。

Quincy 精品酒店 $$$

（见160页地图；☎6738 5888；www.quincy.com.sg；22 Mount Elizabeth；标单/双295/355新加坡元起；❄@📶🏊；ⓂOrchard）时髦、超现代化的客房都配有大型双人床，空间也很宽敞。房价包括一切费用，含无线上网、使用健身房和楼顶玻璃围绕的游泳池、欢乐时间的饮品等费用，甚至还有噱头十足的免费一日三餐（但在新加坡这个美食天堂，谁会在酒店吃三餐呢）。

Elizabeth Hotel 酒店 $$

（见160页地图；☎6885 7888；www.theelizabeth.com.sg；24 Mt Elizabeth Rd；房间 160新加坡元起；❄@📶🏊；ⓂOrchard）在地处乌节路旁一个安静角落的三家旅馆之中，这家比较古老，但不失风韵。房间色调温暖宜人，配有大量木质家具及柔和的灯光。住客

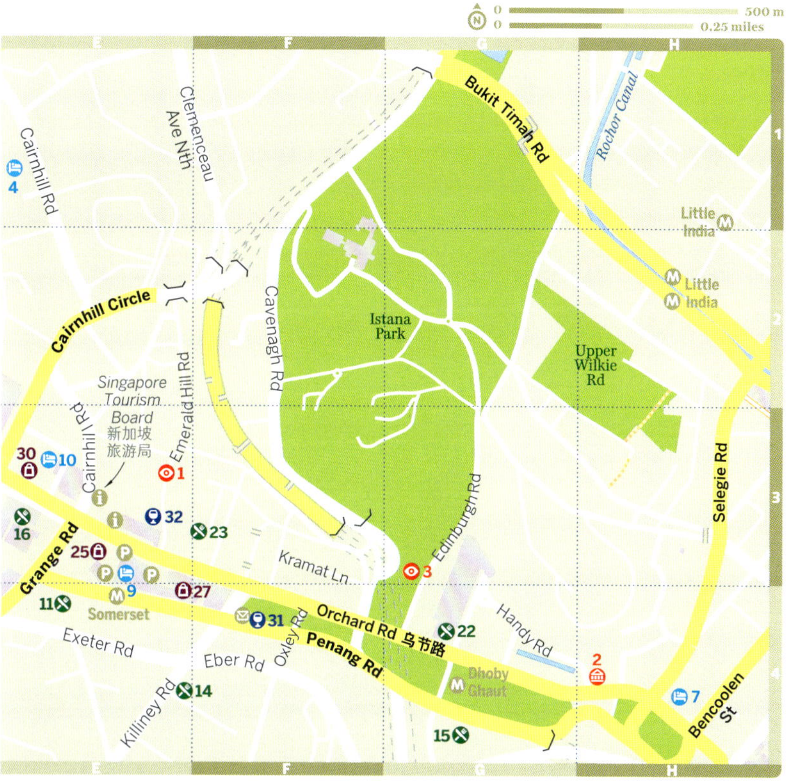

可在酒店附设的Modesto餐馆享用美味炭烤比萨。

就餐

乌节路上大多数购物商场里，都有物超所值的食阁。

幸运鸡饭餐馆 新加坡菜 $

（Lucky Chicken Rice；☎6738 4175；Lucky Plaza，304 Orchard Road #02-110；⏰10:30~18:00；Ⓜ Orchard）新加坡人很爱吃海南鸡饭，大街小巷都很容易找到。乌节地区最著名的海南鸡饭莫过于文华酒店的Chatter-box，但相比之下价格要高出好多。只要过马路来到这里，就能找到比较平民化的鸡饭，同样是小有名气，鸡肉细嫩，米饭芳香不油腻，记得也要尝尝地道的鸡饭辣椒。除了白斩鸡也有烧鸡，也可点鸡胗、青菜、豆芽等。午餐时间生意很好，下午卖完即收摊。

Fatman Satay 新加坡菜 $

（National Youth Park，121 Somerset Road；⏰19:30~24:00；Ⓜ Somerset）沙爹是深受喜爱的新加坡小吃，而Fatman Satay是现存历史最久的沙爹档之一，早在1948年就在当时的Satay Club营业。后来迁移到老巴刹，生意依然非常火红，但已在数年前结束营业，目前只有两家分店还在营业中，比较方便的是乌节路的这家。这里的沙爹特点是以肉碎制作，咀嚼时口感更好，香料也腌得更加入味。

Orchard Road 乌节路

景点
1 翡翠山路 E3
2 国泰电影博物馆 H4
3 总统府 G3

住宿
4 Elizabeth Hotel E1
5 Quincy D1
6 良木园酒店 D1
7 龙都大酒店 H4
8 瑞吉酒店 B2
9 乌节门今旅 E4
10 智选假日酒店 E3

就餐
11 Fatman Satay E4
12 Food Republic D3
13 Iggy's C2
14 Killiney Kopitiam E4
15 Kith Cafe G4
16 Providore E3
17 Straits Kitchen D2
18 Takashimaya Food Village D3
19 Wild Honey D2
国泰餐馆 （见2）
20 华厅 C2
21 乐天皇朝 C2
乐天味之楼 （见21）
22 添好运点心专门店 G4
23 乌节酿豆腐 F3
24 幸运鸡饭餐馆 D2

购物
25 313@ Somerset E3
Blackmarket No. 2 （见25）
Cathay Cineleisure Orchard （见2）
26 Forum C2
ION Orchard Mall （见21）
On Pedder （见19）
27 Orchard Gateway E4
28 Paragon D3
Reckless Shop （见25）
29 Wheelock Place C2
Wisma Atria （见12）
30 罗敏申 E3
文华购物廊 （见16）
义安城 （见18）

饮品和夜生活
31 KPO F4
32 Que Pasa E3

乌节酿豆腐 新加坡菜 $

（Orchard Yong Tau Foo；9067 5245；5 Koek Road #01-09 Cuppage Plaza；周一至周六 08:30~18:30；Somerset）酿豆腐是新加坡客家人的传统菜肴，在豆腐里填入鱼肉或猪肉蓉，如今也有多种形式，在茄子、苦瓜、香菇、豆皮等酿入鱼肉。乌节路一带的这个小摊很受本地人欢迎，经常需要排队，座位很少，请耐心等候。这里的选择很多，除了酿菜还有鱼丸、肉丸、鱼饼、海带、鹌鹑蛋、鱿鱼等，点选后再选择搭配的面条种类，如黄色面条或是米粉、粿条等，之后还需耐心等位，摊主会按顺序安排食客入座。

国泰餐馆 新加坡菜 $$

（The Cathay Restaurant；6732 7888；www.thecathayrestaurant.com.sg；2 Handy Road #02-01 The Cathay；周一至周六 11:30~15:00，18:00~23:00；Dhoby Ghaut）位于旧国泰戏院The Cathay的国泰酒楼，与戏院属于同一业主，1940年开业之初以欧式西餐为主，1951年重新装修后变为中餐馆，成为当时本地高档的广东菜和上海菜餐馆之一。2007年随着The Cathay的改头换面，餐馆也重新登场，结合西式做法与本地特色，但基本上还是属于中餐的形式。餐馆墙上贴着旧日电影海报，厢房也以过去国泰机构属下五家戏院的名称命名，让人缅怀过去。

乐天味之楼 粤菜 $$$

（Taste Paradise；6509 9660；www.paradisegroup.com.sg；No.2 Orchard Turn #04-07 ION Orchard；周一至周五 11:30~14:30和18:30~22:30，周末 11:00~14:30和18:30~

22:30; Ⓜ Orchard)乐天集团是新加坡餐饮业的传奇，两兄弟白手起家，从小小的煮炒摊扩大至整个美食王国。味之楼是集团旗下的高档餐厅，2009年开业时也是乐天走向高档路线、打响国际知名度的一个转折点。餐厅里提供精致的广东料理和现代中式菜肴，如石锅鲍翅、酥炸豆腐配黑松露酱、北京烤鸭、酱香煎鹅肝等。装潢走奢华路线，天花板上装置了金碧辉煌的板岩，大厅和厢房内以"中国历史上的著名皇帝"为主题。

华厅 粤菜 $$$

(Hua Ting Restaurant; ☎6739 6666; www.millenniumhotels.com.sg/orchardhotelsingapore; 442 Orchard Road; ⏲周一至周五11:30~14:30和18:30~22:30，周末11:00~14:30和18:30~22:30; Ⓜ Orchard)乌节酒店的知名中餐馆华厅，自1992年以来就以精致粤菜享誉四方，很受商务客人的喜爱。近几年来得奖无数，包括最佳亚洲厨师、最佳亚洲餐厅等荣衔。餐馆供应粤式特色菜和点心，招牌菜有香酥烤鸭、清蒸海鲈配糖腌白菜、烤扇贝等。此外，餐馆也迎合顾客需求，不时推出本地口味特色菜。

首选 添好运点心专门店 香港点心 $$

(Tim Ho Wan; 见160页地图; 01-29A/52 Plaza Singapura, 68 Orchard Rd; 菜肴 $3.80起; ⏲周一至周五 10:00~22:00，周六和周日9:00~22:00; Ⓜ Dhoby Ghaut)这家庶民价格的香港米其林星级点心店，一登陆新加坡就引起排队长龙（尽量早上来或20:30之后再来）。尽管有挑剔的老饕认为这个比不上香港原店，但其实味道依旧不错，价格也十分公道，叉烧包和虾饺不可错过。添好运也在新加坡其他地区开设了不少分店，因此这家位于乌节路的老店不再受到过分热烈的关注。

乐天皇朝 中国菜 $$

(Paradise Dynasty; 见160页地图; www.paradisegroup.com.sg; 2 Orchard Turn, 04-12A ION Orchard; 菜肴 $7~23; ⏲周一至周五11:00~21:30，周六和周日 10:00~21:30; Ⓜ Orchard)打扮端庄的职员戴着耳机，匆匆带着你穿过这家细长的小笼包店，途经被玻璃包围起来的厨房，华人大厨在里面做拉面、蒸包子。略过口味新奇、五颜六色的小笼包，点原味的就好，不少人认为乐天的小笼包和鼎泰丰相比有过之而无不及。除了小笼包之外，受欢迎的还有搭配炖猪腩肉的拉面。

Kith Cafe 咖啡馆 $$

(见160页地图; ☎6338 8611; kith.com.sg; 9 Penang Rd; 菜肴 $6~24; ⏲周二至周日8:00~22:00; 📶🖉; Ⓜ Dhoby Ghaut)Kith在很多方面都很赞：这里在许多新加坡咖啡馆还没睡醒的时候就开业了；这里提供免费Wi-Fi和很酷的杂志；这里的咖啡很好（还有豆

添好运点心专门店
叶孝忠 摄

Providore

叶孝忠 摄

奶！），食物新鲜而美味。早点全天供应，从什锦麦片到蛋类高档菜肴都有，沙拉和三明治的各种组合餐也很诱人。唯一的缺点是它太靠近大马路。

Providore 咖啡馆 $$

（见160页地图；☎6732 1565；www.theprovidore.com；02-05 Mandarin Gallery，333A Orchard Rd；菜肴 $8.50~26.50；⏰9:00~22:30；📶；Ⓜ Somerset）这家又酷又欢快的咖啡馆就在文华购物廊（Mandarin Gallery）露天扶梯的顶端等着你，白砖、工业化的细节和整齐地摆有食品的柜子在向你招手。喝上一杯香醇的拿铁，或是浏览丰富的菜单，菜单上包括有机麦片、煎饼、沙拉、三明治和意大利面食等。周末的早午餐格外受欢迎（上午11:00前来）。

Straits Kitchen 熟食中心 $$$

[☎6738 1234；www.singapore.grand.hyattrestaurants.com/straitskitchen；Grand Hyatt，10 Scotts Rd；自助午餐/晚餐 $45/55；⏰周一至周五 正午至14:30和18:30~22:30，周六和周日 12:30~15:00和18:30~22:30；Ⓜ Orchard，君悦（Grand Hyatt）]这是高级版本的小贩中心，从沙爹、叻沙和炒粿条，到仁当咖喱（rendang）和印度煎馅饼（murtabak）应有尽有，并以自助餐的形式呈现，让你在舒适的环境中感受本地美食。空着肚子早些来，以便把饭钱吃回来。如果在周末吃晚餐的话，提前预订比较好。

Iggy's 各国风味 $$$

（见160页地图；☎6732 2234；www.iggys.com.sg；581 Orchard Rd，Level 3，Hilton Hotel；午餐 85新加坡元，晚餐 195~275新加坡元；⏰周一至周五午餐，周一至周六晚餐；✍；Ⓜ Orchard）在Regent酒店营业多年后迁移到希尔顿酒店的Iggy's，可说是新加坡最好的餐馆。新环境的装潢比以前更奢华，食物依然维持一贯的高水准：菜单上有独创的日式和欧式混合风味菜肴，而且分量很大（晚餐有8道主菜！）。葡萄酒种类不仅多，而且都是行家之选。值得一提的是，这里还提供素食菜单。建议提前预订。

Takashimaya Food Village 美食广场 $

（见160页地图；B2, Takashimaya Department Store, Ngee Ann City, 391 Orchard Rd；点心1新加坡元起；⏲10:00~21:30；Ⓜ Orchard）穿行在这个位于高岛屋百货商场（Takashimaya）地下层的食阁，令人食欲大开，这里汇聚了许多售卖日本菜、韩国餐及其他亚洲经典美食的精致摊位。必尝食品包括soon kueh（以竹笋、根茎类bangkwang菜、香菇、胡萝卜和虾米为馅的潮州蒸粿）和Tsurukoshi摊位香喷喷的面食。

Food Republic 美食广场 $

（见160页地图；Level 4, Wisma Atria Shopping Centre, 435 Orchard Rd；菜肴 4新加坡元起；⏲周一至周四 8:00~22:00，周五至周日 至23:00；Ⓜ Orchard）在用餐高峰时段，眼明手快者才有机会抢到座位，但能品尝到经典街头美食、泰国餐、日本菜和印度菜，一切都是值得的。先确保有位子了，再加入长长的人龙等候购买食物。"阿姨"们会推着装满饮料和点心的推车在人群中穿梭，而Waan Waan Thai摊位的辣椒芒果沙拉真的非常美味。

Killiney Kopitiam 咖啡店 $

（见160页地图；67 Killiney Rd；主菜 4~6新加坡元；⏲周一及周三至周六 6:00~23:00，周二及周日 至21:00；Ⓜ Somerset）这家砌着白色墙砖、挂满荧光灯和贴着讨喜冷笑话的旧式咖啡店，是享用新加坡式烤面包、溏心蛋和香浓咖啡的好地点。过了早餐时间，这里有家常味的咖喱鸡、叻沙和nasi lemak（以蕉叶包裹，配有干凤尾鱼和辣椒的椰浆饭），饭后还可来一碗汤圆甜品。这家老式的南洋咖啡店已经连锁经营，在全岛各处都能找到。

Wild Honey 咖啡馆 $$

（见160页地图；www.wildhoney.com.sg；Lvl 3, Scotts Sq, 6 Scotts Rd；早餐 12~24新加坡元；⏲9:00~21:00；🖉；Ⓜ Orchard）位于走在潮流尖端的Scotts Square购物商场内，时尚的Wild Honey提供全天候美味早餐，售卖含豆腐（加利福尼亚州）和香料番茄酱煮蛋（突尼斯）等来自世界各地的美食。其他选择包括新鲜松饼和蛋糕、美味三明治和香浓烘焙咖啡。其首家店面位于乌节路附近的Mandarin Gallery购物商场，规模比较小。

Au Jardin Les Amis 法国菜 $$$

（☎6466 8812；www.lesamis.com.sg；Cluny Rd, EJH Corner House, Singapore Botanic Gardens；晚餐套餐 200新加坡元起；⏲每日晚餐，周五 午餐，周日 早午餐 11:30~13:30；Ⓜ Botanic Gardens）如果你打算打动心仪对象，无须太过伤脑筋，就来这家位于植物园内、以浪漫殖民时代平房改建的法国餐馆吧。记得要精心打扮，不要在意价格，别忘了在用餐后陪情人到花园散散步，并找机会偷吻。除了每日晚餐，周五也提供午餐（2道或3道菜58/70新加坡元），周日还有早午餐（88新加坡元）。建议提前预订。

Halia 创意菜 $$$

（☎6476 6711；www.halia.com.sg；Singapore Botanic Gardens, 1 Cluny Rd；主菜 40~86新加坡元；🖉；Ⓜ Botanic Gardens）位于植物园姜属植物丛中，Halia为食客带来的是香煎法式鹅肝、焦糖无花果和冰酒果冻等创意十足的菜肴。预订在露台上的桌位，以享用一顿完美的浪漫晚餐，或在周一至周五吃一顿物有所值的美味午间套餐（2道或3道菜 28/32新加坡元）。

Jones the Grocer 咖啡馆、熟食 $$

（www.jonesthegrocer.com；Dempsey Rd, Block 9；早餐 6.50~20新加坡元，主菜 13.50~28新加坡元；⏲周日至次周周四 9:00~23:00，周五及周六 至午夜；📶；🚌7、75、77、106、123、174）这家看起来十分时尚的熟食店是外籍人士的宠儿。货架上摆满了美食和葡萄酒，食客可以狂扫各种干酪，或品尝这里的A级咖啡、早餐、沙拉、西班牙小吃，以及分量较大的有机牛肉汉堡配澳大利亚Tarago River蓝酪。周末想要避开早餐时间大排长龙，就必须在早上9:30之前到达。

Casa Verde 各国风味 $$

（见170页地图；www.lesamis.com.sg；Singapore Botanic Gardens, 1 Cluny Road；午餐 9~18新加坡元，晚餐主菜 25~30新加坡元，比萨 21~25新加坡元；⌚7:30~21:30；👪；Ⓜ Botanic Gardens）植物园里地点最方便，也最适宜家庭聚餐的餐馆，“Green House”售卖的美食包括西方口味的面食、沙拉、三明治，还有美味炭烤比萨及一些当地小吃。贴心的是，这个露天餐馆备有风扇降温，避免用餐时汗流浃背。

Samy's Curry Restaurant 印度菜 $

（www.samyscurry.com；Civil Service Club, Block 25, Dempsey Rd；主菜 6~10新加坡元；⌚周二休息；🌶；🚌7、77、106、123和174）在过去30年里，这家开放式、绿树成荫的餐馆，保留了香蕉叶、吊扇和木质百叶窗的殖民时代风格。不过，遗憾的是，最近经过翻修后，木质百叶窗不知所踪，失去了一些古朴的魅力，但食物仍然美味，而且是该社区最不矫饰的餐馆之一。千万不要错过香浓的咖喱鱼头。

购物

ION Orchard Mall 购物中心

（见160页地图；www.ionorchard.com；430 Orchard Rd；Ⓜ Orchard）婀娜、高科技和炫目的Ion是新加坡最热门（也是最上镜）的购物商场，里头有高端品牌，也有价格实惠的时尚选择，如Paul Frank、G-Star及True Religion。逛得累了？可到底层出色的食阁补充精力。毗邻的56层塔楼还配有顶楼观景台——**ION Sky**（www.ionsky.com.sg；观景台售票处位于四楼；观景台 成人/儿童 16/8新加坡元；⌚10:00至正午及14:00~20:00）。

义安城 购物中心

（Ngee Ann City；见160页地图；www.ngeeanncity.com.sg；391 Orchard Rd；Ⓜ Orchard）位于一座非常丑陋的棕色大理石和花岗岩建筑内的义安城，幸好有个7层楼的零售商场撑场。这里除了有一般消费者负担不起的奢侈品牌，还有东南亚最大规模的书局**纪伊国屋书店**（Kinokuniya；见160页地图；www.kinokuniya.com.sg；03-09/10/15）、日本高岛屋百货商场（Takashimaya）以及令人垂涎的美食中心Takashimaya Food Village（见165页）。

Blackmarket No. 2 时装

（www.theblackmarket.sg/blog；181

ION Orchard Mall
新加坡旅游局 提供

Orchard Rd, 02-10, Orchard Central; Ⓜ Somerset）这里售卖的男女服饰大多出自时尚、新晋的亚洲设计师之手，其中包括新加坡的Wander-Wonder和Feist、菲律宾的Gian Romano、Black Heart和Anthology以及印度尼西亚的Rebirth。你可以在这里选购带图案T恤、设计异想天开的小细节衬衫以及手工制作的鞋子和珠宝。店里的核心“小木屋”每个月都会展示不同设计师的作品。

313@ Somerset 购物中心

（见160页地图；www.313somerset.com.sg; 313 Orchard Rd; Ⓜ Somerset）313的地点优越，从Somerset地铁站一上来就是这座广受白领欢迎的商场，里头有不少快速时尚品牌，包括Zara、Uniqlo、Mango及备受当地女性消费者喜爱的品牌m）phosis。此外，这里也有音乐商店、餐馆、咖啡馆及总是人山人海的苹果商店EpiCentre。咖啡爱好者可到西入口外的Oriole Café & Bar享用一杯香醇咖啡。

Paragon 购物中心

（见160页地图；www.paragon.com.sg; 290 Orchard Rd; Ⓜ Somerset）商场内的商店指南犹如时尚杂志指南，国际名牌包括Burberry、Bulgari、Gucci、Hermès和Jimmy Choo。值得庆幸的是，热爱时尚的普罗大众，还是可以在这里找到一些可负担的潮流品牌，如Miss Selfridges、Calvin Klein Jeans、Banana Republic和Diesel。

文华购物廊 购物中心

（见160页地图；www.mandaringallery.com.sg; 333a Orchard Rd; 📶; Ⓜ Somerset, Orchard）到这家走在潮流尖端的高档商场购物，为你的衣柜换上全新面貌。不要错过来自东京的男装专卖店**Bape Store**（www.bape.com; 02-02/03），这里售卖的时尚嘻哈又带点学院风格的服装、运动鞋和配饰，都印上设计大胆的图案，使用舒适的面料，还添加些许俏皮的小细节（如“怪物”图案的连帽衣）。女性消费者则一定要到**Hansel**（www.ilovehansel.com; 02-14）选购当地设计师Jo Soh的时尚、俏皮和复古风服饰。

购物须知

- 除了市集和旅游景点，商品价格一般都是固定的；如果不是真心想买，就不要讲价。
- 购买电脑、平板电脑和相机前，可以多逛几家店比较价钱。这么一来，比较不会被索取高价。
- 尤其是在规模较小的商店，必须确保国际质量保证卡已经填写正确，包括商店的名称和商品序列号。购买古董时，要索取古董证明书，在许多国家，持有证明书可以免交关税。
- 虽然年度**新加坡热卖会**（Great Singapore Sale; www.greatsingaporesale.com.sg）从5月末一直持续到7月末，但想要淘宝就必须在第一周出手。
- 在新加坡购物一般不会被敲诈或变成冤大头，但若受到不公正的待遇，可以和新加坡旅游局（见209页）或**轻微民事案件法庭**（Small Claims Tribunal; ☎6435 5994; smallclaims.com.sg; Subordinate Courts, 1 Havelock Sq; ⏰周一至周四 8:30~18:00，周五 8:30~17:30，周六 8:30~13:00; Ⓜ Chinatown）联系。

Cathay Cineleisure Orchard 购物中心

（见160页地图；www.cineleisure.com.sg; 8 Grange Rd; Ⓜ Somerset）这座绚丽夺目的商场里，除了售卖许多甜食、泡泡茶和萌到让人起鸡皮疙瘩的kawaii（可爱）物品，也可找到几个时尚的当地设计师品牌。如**Depression**（www.depression.com.sg; 03-05A; ⏰周日至次周周四 正午至22:00，周五及周六 正午至午夜）的俏皮、中性服装，融合了街头时尚风以及哥特文化和童话书等迥异风格。男性消费者应到附近的**Frederic Sai**（www.fredericsai.com; 03-04B; ⏲周日至次周周四 正午至22:00，周五及周六 正午至23:00）选购设计大胆的T恤、衬衫和针织服饰。

罗敏申 购物中心

（Robinsons; 见160页地图; www.robinsons.com.sg; 260 Orchard Rd; ⏲10:30~22:00; Ⓜ Somerset）这是一家老牌的本土百货商店，位于乌节路的旗舰店的选品更为新锐和另类，你能找到知名的品牌，如Chloe、Coach和Dior等，也能找到一些更少见的进口独立品牌，如韩国的Brownbreath、丹麦Vito和意大利MSGM等。除了衣服，这里还售卖家居用品，有Claus Porto香皂和一流的丹麦设计品等。

Reckless Shop 时装

（见160页地图; www.recklessericka.com; 02-08/09 Orchard Central, 181 Orchard Rd; ⏲11:00~21:30; Ⓜ Somerset）本土设计师Afton Chan年轻而才华横溢，她设计的作品富有创意，价格又不太贵。这里有三个品牌，入门级的Odds以街头风的女装为主，而中端的Still则为职业女性提供修身的职业装。不过最令人印象深刻的当属主品牌Reckless Ericka，混合了一流的剪裁与古怪前卫的美学，创作灵感来自摄影和日本动漫等各种不同的主题。

On Pedder 鞋、配饰

（见160页地图; www.onpedder.com; Scotts Square, 6 Scotts Rd; ⏲10:00~22:00; Ⓜ Orchard）哪怕你不想买高端高跟鞋和手袋，On Pedder也有创意性的古怪玩意儿可看。店铺精心挑选一流设计师最为独特的作品，无论是夏洛特·奥林匹娅（Charlotte Olympia）的甜筒细高跟，抑或是奥林匹娅·勒-坦（Olympia Le-Tan）的书形刺绣包。配饰类里还有夸张到放进现代艺廊里也不为过的首饰。其在义安城（Ngee Ann City; 见160页地图; ☎6835 1307; 02-12 P/Q, Ngee Ann City, 391 Orchard Rd; ⏲10:00~21:30; Ⓜ Orchard）还有一家分店。

Forum 购物中心

（见160页地图; www.forumtheshoppingmall.com.sg; 583 Orchard Rd; ⏲11:00~22:00; Ⓜ Orchard）这个稍微偏离主干道的购物中心，是年轻贵妇们的最爱。这里你能找到日本设计师津森千里的品牌店，最吸引时髦男女的莫过于Club 21，这家在本地颇有名气的精选品牌店，引进不少奢侈品牌的限量版产品。

Wisma Atria 购物中心

（见160页地图; www.wismaonline.com; 435 Orchard Rd; ⏲10:00~22:00; Ⓜ Orchard）在超过五层的购物中心里有近100家店铺，其中有名的包括Coach和TAG Heuer的新加坡旗舰店，以及日本伊势丹百货，香港的i.t（www.itlabels.com.sg; 435 Orchard Rd, 03-15, Wisma Atria; ⏲10:30~22:00）。美食选择包括大食代和一家鼎泰丰的分店。购物中心通过地下通道与Ion购物中心、乌节地铁站和义安城相连。

Orchard Gateway 购物中心

（乌节门; 见160页地图; www.orchardgateway.sg; 277 Orchard Rd; ⏲10:30~22:30; Ⓜ Somerset）这个崭新的购物中心内有不少富有个性的时装店，爱美的男人可以直接去男装聚集的四楼男士专区。如Sects Shop（www.facebook.com/SECTS.SHOPbyDEPRESSION; #04-14），是购物中心内著名的多品牌店，老板引进一些较少人关注但绝对精彩的潮牌，并设有本土设计师的专区。购物中心内也有一家时髦的公共图书馆（Library@Orchard;

集美花园

叶孝忠摄

#03-12/#04-11; ⌚11:00~21:00），两栋楼组成的购物中心以横跨乌节路的玻璃隧道桥连成一体。

Wheelock Place 购物中心

（见160页地图; www.wheelockplace.com; 501 Orchard Rd; ⌚10:00~22:00）和Ion购物中心相连的Wheelock Place内，设有一家大型的玛莎（英国著名的百货商店）。寻找正装的男士可以去澳洲品牌Benjamin Barker（www.benjaminbarker.com.au; #02-11; ⌚11:00~21:00），这里也能找到澳洲知名休闲包包品牌Crumpler（#02-06; ⌚10:30~21:00）。

饮品和夜生活

Que Pasa 红酒吧

（见160页地图; 7 Emerald Hill Rd; Ⓜ Somerset）这家葡萄酒吧以锡灯、辣椒串灯和El Pais壁纸营造老西班牙氛围。它还拥有上等的葡萄酒单，能和凤尾鱼面包等美味小吃组成完美配搭。Que Pasa位于热闹、文化色彩丰富的Emerald Hill Rd，位置可说是得天独厚的。

KPO 酒吧

（见160页地图; www.imaginings.com.sg; 1 Killiney Rd; ⌚周一至周四 15:00至次日1:00，周五和周六 15:00至次日2:00; Ⓜ Somerset）邮票、鸡尾酒和兰博基尼跑车，欢迎你来到新加坡最古怪的鸡尾酒场所之一。时尚的KPO位于一座经过重修的邮政局长的宅邸内，除了具有丰富的邮政历史背景外，光顾这里的顾客的名贵跑车也是特色之一。快点儿精心打扮，点一杯鸡尾酒，然后仔细观察天台上其他酒客，看看是否有人乐意送你回酒店。

荷兰村

早期，新加坡人若要买一些进口食品，立马就会想到荷兰村。严格来说，荷兰村不是一个旅游目的地，这个距离乌节路大约10

Botanic Gardens & Holland Village 植物园和荷兰村

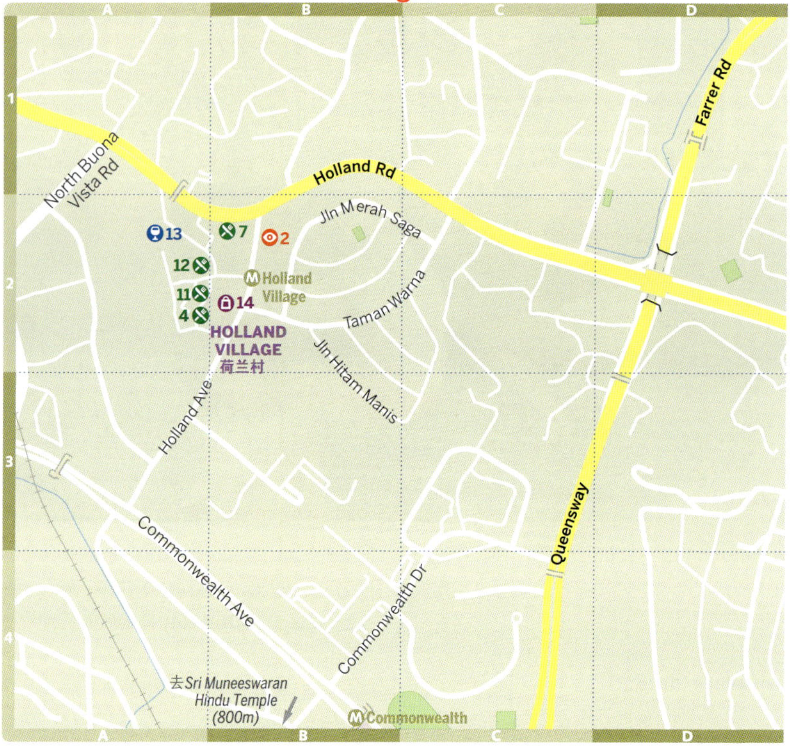

Botanic Gardens & Holland Village 植物园和荷兰村

景点

1 新加坡植物园 …… G1
2 集美花园 …… B2
3 国家胡姬花公园 …… H3

就餐

4 2am Dessert Bar …… A2
5 Au Jardin Les Amis …… G1
6 Casa Verde …… G1
Daily Scoop …… （见2）
7 Fosters …… B2
8 Halia …… G2
9 Jones the Grocer …… F4
10 Samy's Curry Restaurant …… F3
11 Yushimura Ramen Bar …… A2
12 荷兰村巴刹及熟食中心 …… A2

饮品和夜生活

13 Wala Wala Café Bar …… A2

购物

14 Holland Village Shopping Centre …… B2
Monocle …… （见1）

分钟车程的社区，因聚集了不少异国情调的餐馆及富有闲适氛围的街区，而深受本地中产阶级家庭的欢迎。不少派驻新加坡的老外喜欢选择住在荷兰村，因此，荷兰村路边的杂志摊能找到各国的杂志及进口食品商铺等。

景点

集美花园 街区

（Chip Bee Garden；见170页地图）这个街区离荷兰村只有几步之遥，房子大多为两层楼的排屋，过去住着英国军人及家眷。现在这里已经进驻了各种各样的精品店、咖啡馆和餐馆等，环境清幽，适合慢慢闲晃。

就餐

荷兰村巴刹及熟食中心 小贩 $

（Holland Village Market & Food Centre；见170页地图；Lor Mambong；菜肴 3新加坡元起；⏲10:00至深夜；Ⓜ Holland Village）如果你不愿意支付人均两百元人民币的餐费，荷兰村熟食中心是个品尝价廉物美小吃的天堂。这里能找到各种新加坡小贩美食，比如海南鸡饭、福建虾面、炒萝卜糕（菜头粿）等。熟食中心门口还有一个象征着荷兰风情的风车和美食介绍的牌子。

Daily Scoop 冰激凌 $

（见170页地图；www.thedailyscoop.com.sg；43 Jln Merah Saga；冰激凌 2新加坡元起；⏲周一至周四 11:00~22:00，周五及周六 至22:30，周日 14:00~22:00；Ⓜ Holland Village）Daily Scoop有超过40种口味的手工冰激凌，保持着诱人的吸引力。必尝口味包括酒酿蜜糖无花果、草莓及荔枝马提尼（没错，这是加入伏特加酒的冰激凌）。当然，选择还不只如此，你还可以在这里享用奶昔、烘饼和热量很高的布朗尼巧克力蛋糕。

Fosters 西餐 $$

（见170页地图；www.fosters-restaurant.com；277 Holland Avenue；⌚11:00～23:00；Ⓜ Holland Village）这家创建于1960年的英式牛排馆依旧是荷兰村的明星餐馆，内部装潢和周围各种餐馆相比稍显老气，但布置温馨，并布满了绿意盎然的植物。招牌的Fillet Fantastique和传统英式的Cottage Pie最受欢迎，餐牌上同时供应意大利面、烤鸡等主食，这里也供应地道的英式下午茶。

Yushimura Ramen Bar 日本菜 $

（见170页地图；www.yoshimaruramen.com.sg；31 Lor Liput；⌚11:00～23:00；Ⓜ Holland Village）新加坡人酷爱日本拉面，这家日本拉面小馆门口经常大排长龙，主打博多拉面，以猪肉熬成汤底，配上叉烧和鸡蛋的拉面特别美味。

集美花园里的小店
叶孝忠 摄

2am Dessert Bar 甜品店 $$$

（见170页地图；www.2amdessertbar.com；21A Lor Liput；⌚15:00至次日2:00；Ⓜ Holland Village）面对着2am Dessert Bar的创作，你会不忍心下嘴，老板兼主厨黄慧娴是名满亚洲的本地甜品厨师，创作出极具东西方混搭色彩的甜点，她也会使用南洋食材如班兰叶、黄糖浆等来进行创作。一份甜品的价格约15新加坡元，喜欢尝鲜的人不容错过。除了甜品，这里也供应咖啡和小吃。

饮品和夜生活

Wala Wala Café Bar 酒吧

（www.imaginings.com.sg；31 Lorong Mambong；⌚周一至周四 15:00至次日1:00，周五 15:00至次日2:00，周六 18:00至次日2:00；Ⓜ Holland Village）宽敞、喧闹、友善，Wala Wala楼上的酒吧气氛活跃，还有现场乐团演奏，一直是年轻外籍人士心中的最爱。楼下播放体育节目的大型电视荧幕，则吸引了不少足球迷。啤酒价格10新加坡元起，在这个地区相对便宜。

购物

Monocle 精品店

（见170页地图；monocle.com/about/contacts/singapore；74 Jalan Kelabu Asap；⌚11:00～20:00；Ⓜ Holland Village）这家隐藏在集美花园内的小店，是英国时尚杂志*Monocle*的新加坡据点，店内摆满了杂志和与各大品牌合作的时尚潮品，低调的风格颇受白领们的喜爱。店内还设有只提供外带咖啡的

荷兰村的街道

叶孝忠摄

咖啡馆，逛了店买了咖啡，能在户外庭院的桌椅上慢慢享用。

Holland Village Shopping Centre 购物中心

（211 Holland Ave；⏲10:00~20:00；Ⓜ Holland Village）在这里，时间仿佛停留在1986年，荷兰村购物中心是荷兰村的中心，售卖的艺术品、工艺品、家居用品和另类时尚物品，依然深深吸引外籍人士和时髦的新加坡人。领头羊是**Lim's Arts & Living**（02-01），售卖的商品包括雕刻、家具、文具和亚洲纺织品。逛累了的话，三楼有按摩和捏脚的地方。如果嫌外面天气太热，可以逛进来吹吹冷气。

其他地区

想要更深入了解新加坡人的生活，那么请阅读下去。

新加坡的商业区和休闲区主要集中在南部，大部分的人口居住于岛国的中部、东部、西部和北部，在当地被称为Heartland。想要一窥新加坡著名的组屋区，感受当地人生活的步调，看看毫不造作的风景，不妨深入探索这些区域，四通八达的交通系统，让你在半小时内瞬间离开商业区游客的视线。

东部因为临海，令人感觉悠闲，美食店扎堆的芽笼和传统土生华人的聚集地如切，是东部最具魅力的街区。西部属于低调的工业区，这里的明星景点是飞禽公园和科学馆，近几年西部启动了大开发，未来连接新加坡和吉隆坡的高铁的车站，就设在西部的裕廊（Jurong）。中部是新加坡的集水区，散落其中的是集休闲和储水功能为一体的蓄水池，举世闻名的动物园和夜间动物园也位于此。更少人探索的北部，则有不少新加坡已难得一见的农场和鸟类自然保护区，在这里还能感受到新加坡质朴的一面。

新加坡动物园的斑马
Afur Wong 摄 新加坡旅游局 提供

其他地区亮点

1

让眼睛和味蕾恋上娘惹

即便只是为了如切的叻沙和传统土生华人美食，也值得一趟舟车劳顿（这里不通地铁）。满足了舌尖，可以让眼睛享受一场色彩斑斓的盛宴，皆因这里保留了不少土生华人的老房子。这一两年，如切多了不少优质的吃喝玩乐场所，满足了东部人的各种需求，也吸引更多知情的旅行者前去觅食。图为土生华人老房子。

行前参考

- 如切未通地铁，最靠近的地铁站是1公里外的Eunos。主要干道为East Coast Road，市区过来的一些巴士会经过这条路。其实从市区打车也不过20分钟就能来到如切。
- 除了品尝美食之外，不要忘记观赏这里富有土生华人特色的战前店屋。

（上）Laksa
（下）娘惹服饰

东部好去处

沈顺良，东部居民，土生华人

如切是传统的土生华人生活街区，如何感受到他们精致的文化？

如切保留了不少传统的老店屋，其中不少已经过修复。通过这些房子能清楚地看到混血的痕迹，比如门口会摆上中式的石狮子，建筑立面会有马来风格的影响，柱子则是西式的，这就是很典型的土生华人风格。Koon Seng Rd和Joo Chiat Pl一带就有一排特别漂亮的老房子。另外，像在Rumah Bebe这样的商铺，能看到不少土生华人的文物，这家店也售卖漂亮的Kebaya（娘惹的传统服饰），老板也会举办串珠课程等。

你会推荐哪家土生华人餐馆？

Guan Hoe Soon是一家历史悠久的餐馆，我妈妈就是在那里摆酒请客的，是一家老字号。Immigrants Gastrobar是一家很特别的餐馆，厨师做的菜带有个人特色，比如他家的黑果鸡就特别辣，和其他餐馆不同，我也很喜欢他家的仁当牛肉。

能否谈谈如切近年来的改变？

几年前，如切还是让人感觉乱糟糟的，皆因这里有不少看起来怪怪的酒吧，很多陪酒女郎在这里上班。但后来据说政府打算管制如切一带，不再发牌照给这些酒吧，因此如切近年来的发展越来越时尚化，开了不少有趣而时尚的餐厅。我经常也会带朋友到这里逛逛，体验一下新加坡东部的独特风情。

除了吃喝之外，如切一带还有什么事可做？

当然是去东海岸公园，在那里最能感受到新加坡人的周末休闲生活，但我建议早上去，一来没那么多人，二来早上的天气不那么炎热，可以进行各种户外运动。

到性格复杂的芽笼“探险”

色眯眯的大叔对芽笼自有一番想象，吃货们的欲望却更容易在这里获得满足。鱼龙混杂的芽笼是新加坡的红灯区，也是当地人心中占据重要位置的美食天堂，“食色，性也”在这里有了最完美的结合。芽笼也保留了不少战前老店屋和宗教场所，同样值得细细浏览。图为芽笼的霓虹招牌。

2

叶孝忠 摄

3

跑一跑东海岸公园，甩掉脂肪

长约10公里的东海岸本身就是一个狭长的公园，规划完善、绿树成荫。新加坡人周末喜欢到这里来进行各种户外运动，无论是在陆地上慢跑、骑车或垂钓，或在海上玩风帆或滑水，都能让你消耗一些连日“吃”下来的脂肪和卡路里。如果你不是行动派，就挑一家看得见海景的餐馆，将应该在新加坡做的事情进行到底吧。图为东海岸公园。

4 和明星动物的亲密接触

在武断地得出“我不喜欢动物园”或“动物园有什么好玩的”结论前，到新加坡动物园去看看吧，保证你对动物园的印象会大大改观。举世闻名的新加坡动物园，采用看不见牢笼的设计，来安置来自世界各地的奇珍异兽，更是一个适合带孩子出游的景点。同属一区域的夜间动物园以及河川生态公园，将给你更多机会和动物们近距离接触。图为新加坡动物园的大象和驯兽师。

GETTYIMAGES 提供

叶孝忠 摄

5 寻找双溪布洛流浪的翅膀

新加坡人称这里是“鸟不生蛋”的地区，事实上它却是新加坡最大的鸟类自然保护区。每年10月至次年3月，大批由北方迁徙至此的候鸟在双溪布洛栖息。这个观鸟者的天堂，将让你见识到新加坡天然质朴的一面，附近还有各种小型的对游客开放的农场，能品尝到新鲜出品的羊奶呢。图为双溪布洛。

6 让蓄水池的碧水洗涤身心

来到位于中央集水区的几个蓄水池，会让你产生错觉，新加坡真的那么缺水吗？一池池的碧水倒映着蓊郁的绿林，沿着水边，有规划良好的步行道，无论是健行或慢跑皆适合。麦理芝蓄水池是其中设施最完善、交通也较为方便的蓄水池，你还能租用皮划艇，将自己完全投入绿水当中。图为麦里芝蓄水池。

行前参考

交通

- 这一地区的主要景点都不通地铁，但可以到最近的地铁站再打车、步行或转巴士前往。由于新加坡的交通方便，由市区可选择巴士前往这些街区，安排交通行程前，可咨询酒店前台服务人员。

- 如果你想了解新加坡的组屋区，看看当地人的生活，不妨到所谓的卫星镇走走，Tampines、Toa Payoh、Woodlands和裕廊（Jurong）分别为东部、中部、北部和西部最热闹的卫星镇，这些地方都有地铁，最远的离市区也不过半小时的地铁车程。

住宿

- 由于机场位于东部，因此有较多的住宿选择，但其实旅行者通常更愿意住在市中心，省得浪费时间在交通上。

- 芽笼虽然有不少廉价酒店，但不建议旅行者入住，特别是单身女性，你会因此收获很多异样眼光。

餐饮

- 对旅行者而言，如切和芽笼肯定是吃货首选的美食目的地。可以尝试寻找组屋区里的小贩中心，那里有更多价廉物美的选择。

实用信息

- 如果你打算进行一些户外活动，比如到蓄水池健行、到双溪布洛观鸟或到东海岸骑车，建议你把行程安排在早上，因为到了中午，天气一般都很炎热，记得备好防雨和防晒用具。

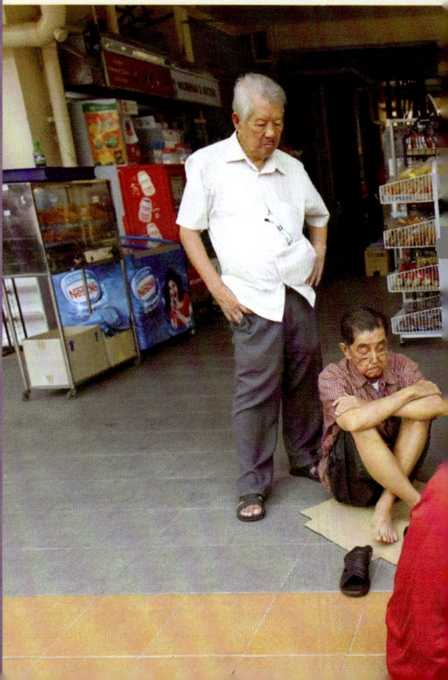

购物

- 如切和加东区能买到一些独特的食品，特别是如切的金珠，不少人就专程到这里买咖央酱（Kaya）及娘惹的糕点。

出行时间

- 尽量不要挑周末，因为一些卫星镇会人满为患，周末不上班就“倾巢而出”，餐馆在饭点时也经常要排队等候。

（左）南部山脊；（右）新加坡人的日常生活

（左）新加坡旅游局 提供；（右）李欣赏 摄

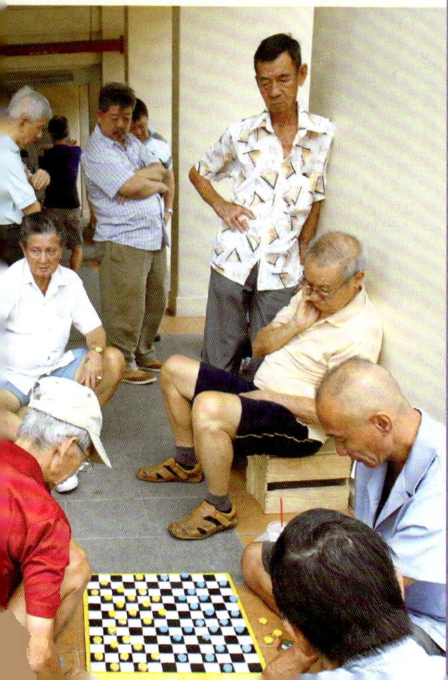

不要错过

最佳餐饮

- **旧机场路小贩中心** 这个经常被当地人票选为最爱的小贩中心，让你一网打尽经典的新加坡美食。（见183页）
- **Immigrants Gastrobar** 老板是土生华人，菜肴灵感来自他小时候在家里尝过的味道。（见185页）
- **Coastal Settlement** 宛若旧货市集一样的餐馆，供应较为精致的小贩美食及西餐，周末早午餐时间气氛特别热闹。（见194页）

最佳户外活动

- **乌敏岛骑行** 封存了新加坡早已消失的乡村情怀，乌敏岛上原始的热带气息，最合适用自行车的速度和角度来慢慢感受。（见192页）
- **东海岸公园慢跑** 这个临海的狭长公园有规划良好的健行步道，沿路还设有让你看海、补充精力的酒吧和咖啡馆。（见185页）
- **南部山脊健行** 穿梭于雨林当中的健行步道，一路能眺望到树顶的风景，感受花园城市美好的一面。（见201页）

东部

新加坡东部充满活力的社区，展现了新加坡人道地的日常生活。两极化的芽笼区，聚集了开着妓院的小巷、堂皇的寺庙和清真寺，还有美食摊位林立的芽笼路（Geylang Road）。往东走是如切区（也被称为加东区），这里有许多华丽的土生华人排屋、工艺品店和美味小吃，而毗邻的东海岸公园则是绿树成荫的海滨地带，设有骑车道、野餐区、酒吧和著名的海鲜馆。岛国最东边是巴西立（Pasir Ris）、动人的樟宜博物馆和礼拜堂、悠闲的樟宜村，游客还可以从这里出发，前往乡村风味浓郁的乌敏岛。

芽笼（Geylang）

景点

普济寺佛学研究会 佛教中心

（Pu Ji Si Buddhist Research Centre；☎6746 6211；www.pujisi.org.sg；39 Lorong 12；Ⓜ Aljunied）这里部分是教育机构，部分是佛寺，共有五层楼高，内有禅房和佛教图书馆，一派宁静祥和。搭电梯上楼，坐在屋顶花园的许愿池旁思考一下永恒吧。

新加坡净宗学会 佛教中心

（Amitabha Buddhist Centre；见184页地图；☎6745 8547；www.fpmtabc.org；44 Lorong 25A；⏲周二至周六 10:30~18:00，周日 10:00~18:00；Ⓜ Aljunied）可到七层楼高的Amitabha佛教中心上佛法课和静坐课。楼上以红布和金布装饰的静坐堂对外开放，堂内还放置了许多漂亮的供品。佛教中心内的小卖部售卖各种宗教物品，包括经幡和转经轮。可到网站查询上课时间表。

芽笼士乃市场 市场

（Geylang Serai New Market；见184页地图；1 Geylang Serai；⏲8:00~22:00，不同档口

芽笼：既是红灯区，也是宗教及美食圣地

芽笼是个露天的“卖肉市场”，堆满了妓院、情色酒吧、可疑的酒店，以及来自东南亚各处的妓女排排站的一条又一条巷子，这些下流的传言都是真的。夜晚走在这里的人行道上，很容易就会误以为自己走在曼谷的帕蓬街（Patpong）。芽笼虽然位于市中心的边缘，但因为以上这些特殊原因，这里的房价算是新加坡较为便宜的。

尽管看起来很奇怪，芽笼还是狮城的一大宗教中心，有着宏伟的寺庙和清真寺，午间异常宁静的小巷里散落着宗教学校、神祠和寺庙。日间走过Sims Ave和Geylang Rd之间南北向的lorong（巷），会感受到出乎意料的魅力。

由于过去的机场位于附近（芽笼附近就有一条旧机场路），有几条动人的小街也值得一看，比如绿树成行的Lorong 27，这里挤满了五颜六色的神祠和寺庙。在Lorong 24A常能听到诵经声，这里许多翻新过的店铺都是小型的佛教协会所在。Lorong 34上的店铺有新有旧，色彩各异，还有许多斑斓的神祠和香炉。

芽笼的美食也是一大恩赐。Geylang Rd和Sims Ave都有“平靓正”（粤语，便宜又优质的意思）的本地食肆，所以，你像个当地人一样悠闲地溜达就好了。芽笼也聚集了不少榴莲摊位，但识途的新加坡人一般不会选择到芽笼来买榴莲，他们普遍相信这些榴莲是卖给不识价的游客的（价格较高的意思）。

搭乘地铁到阿裕尼（Aljunied）站，然后沿Aljunied Rd往南走，到Geylang Rd后往东或者往西都行。所有的巷子都从Geylang Rd向外蜿蜒。

旧机场路小贩中心

本地老饕们都知道要找到货真价实的本地小吃，只能到小贩中心去，美食云集的**旧机场路小贩中心**（Old Airport Rd Food Centre; Block 51 Old Airport Rd; ⏲10:00至深夜; Ⓜ Mountbatten）是深受新加坡人喜爱的小贩中心之一。

由于档口营业时间较晚，因此它也是新加坡人吃夜宵首选的小贩中心，著名档口**Na Sing Hokkien Fried Mee**（01-32号摊位；菜肴 3新加坡元起；⏲11:00~19:00）的福建炒面非吃不可，其他招牌美食包括**Toa Payoh Rojak**（01-108号摊位；菜肴 3新加坡元起；⏲周一至周六 正午至20:00）的甜味和咸味罗惹（rojak，以菠萝、黄瓜、油条、白萝卜配搭花生碎和自制罗惹酱的沙拉），以及**Lau Pa Sat Taiwan Porridge**（01-167号摊位；菜肴 4新加坡元起；⏲周二至周日16:30~23:30）现场烹煮的红薯粥。

各异；Ⓜ Paya Lebar）这处热闹的市场适宜地吸收了kampong（甘榜，马来语，村庄之意）建筑的风格，位于新加坡马来社区的中心。一楼的档口从热带水果到马来CD、织物和便帽，什么都卖。楼上是喜闻乐见的熟食中心，有着很赞的马来和印度档口，是来上一份炸香蕉（banana fritters）和万隆（bandung，牛奶兑玫瑰花糖浆）的好地方。

就餐

狮城砂煲活田鸡 本地菜 $

（Shi Sheng Frog Porridge; 235 Geylang Rd; ⏲11:45至次日3:45; 🚌2、51; Ⓜ Kallang）尽管其众多的竞争者也越来越受欢迎，但这里仍旧是大啖经典田鸡粥的最佳场所。粤式田鸡粥滑软黏稠，招牌宫保酱口味浓郁，辣味则分有三个等级。最好的是，这里只用活田鸡，保证了肉质永远新鲜。

揾到食 本地菜 $

（126 Eating House; 126 Sims Ave; 菜肴 $3~15; ⏲24小时; 🚌2; Ⓜ Aljunied）塑料凳、70年代的墙砖，还有隔壁脱衣舞酒吧传来的"动次打次"：这家24小时无休的店就是芽笼体验的精髓。可靠的选择有饺子、墨鱼叁峇虾、红烧猪腩肉，以及美味的蕉叶烤鱼饼（otak-otak）。

No Signboard Seafood 海鲜 $$

（见184页地图；www.nosignboardseafood.com; 414 Geylang Rd; 菜肴 $15起，螃蟹每公斤大约$60; ⏲正午至次日1:00; Ⓜ Aljunied）创办人王金花女士（Ong Kim Hoi）最初开设了一个没有名字的海鲜摊（"无招牌"也因此得名），因为海鲜太受欢迎而致富，如今已经有6家餐厅，而且生意仍在蓬勃发展中。无招牌最有名的乃是白胡椒螃蟹，但也供应美味的龙虾、鲍鱼以及牛蛙。

其他的新加坡分店位于东海岸海鲜中心（East Coast Seafood Centre）、滨海艺术中心（Esplanade-Theatres on the Bay）和怡丰城购物中心（VivoCity）。

加东/如切（Katong/Joo Chiat）

景点

土生华人排屋 知名建筑

（Peranakan Terrace Houses; 见184页地图; Koon Seng Rd & Joo Chiat Pl; 🚌16; Ⓜ Eunos）沿着如切路（Joo Chiat Road）来到这两条街道，你可以看到新加坡最精美的土生华人排屋。它们非常华丽，以龙、鸟、螃蟹等形象以及欧洲进口的色彩艳丽的瓷砖作为装饰。大门处的两扇矮摇门（pintu pagar）也是排屋的特色

Eastern Singapore 新加坡东部城区

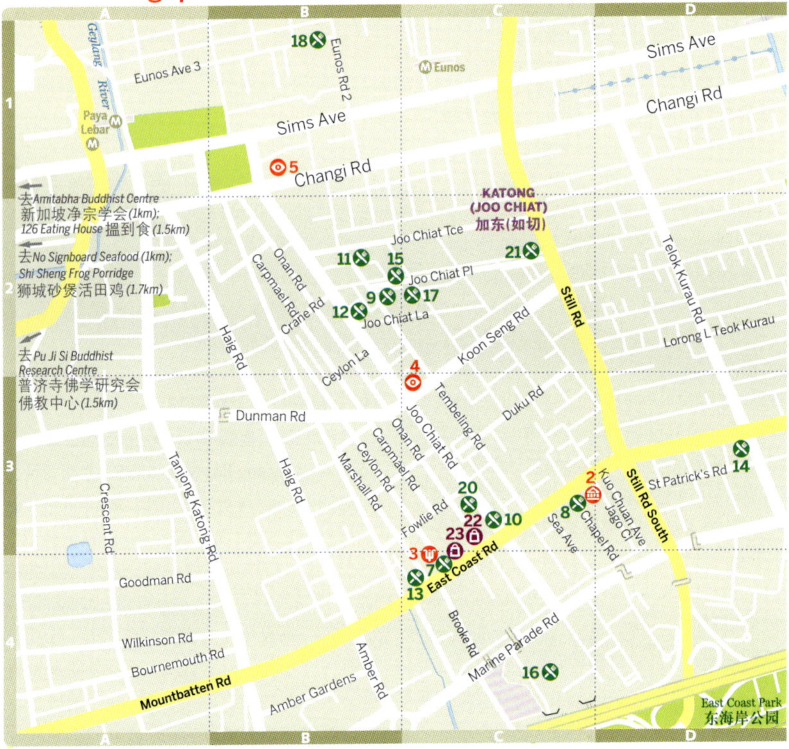

Eastern Singapore 新加坡东部城区

景点

1 东海岸公园 E4
2 加东古董店 C3
3 圣帕加维那雅加兴都庙 C4
4 土生华人排屋 C3
5 芽笼士乃市场 B1

活动和团队游

6 CycleMax E4

就餐

7 328 Katong Laksa C4
8 Chin Mee Chin Confectionery C3
9 Guan Hoe Soon B2
10 Immigrants Gastrobar C3
11 Kim' s Place Seafood B2
12 Long Phuong B2
13 Lower East Side C4
14 Penny University D3
15 Smokey' s BBQ B2
16 东皇大酒楼 C4
17 飞飞云吞面 C2
18 乐食轩 B1
19 马林百列食品中心 E4
20 天天海南鸡饭 C3
21 永成餐室 C2

购物

22 Rumah Bebe C3
23 金珠肉粽 C3

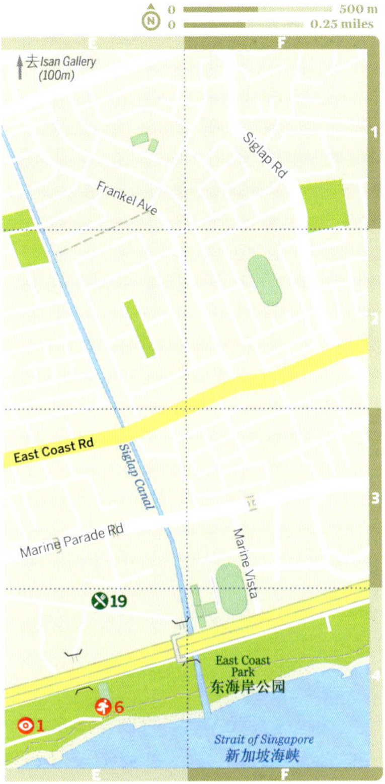

之一，既可防止偷窥，又不影响空气流通。

Joo Chiat Place的排屋位于街道的北面，介于Everett Road和Mangis Road之间。20世纪80年代，这些排屋显得十分残旧和破落，但因为被列为保护建筑并加入修缮，修复之后，现在它们的房价每栋都飙升至250万新加坡元（约合人民币1150万元）。

圣帕加维那雅加兴都庙 印度教寺庙

（Sri Senpaga Vinayagar；见184页地图；19 Ceylon Rd；⏲7:00至正午和18:00～21:00；🚌10、12、14、32）圣帕加维那雅加兴都庙是新加坡最美丽的印度教寺庙之一，寺内丰富多彩的宗教艺术品令人惊叹。其中一个亮点是kamalapaatham，这是在少数特定古老印度教寺庙才有的特别雕刻的花岗岩基石。此外，内室的屋顶还涂上了金漆。

加东古董店 博物馆

（Katong Antique House；见184页地图；☎6345 8544；208 East Coast Rd）这家小小的古董店兼博物馆的主人，是土生华人文化专家Peter Wee，他会很乐意向你展示他所收藏的书籍、古董和文物。虽然偶尔也会对外开放，但一般只接受预约。

东海岸公园 公园

（East Coast Park；见184页地图）从加东的丹戎加东路（Tanjong Katong Rd）开始，一直延伸到勿洛（Bedok）的国家帆船中心（National Sailing Centre），长11公里的海滨公园是新加坡人游泳、冲浪、划独木舟、野餐、骑车、玩直排轮滑以及吃吃喝喝的休闲地点。公园经过了精心设计，因此，虽然休闲设施众多，但也不会导致这片绿地过于拥挤。你可以在**CycleMax**（见184页地图；www.facebook.com/cyclemax.sg；01-03, 1018 East Coast Parkway；2小时 6新加坡元；⏲周一至周五 9:00～21:00，周六 9:00～22:00，周日 8:00～21:00）租借自行车来感受这里悠闲的气息和海风。饿了或渴了，一路也会有餐馆、咖啡馆或酒吧让你歇脚。海岸线停靠了不少货船，让你能更直观地感受到新加坡作为亚洲繁忙港口的地位。

每到周末，401路巴士都会从勿洛地铁站外的巴士总站出发，直接开往东海岸公园。在周一至周五，游客可从勿洛搭乘197路巴士到马林百列路（Marine Pde Road）下车（可询问司机应该在哪里下车）。往南走250米，穿过一个地下通道就到达东海岸公园了。

就餐

Immigrants Gastrobar 土生华人菜 $$

（见184页地图；www.immigrants-gastrobar.com；467 Joo Chiat Rd；⏲15:00～23:00；🚌10、14）厨师和老板是土生族群，自小就看着祖父

逛巴刹

黄匡宁

在新加坡，逛巴刹买菜是充满平民色彩的日常活动。新加坡人口中的巴刹，是从马来语的"pasar"直接音译过来的，意思就是市场、集市。巴刹又有干巴刹和湿巴刹之分，售卖鱼类水产的地方以及菜场被称作湿巴刹，而售卖食品的地方被称作干巴刹。

虽然"巴刹"的意思就是"菜市场"，但是新加坡人碰面时都说"我要去巴刹买菜"（虽说是买菜，其实包括鸡鸭鱼肉等其他食材），非常自然，已成为新加坡人日常生活的一部分。

新加坡最早的巴刹是直落亚逸巴刹，俗称"老巴刹"。这个巴刹在1973年被改建为熟食中心，20世纪90年代重新开幕并改用"老巴刹"的名称，保留了古早味的八角形建筑，如今已成为著名旅游景点，也是备受欢迎的饮食场所。

所有的巴刹都是随着人口的聚居而出现的，因此，今天的巴刹一般建在人口稠密的组屋区里。到新加坡的任何一个组屋区走走，都能找到不同规模的巴刹，一般都在早上营业，多数也与熟食中心毗邻，买菜以后可以顺道吃个早餐，感受新加坡式的早晨。

市区里比较著名的有中峇鲁巴刹、牛车水巴刹、竹脚巴刹等，都是由早期的露天市场、街头小贩发展而成的，历史比较悠久，也能找到更多特色食材。如牛车水巴刹最有华人色彩，能找到泥鳅、鳝鱼等独特食材；竹脚巴刹为周边的印度裔居民服务，售卖很多来自印度的货品和香料。

而最具马来特色的是芽笼士乃巴刹，巴刹里不卖猪肉，只有牛、羊、鸡，都是依照伊斯兰教法屠宰，符合清真认证，也售卖一些马来人爱吃的鱼类、蔬菜等。巴刹的周围还有售卖马来人用品的店铺与美食，每逢开斋节来临，周边街区还搭建开斋节夜市，吸引各族人士与外地游客专程到访，气氛格外热闹。

母如何准备土生华人的食物，因此练就一手好手艺。这家气氛更为休闲的餐馆并非卖弄异国情调，而是把土生华人的菜肴做得地道和精益求精。招牌的黑果鸡特别辣，这是厨师忠于小时候的味道的结果。

飞飞云吞面 当地菜 $

（Fei Fei Wanton Noodle；见184页地图；72 Joo Chiat Place；⏲24小时；Ⓜ Eunos）这是如切地区最有名的云吞面摊位，经常要排长龙，还好位于咖啡店里的小摊位是24小时营业的，因此错过午、晚餐高峰时段的话，还是很快就能享受到这新加坡人最喜爱的庶民美味。单点的云吞汤，肉馅饱满，也是不可错过的美食。

马林百列食品中心 熟食中心 $

（Marine Parade Food Centre；见184页地图；Block 84, Marine Parade Central；菜肴 $3起；⏲不同档口各异；🚌15、31、36、196、197）在这个老牌的熟食中心里，你用来决定吃什么的时间，怕是要比吃饭本身花的时间还要多。明星档口是**芙蓉牛腩粉**（Mr Wong's Seremban Beef Noodles；档口01-184；米粉$3.50起；⏲正午至21:00），这里有马来西亚式卤汁、米粉（bee hoon noodle）、牛腩片、咸菜和爽脆的焗花生搭配起来的酸辣刺激。对于干粉，加点辣酱最完美。

Penny University 咖啡馆 $

（www.pennyuni.com；见184页地图；402 East Coast Rd；菜肴 $4.50~15；⏲周二至周四 8:30~18:00，周五和周六 至午夜，周日 至21:00；📶🖉；🚌10、14、155、196）这里振奋、慵懒、新派，是东海岸少有的专营咖啡的店之一，咖啡专家们会为之欣喜。在卡位里或是公共餐桌旁坐定，喝上一杯拿铁，浏览菜单上新鲜、摩登的食物，比如加燕麦的香草希腊酸奶（vanillainfused Greek yoghurt with granola）或是美妙的土耳其蛋（Turkish egg；放在泡打酸奶上的水煮蛋，上边是摩洛哥哈里萨辣椒酱和牛至）。

这里的员工很友好，还有个架子摆着*Monocle*杂志这样的时尚读物。

天天海南鸡饭 本地菜 $

（Tian Tian Chicken Rice；见184页地图；www.tiantianchickenrice.com；443 Joo Chiat Rd；菜肴 $4起；⏲周二至周日 10:30~21:30；🚌16、33）Maxwell Rd上老店的死忠们，免不了对这里冷嘲热讽一番，但这家新加坡最著名的海南鸡饭摊，在东边的分店其实还不错——香米上的煮鸡肉很嫩，辣酱也是附近最好的。留点肚子，因为你还要点一份海南猪扒。

乐食轩 本地菜 $

（Le Chasseur；见184页地图；Block 27, Eunos Rd 2；菜肴 $5起，煲仔饭 $11起；⏲11:30~15:00和17:30~21:30；Ⓜ Eunos）看见法文店招牌，还以为自己是来吃蜗牛的吧？下里巴人的乐食轩位于一个通风良好且超级本土的熟食中心里，有新加坡最好的瓦煲鸡饭。他们的版本有着漂亮的烟熏味，分量和口感俱佳，并且没有添加味素、防腐剂或是色素。除了煲仔饭，其他的美味还有脆皮猪手和汁多味美的烤鱿鱼。

从地铁站的北侧出来，沿Eunos Cres北行，在Eunos Ave 5左转，然后在Eunos Rd 2左转，前行80米的右手边就是熟食中心。或者从Eunos Cres上的Eunos Court居民区穿过去。

Smokey's BBQ 美国菜 $$

（☎6345 6914；见184页地图；www.smokey

新加坡组屋

黄匡宁

新加坡是世界上人均房屋拥有率最高的国家之一，80%以上的人口住在由新加坡建屋发展局承建的公共房屋里，也就是所谓的“组屋”。由于这些房屋都是组合式的，因此被称为“组屋”或“政府组屋”，或根据建屋发展局的英文缩写简称为“HDB”。

新加坡的组屋制度开始于1960年，当时的新加坡人居住条件较差，政府推行“居者有其屋”计划，大规模征收和开发土地，兴建高层楼房，为老百姓提供平价住房。经过数十年的努力，成为举世闻名的住屋计划，2008年还获得联合国公共服务奖。

除了建造楼房，建屋局也统一规划整个社区的公路网络与基础设施，同步建设，称为卫星镇。卫星镇里除了一座座组屋，也有儿童游乐场、公园、学校、熟食中心、体育场、图书馆、购物中心、地铁站或巴士转换站等。

因此，要体验新加坡平民百姓的日常生活，一定得走进一个组屋区里。从市区搭乘一趟地铁即可抵达西部的裕廊、金文泰，或是东部的勿洛、淡滨尼等。比较方便到达而且具有代表性的是中部的大巴窑，它也是最早的组屋区之一。

大巴窑的意思是“大沼泽”，“巴窑”来自马来语的“paya”，就是沼泽的意思。从一片乡野沼泽地发展成今天的成熟组屋区，如今大巴窑繁荣热闹，充满生活气息。在这里可以找到旧式的组屋底层邻里商店，也可以看到近几年来翻新重建的40楼高的组屋。从一座座组屋间穿行而过，抬头会看到家家户户从窗外伸出竹竿晒衣服，有如万国旗一样，形成非常新加坡的画面。组屋底层的公共空间俗称“组屋楼下”，小朋友在这里玩耍、老人家在这里聊天，华人办丧事、马来人办婚礼，也都在这里解决。

建屋发展局总部也设在大巴窑，中心里的建屋局展览厅可以免费参观，带你了解新加坡公共组屋的故事。

新加坡旅游局 提供

吃一口娘惹文化

民以食为天，这几年娘惹菜肴也逐渐获得老饕们的赞许。土生华人菜肴结合了中餐、马来菜及印尼菜的特色，焕发出令人食指大动的色彩，其中的黑果焖鸡最为独特，也算是娘惹菜中的经典。黑果（Keluak）是一种产自印尼的香料，带有毒素，需经过浸泡等加工去毒才可食用。这道菜的口感十分独特，酸甜香辣，十分下饭。用餐时记得把黑果肉也挑出来吃，对土生华人而言，这才是整道菜的精华所在。如果你想尝试地道的娘惹菜，当地土生华人总会推荐PeraMakan，这家餐馆供应十分地道而家庭式的娘惹菜肴。另外Living Bistro主打的土生华人菜肴和殖民地时期的美食等也备受赞许。

娘惹菜的甜点也很有特色，制作过程采用不少当地的香料和原料，比如蓝花（Bunga Telang）、班兰叶和椰汁等，十分适合用来当小点心。如切的Puteri Mas是一家毫不起眼的糕点店，却是尝试娘惹糕点的最佳小吃店之一。要尝试土生华人版本的肉粽，金珠肉粽店自然是首选。娘惹粽子采用独特的香料“芫荽粉”等并配上腌制的瘦肉，鲜而不腻，咸中略甜，令人垂涎欲滴。图为娘惹宴。

sbbq.com.sg; 73 Joo Chiat Pl; 主菜 $17~35; ⏲周二至周四和周日 14:00~11:30，周五和周六 至午夜，16:30起供应食物; 📶; 🚌16、33; Ⓜ Eunos）在这家轻松愉快的全美式烧烤传奇餐厅，你会以为自己来到了《情归阿拉巴马》（*Sweet Home Alabama*）电影场景里。来自加州的老板，使用独家秘方做烧烤刷料，而熏肉用的山核桃木，则是从美国直运过来的。先从香辣的美式辣鸡翅（buffalo wing; 蓝奶酪调料简直让人疯狂）开吃，然后是慢烤的熏肉，比如嫩到入口即化的排骨。

分量特别大，所以饿着肚子来吧，而且别吃没劲的油炸食品。除了吃的以外，你还能找到各种靠谱且有意思的啤酒和苹果酒。周末晚餐要提前预订。

Lower East Side 墨西哥菜 $$

（☎6348 1302; 见184页地图，19 East Coast Rd; 起司薄饼和卷饼 $10~15，3张塔可 $18; ⏲正午至23:00; 🚌10、12、14、32、40）天花板上挂着凳子，还有回收利用的木桌，向人们展示性感的拉丁节拍：这家塔可屋又酷又随意，吸引着各式各样的人群来感受墨西哥风情。可以吃口感丰富的塔可，比如出色的tilapia（鱼片、番茄、洋葱、香菜、红椒和续随子果肉）；或是选择料足多汁的卷饼（burrito）。两人免一单的"欢乐时光"套餐到20:00结束。

周五到周日吃晚餐要在19:00前到或是提前预订。

Long Phuong 越南菜 $$

（见184页地图，159 Joo Chiat Rd; 菜肴 $6~22; ⏲11:00~23:00; 🚌33; Ⓜ Eunos）黄色的塑料椅、容易擦的桌子，还有喊着下单的服务员：接地气的Long Phuong有着新加坡最好的越南菜。越南河粉（pho）味美汤香，甜度适中。此外，还有令人垂涎三尺的芒果沙拉和人气很高的乌蛤沙爹（sò huyet xào sa te）。只收现金。

东皇大酒楼 海鲜 $$

（Roland Restaurant; 见184页地图; ☎6440 8205; www.rolandrestaurant.com.sg; Block 89, 06-750 Marine Parade Central; 菜肴 $10起，螃蟹每公斤约$60; ⏲11:30~14:15和18:00~22:15; 🚌15、31、36、196、197）据老板林加有（Roland Lim）说，新加坡标志性的辣椒螃蟹，是他的母亲林太太在20世纪50年代发明的。几十年后，林加有开办了自己的大酒楼，这里的辣椒螃蟹还曾经在国庆节那天把前总理吴作栋（Goh Chok Tong）吸引过来。这里的螃蟹肥美，汤汁比许多同行家的更温和：如果你不爱吃辣，这里就很适合。

开饭时，先吃一份美味的金钱豆腐——鲜嫩的豆腐里塞有蟹膏和虾酱，顶端放有咸蛋黄。餐厅藏在一个停车场的上方。

海南鸡饭
新加坡旅游局 提供

Chin Mee Chin Confectionery 早餐、面包房 $

（见184页地图；204 East Coast Rd；菜肴 4新加坡元起；⏲周二至周日 8:00~16:00；🚌10、14、16）这里是新加坡少数仍自制咖椰的早餐店，咖椰（kaya，以椰子和鸡蛋制成的果酱）烤面包有祖母的味道。对许多老一辈的新加坡人而言，来到Chin Mee Chin这类还配有马赛克地板、木椅子和浓咖啡的老式糕点店，仿佛展开一场怀旧之旅。

首选 **永成餐室** 海鲜 $$

（Eng Seng Restaurant；见184页地图；247-249 Joo Chiat Pl；菜肴 $15起；⏲周四至次周周二 16:30~21:00；Ⓜ Eunos）这里的黑胡椒螃蟹好吃到本地人愿意排上一小时的队来吃，而且乐于被老板粗鲁地告知自己可以点多少螃蟹。为了黏稠如蜜的胡椒酱，16:30就来吃晚餐也是值得的。

Kim's Place Seafood 海鲜 $$

（见184页地图；www.kims.com.sg；37 Joo Chiat Place；主菜 4~30新加坡元；⏲11:00至次日2:30；🚌16、33；Ⓜ Eunos）Kim's Place Seafood是一家家族传下来的小餐馆，一定要抽空到这里品尝味道十分浓郁甜鲜的黑胡椒螃蟹砂锅煲、福建炒面以及清凉舒爽的香茅果冻和柠檬冰沙。提示：选择斯里兰卡螃蟹，它们的肉质比印度尼西亚螃蟹更为肥美。

食为先大饭店 本地菜 $$

（Sik Wai Sin Eating House；287 Geylang Rd；主菜 17~25新加坡元；⏲每天午餐和晚餐；Ⓜ Kallang）芽笼以令人食指大动的美食摊贩而著名，而闷热、喧闹的食为先大饭店这家广东餐馆就是证明。食客最爱的选择包括蛋炒自制豆腐虾仁、炖药膳汤、苦瓜排骨及招牌菜清蒸豆瓣草鱼头。

328 Katong Laksa 土生华人菜 $

（见184页地图；53 East Coast Rd；叻沙 4新加坡元起；⏲8:00~22:00；🚌10、14）同一条街上有好几家叻沙摊儿，一直为“谁才是最正宗、最好吃”而争论不休。实际上，所有摊位的叻沙都好吃，但这一家最受欢迎。一碗米粉，淋上以椰奶和越南香菜烹制的清淡咖喱汤汁，再加入虾米和贻贝，就是一道招牌美食叻沙了。可考虑品尝小吃otah（包裹在香蕉叶里烘烤的辛辣鲭鱼糕）。

Guan Hoe Soon 土生华人菜 $$

（见184页地图；38 Joo Chiat Pl；主菜 12新加坡元起；🚌16、33；Ⓜ Eunos）这是新加坡历史最悠久的土生华人风味餐馆（1953年开业），也是李光耀生前最喜欢光顾的餐馆。不过，如果食物与盛名不符，这两个卖点都不会吸引挑剔的新加坡人。幸好，这家餐馆没有被名气冲昏头，所烹制的娘惹美食始终维持

328 Katong Laksa
叶孝忠 摄

乌敏岛

叶孝忠 摄

一流水准。土生华人的特色菜肴ayam buah keluak（黑果鸡）非常好吃。

购物

金珠肉粽 食品、手工艺品

（见184页地图；Kim Choo Kueh Chang; www.kimchoo.com; 109 East Coast Rd; ⏲10:00~21:30; 🚌10、14、16、32）如切遍地是面包房和甜品店，但都比不上金珠。挑点传统的凤梨饼（pineapple tart）和其他色彩鲜艳的娘惹粿，再去隔壁的精品店买点斑斓的娘惹瓷器和服饰吧。如果你喜欢娘惹的珠饰，时尚设计师Raymond Wong提供了四个课时的课程（$350）。

Rumah Bebe 服装、手工艺品

（见184页地图；113 East Coast Rd; ⏲周二至周六 9:30~18:30; 🚌10、14、16、32）这家店铺在1928年开业，Bebe Seet是这里的老板，提供各种关于娘惹的物件。她出售的传统可芭雅（kebaya，带有装饰性蕾丝的娘惹服）经过了现代的改良，还有美丽的珠饰鞋子。如果你有时间也有意愿，可以参加老板娘举办的串珠课程，其中包括两课时的初学课程（串制书签）和三课时的立体串珠课程（费用均为$160）。

樟宜村和巴西立（Changi & Pasir Ris）

景点

樟宜博物馆和礼拜堂 博物馆

（Changi Museum & Chapel; ☎6214 2451; www.changimuseum.com; 1000 Upper Changi Rd Nth; 门票免费，导览游 成人/儿童 8/4新加坡元; ⏲9:30~17:00，最后入场时间16:30）尽管于2001年从樟宜监狱的原址迁了出来，但这个纪念馆依然向在“二战”时期被侵略日军俘虏并虐待的盟军战俘致敬，展览令人感动。博物馆通过照片、信件和绘画等形式，叙述了充满英雄气概的故事和对和平的珍惜。博物馆的中心展区是樟宜礼拜堂的复制品，这座礼拜堂是由监狱中的狱友修建的。在圣坛和子弹壳做成的十字架后方的墙壁上，是访客们留下的纪念品——白色的十字架、红色的罂粟花、手写的便条和彩色的千纸鹤。

博物馆的另一个亮点是实物大小的樟宜壁画的复制品。这些带有宗教色彩的壁画是由一座老战俘医院中的战俘Stanley Warren绘制而成的。壁画的原件现在在附近的樟宜军营Block 151中，不开放参观。从维多利亚街（Victoria St）或Tanah Merah地铁站乘坐2路巴士会经过博物馆正门。在97201公车站下车，牌子上还标有“opp. Changi Chapel Museum”。

洛阳大伯公宫 寺庙

（Loyang Tua Pek Kong Temple；见193页地图；20 Loyang Way；MBedok，换乘9）这座摩登的寺庙装饰有巨大的木雕、盘旋的龙纹，以及数百个斑斓的神明与圣人像，体现了新加坡人对灵性的探讨，在同一个巨大的屋顶下包含了三个宗教（印度教、佛教和道教），甚至还有个神龛专门供奉马来人信仰的道教中的拿督公（Datuk Kung，道教到了马来西亚才有的职官名称）。这里远离车水马龙，如果你正要去樟宜村，还是值得中途过来看一下的。乘坐9路巴士在洛阳谷（Loyang Valley）公寓下车后步行。

樟宜村 社区

樟宜村（Changi Village；见193页地图）位于新加坡的东北沿岸，远离新加坡高楼大厦，自有一番清新的乡村氛围，为城市人提供一个休闲好去处，这里的标准服装搭配就是背心、短裤和拖鞋。附近也有不少军事重地和军营，因此遇见阿兵哥也不足为奇。

樟宜村是由几栋低矮的组屋构成的，由于樟宜机场就在附近，因此房子都限高，让这个迷你的社区显得更为迷人。樟宜村的焦点是一个生机勃勃的**樟宜村小贩中心**（Changi Village Hawker Centre；见193页地图；2 Changi

乌敏岛（PULAU UBIN）

从樟宜村的码头，乘坐小船前往乌敏岛只需大约10分钟，但这个小岛的乡土气息和新加坡本岛的钢筋混凝土森林有着天壤之别。事实上，乌敏岛非常适合短途一日游，让自己漫步在大片茂盛的丛林和铁皮屋顶的建筑之中，沉浸于慵懒的甘榜（乡村）氛围。

从樟宜村的樟宜渡轮码头可乘**小船**（Bumboats；单程2.50新加坡元，自行车附加费2新加坡元；无固定时间，一般介于6:00~21:00）前往乌敏岛。没有固定的行船时间表，凑足12人即可开船，游客会在**乌敏岛村**（Pulau Ubin Village）下船。除了海鲜餐馆外（辣椒螃蟹的价格介于20~40新加坡元），也可租自行车（成人1天的租金5~10新加坡元，儿童2新加坡元）到处转转。为了你的臀部着想，最好选择山地车。如果无法拿到乌敏岛的地图也没关系，岛上到处设有路标，你不至于迷路。当然纯粹悠闲地骑着车，看看脚下的路把你带到哪里也是乐趣无穷的。

喜欢步行的人可以到**吉胆山自行车公园**（Ketam Mountain Bike Park）探索不同难度的步行小径。在这里，你也可发现古怪的**German Girl神殿**（German Girl Shrine），这座黄色小屋建在一棵印度橡胶树（Assam tree）旁。据说，在“二战”时期，一名德国咖啡种植园经理的女儿，为了逃脱前来逮捕其父母的英军，在屋后的采石场坠落身亡。然而，不知何时开始，这名原本是罗马天主教徒的女孩，竟莫名其妙地成为一名道教神明，据说能赐予人们健康与好运。

如果时间只够游览一部分乌敏岛，那就直接前往**仄爪哇湿地**（Chek Jawa Wetlands；8:30~18:00）吧。位于岛上东端的湿地，建有一座1公里长的沿海栈道，让游客可以走到海面欣赏不同生物，然后再穿越红树林沼泽，来到高20米的**Jejawi Tower**，鸟瞰岛上美景。保护区禁止自行车入内，因此要确保在租自行车时索取锁头，以便将自行车锁在入口处的存车处。

Changi & Pasir Ris
樟宜村和巴西立

Changi & Pasir Ris 樟宜村和巴西立

景点

1 巴西立公园 B1
2 洛阳大伯公宫 C2
3 樟宜博物馆和礼拜堂 C2
4 樟宜村 C1

活动

5 SKI360° A4
6 Wild Wild Wet B1

就餐

7 Charlie' s Corner C1
8 Coastal Settlement C1
9 东海岸小贩中心 A4
樟宜村小贩中心 .... （见7）

饮品和夜生活

10 Sunset Bay Garden Beach Bar B4

购物

11 淡滨尼广场 B2

Village Rd；菜肴3新加坡元起；⏲10:30～23:30；🚇2, Tanah Merah），不少人就专程为了小贩中心内的马来椰浆饭（Nasi Lemak）而来，有四五家档口就专卖这一味，最有名的人龙最长，比如International Stall。

码头附近就是**樟宜海滩**（Changi Beach；

在“二战”时期，数千名新加坡市民在这里惨遭屠杀）。这里的海水污染较为严重，只适合观赏，不适合游泳，但沿着沙滩漫步还是能度过一段新加坡难得的休闲时光的。游客可在小贩中心对面的码头，乘坐小船前往乌敏岛（Pulau Ubin）。

从Tanah Merah地铁站或维多利亚街乘坐2路巴士即可到达这里。

巴西立公园 公园

（Pasir Ris Park；见193页地图；Ⓜ Pasir Ris）滨水的巴西立公园占地71公顷，位于新加坡东北部的海岸线，有许多适合全家人游玩的活动。你可以依靠租来的自行车或直排轮滑，探索占地6公顷的红树林木板路（mangrove boardwalk）——退潮后可以看到在泥里乱窜的螃蟹。孩子们一定会喜欢去**骏厩**（Gallop Stables；☎6583 9665；61 Pasir Ris Green；骑马 10新加坡元；⊙周二至周日 8:00至正午，14:00~19:00）骑马。可前往Downtown East用餐或到公园里的几家酒吧休息。由Pasir Ris地铁站步行至巴西立公园约15分钟。

就餐

东海岸小贩中心 小贩 $

（East Coast Lagoon Food Village；见193页地图；1220 East Coast Parkway；菜肴 3新加坡元起；⊙8:00~21:00；🚌48、196）很少有小贩中心占据这么好的地理位置。赤脚从附近的沙滩走过来，在17号摊位Meng Kee点一些沙爹、海鲜或新加坡独一无二的沙爹米粉。做好排队的心理准备。

Coastal Settlement 咖啡馆 $$

（见193页地图；☎6475 0200；www.thecoastalsettlement.com；200 Netheravon Rd；主菜 $16~24，比萨 $21~23；⊙周二至周日 10:30至午夜，21:30后停止点餐；🚌29）这家咖啡馆兼酒吧位于一座殖民时期的黑白小屋中，周围一片葱郁，最适合长时间地无所事事。这里就像一个潮人的义卖二手店，堆满了现代主义家具、古怪的韦士柏（Vespa）踏板车和塞满复古小玩意的柜子。从薄底比萨和巴东牛肉（rendang，辛辣的椰浆咖喱），到令人食指大动的和牛“芝士汉堡”，这里大部分的食物都很靠谱。不过素食的选择很少。鲜榨果汁很美味，咖啡也是顶级的。从周五到周日都很繁忙，其余时间算是一个相对安静、平和的绿洲。

Charlie's Corner 各国口味 $$

（见193页地图；01-70 Changi Village Hawker Centre，2 Changi Village Rd；菜肴 $6~32；⊙周二至周日 11:30至午夜；Ⓜ Tanah Merah，换乘🚌2）这里虽然挪了摊位，但名声依旧不倒。啤酒种类无穷多，更别说鱼和薯条、热狗以及招牌的查理汉堡（Charlie's Burger）这种普通却令人安心的美食了。对于熟食摊来说，这里的定价有点高，不过如果你刚从乌敏岛（Pulau Ubin）回来，这个位置还是很方便的。

饮品和夜生活

Sunset Bay Garden Beach Bar 酒吧

（见193页地图；Car Park F2，1300 East Coast Park；⊙周一至周四 17:00至午夜，周五 17:00至次日1:00，周六 11:00至次日1:00，周日 11:00至午夜；🚌10、13、14、43、48）还有什么比在被九重葛环绕的海滩酒吧里喝一杯鸡尾酒或啤酒更放松的呢？你可以在远处新加坡南岸停靠的货轮发出的呜呜声中消磨掉夜晚。这里的食物很一般，所以先在东海岸小贩中心（East Coast Lagoon Food Village）吃完再过来消遣吧。

购物

淡滨尼广场 商场

（Tampines Mall；www.tampinesmall.com.sg；4 Tampines Central 5；⊙10:00~22:00；Ⓜ Tampines）新加坡最大、客流量最多的郊

区购物中心之一，地理位置便捷，就在淡滨尼（Tampines）地铁站旁边。你能在这个深绿色的怪物里找到一家伊势丹百货、一个电影院和几家书店。隔壁还有两家较小规模的商场：世纪广场（Century Square）和Tampines 1。后者内有针对年轻人群的连锁与独立服装店。

活动

SKI360° 水上运动

（见193页地图；www.ski360degree.com；1206A East Coast Parkway；工作日/周末第一个小时 $38/50，之后每小时 $16/22；⏲周一、周二和周四 10:00~19:00，周三和周五 正午至21:00，周六和周日 9:00~22:00）还有什么是比划水和被绳索拖着满潟湖转更好的消暑方式呢？最好在工作日的上午过来，因为那时这里几乎没有人。周末的价格高破天际，坐在一旁看别人翻滚就已经足够有趣了。

在周末，从勿洛（Bedok）地铁站搭乘401路巴士过来。工作日可以搭乘197路巴士，在Marine Pde Rd沿途的巴士站下车，然后过一段地下道。

Wild Wild Wet 主题公园

（见193页地图；www.wildwildwet.com；Pasir Ris Dr 3和Pasir Ris Close交叉路口，Downtown East；成人/儿童/家庭 $19/14/60；⏲周一和周三至周五 13:00~19:00，周六和周日 10:00~19:00；M Pasir Ris）在这家水上主题乐园尽情地撒野吧，这里有螺旋水滑梯、波浪游泳池和一个大得令人眩晕的水坡。如果你想找刺激就去玩Torpedo，你会从18米高的荚舱内自由落下，一时半会儿可忘不掉。谢天谢地，这里还有按摩浴缸，可以舒缓疲惫紧张的神经。

有一辆免费的摆渡车，在巴西立地铁站和主题公园之间往返。

中部

看新加坡的地图，你就大概知道新加坡的中部是个怎样的地方。这是新加坡中央集水区所在地，除了几个蓄水池之外，著名的动物园、夜间动物园等也位于此。

景点

莲山双林寺 寺庙

（Lian Shan Shuang Lin Monastery；184E Jln Toa Payoh；⏲7:00~17:00；M Toa Payoh）双林寺建于1898年，入口处有两扇庄严的大门，再往右是有雕像装饰的七级佛塔。内部的小径从满是盆栽的庭院通往寺庙的三个主殿，其中大雄宝殿最为壮观。

寺庙的左边是饱经风霜的**城隍庙**（Cheng Huang Temple；⏲9:00~17:00），供奉着城隍神。大殿建于1912年，数十年的香火熏黑了

双林寺
叶孝忠 摄

房梁。

寺庙位于大巴窑（Toa Payoh）地铁站以东大约1公里处——沿Lorong 6 Toa Payoh附近Kim Keat Link的路牌走，或是搭乘238路巴士坐三站。

罗弄万国村 村庄

（Lorong Buangkok；Ⓜ Ang Mo Kio，换乘🚌88）这个村子有种破败的美，就像是从黑白老照片里拓出来的。鸡在彩色的木屋旁溜达，蟋蟀在后院里鸣叫，而这里的27户人家则无忧无虑得罕见（可能和$10的月租也有关系）。这是新加坡本岛上对现代化的最后一丝抵抗，也告诉人们在经历建国后的飞速发展之前，大多数的新加坡人过着怎样的生活。尽管这一区域已经被规划重建，但推土机离得还远。从宏茂桥（Ang Mo Kio）地铁站搭乘开往巴西立方向的88路巴士，过了Yio Chu Kang Rd后在Ang Mo Kio Ave 5下车（车程10分钟）。沿Yio Chu Kang Rd往北走大约50米右转进入Gerald Dr，之后大约200米右转进入Lorong Buangkok。再过50米，你就能在左手边看到一条通往村子的土路。

晚晴园——孙中山南洋纪念馆 博物馆

（Sun Yat Sen Nanyang Memorial Hall；www.sysnmh.org.sg；12 Tai Gin Rd；成人/儿童$4、$2；⏲周二至周日 10:00~17:00；Ⓜ Toa Payoh，换乘🚌145）这座国立纪念馆建于19世纪80年代，是孙中山的中国同盟会在东南亚的总部，同盟会推翻满清王朝，创建了中国历史上第一个共和国。孙中山在亚洲各处宣传革命期间，曾短暂住在这里，这是一座殖民地时期维多利亚风格的别墅，里边博物馆的藏品介绍了孙中山的生平。

隔壁是**缅甸玉佛寺**（Sasanaramsi Burmese Buddhist Temple；14 Tai Gin Rd；⏲6:00~21:00），这栋高耸的建筑由两尊护法神狮把守，里边有一尊漂亮的白色大理石佛像，“佛光”由奇怪的彩色LED灯组成。

麦里芝蓄水池 公园

（MacRitchie Reservoir；☎1800-471 7300；www.nparks.gov.sg；Lornie Rd；⏲7:00~19:00，树顶吊桥 周二至周五 9:00~17:00，周六及周日 8:30~17:00，周一 休业；🚌157；Ⓜ Toa Payoh）虽然环境不如武吉知马自然保护区那么原始，但麦里芝蓄水池边环绕蓄水池及蜿蜒穿过丛林的路径里程更长。你可到Paddle Lodge租用皮划艇，但更多游客还是选择前来探索长10公里的环蓄水池步行路径，以及其他路标明确的小径。

蓄水池最受欢迎的目的地是树顶吊桥（Treetop Walk），亮点是穿越250米长的吊桥，桥离地面25米高，掩映在树冠之间。之后，步行路径继续穿越丛林及环绕蓄水池，时而泥路，时而木板栈道。要走完主要环形路径，需要3~4小时。无论选择哪条路径，沿途

晚晴园
新加坡旅游局 提供

孙中山的红颜知己：陈粹芬

韩山元

人们都知道孙中山有两位夫人，一是原配夫人卢慕贞，另一位是宋庆龄。原配夫人是孙中山还在国外读书时，母亲做主为他娶的。

但很多人不知道，其实孙中山在与宋庆龄结婚之前，已经有了一个如夫人（即妾），那就是追随孙中山超过10年，曾经为孙中山，也是为了革命事业出生入死的女士陈粹芬，她是孙中山生命中另一位重要的女性。

遗憾的是，陈粹芬长期被埋没，很多写孙中山的书，或许出于"为尊者讳"的缘故，导致"陈粹芬"这三个字根本就找不到，似乎孙中山的生命中根本就没有这个人，外界认为这对于陈粹芬很不公平。

实际上，孙中山本人以及他的亲属都承认陈粹芬与孙中山的亲密关系，也承认陈粹芬在孙家中作为如夫人的地位。这一点，只要到中山市翠亨村孙中山纪念馆以及孙中山的故居去参观，就能清楚地得到证明。

陈粹芬祖籍福建，在香港读书长大，能讲粤语、闽南话、英语，是个才女。她比孙中山小7岁，两人是在香港认识的。陈粹芬和他的哥哥陈和都是孙中山革命运动的支持者，兄妹俩追随孙中山干革命。陈和还是孙中山的卫士，负责孙中山的安全，而陈粹芬则是孙中山的得力助手，料理孙中山的起居，因为有语言才华，为人处世机智灵活，还代表孙中山做外联工作。

孙中山在南洋和日本从事革命工作期间，陈粹芬一直紧随在身边，孙中山来新加坡多次住在晚晴园，陈粹芬也跟孙中山同住。因为陈粹芬在家中排行第四，同盟会的成员都亲切地称她"四姑"，并且把四姑当作孙中山的二太太。

1911年10月10日武昌首义，孙中山在国外接到电报就赶回国。陈粹芬留在马来亚半岛北部的槟城（马来西亚是在1963年才成立的，在这之前，没有马来西亚这个国家）。1912年1月，孙中山在南京就任临时大总统，当时在马来亚的同志就鼓励陈粹芬去南京和孙中山正式结婚，这样就可以成为中国的"第一夫人"，陈粹芬则回答：孙先生这时非常繁忙，国家大事千头万绪，我不好拿儿女私情去烦他。何况，我帮孙先生干革命，不是为了做第一夫人。

后来，陈粹芬悄悄地到翠亨村，照顾孙中山的老母亲，履行一个媳妇的责任，孙母过世，陈粹芬送终。陈粹芬与孙中山的原配卢慕贞相处和谐，晚年常聚首，卢死后，陈粹芬为其送终。1960年，陈粹芬以87岁高龄逝世，遗体安葬在孙中山家族的墓园。

几乎都会在丛林里看到猴子（长尾猴）。如果你够幸运，还可能看到巨蜥以惊人的速度在蓄水池的浅滩掠过。

首选 新加坡动物园 动物园

（Singapore Zoo；☎6269 3411；www.zoo.com.sg；80 Mandai Lake Rd；成人/儿童 20/13新加坡元；⏲8:30~18:00；🚌138；Ⓜ Ang Mo Kio）即使你不热衷于参观动物园，新加坡动物园仍会让你大开眼界。动物园位于伸入Upper Seletar蓄水池的一处半岛上，占地28公顷，拥有葱郁的环境，仿佛都市里的绿洲。动物都生活在"开放环境"的特定区域，摒弃了笼子的概念。动物园还有一系列有趣的、很适合儿童的表演节目和喂食活动。

事实上，园内栖息的2800多只动物看起来都非常快活。展区包括"埃塞俄比亚大裂谷"（The Great Rift Valley of Ethiopia）的完整生态系统：动物、矿石、植物和人。游客可以在"埃塞俄比亚"透过一扇玻璃窗观看50只"不知羞耻"的红臀狒狒为所欲为，若新加坡人照着做的话，被抓起来是一定的。你可以步

与野生动物在丛林共进早餐

如果你喜欢在顽皮的灵长类动物的陪伴下享用自助餐，那就别错过新加坡动物园的**与野生动物在丛林共进早餐活动**[Jungle Breakfast with Wildlife; ☎6360 8560; es.szgadmin@wrs.com.sg; Ah Meng Restaurant（Terrace），Singapore Zoo; 成人/儿童 31/20.30新加坡元; ⏲9:00~10:30]，最好提前预约。和你共进早餐的包括动物园里超可爱的猩猩。如果错过早餐时段（猩猩们10:00就离开餐馆了），你依然可以到园内**Free-Ranging Orang-Utan Island**（11:00和15:30）和**Free-Ranging Orang-Utan Boardwalk**（16:30）与它们开心地合照。

行或乘坐电车（成人/儿童 5/2.50新加坡元）游园；动物园还提供15分钟的蓄水池游船服务，让游客放松身心。比较省钱的做法是购买动物园、夜间动物园（Night Safari，见本页）和裕廊飞禽公园（Jurong Bird Park，见203页）的三合一套票（成人/儿童 58/38新加坡元）。在网上订票，可避免排队。

首选 夜间动物园 野生动物保护区

（Night Safari; www.nightsafari.com.sg; 80 Mandai Lake Rd; 成人/儿童 32/21新加坡元; ⏲19:30至午夜，餐馆和商店的营业时间从18:00开始; 🚌138; Ⓜ Ang Mo Kio）夜间动物园为你的夜晚提供非一般的刺激。在夜色中，园内的壕沟及障碍似乎了无踪影，感觉就像在神秘的丛林中与120多种动物同行，其中包括狮子和豹子。虽然有三条步行路径可供选择，但最棒的体验还是乘坐电车（成人/儿童 10/5新加坡元）游园。

最好早点儿来，因为动物们在刚喂完食的时候乐于出来闲逛。拍照时千万不要使用闪光灯（以免动物受到惊吓）。

此外，不要错过精彩而幽默的**"夜间动物"表演**（Creatures of the Night; 19:30、20:30、21:30，周五和周六加场22:30），看完之后不禁会想，我们为什么要费那么大力气进化呢？如要省钱，可考虑购买动物园（见197页）和夜间动物园的**联票**（成人/儿童 42/28新加坡元）。结束夜间动物园游览之后，你必须在22:45之前坐上返程的巴士，这样才能赶上从宏茂桥站（Ang Mo Kio）出发的末班地铁（23:30）。也可在公园入口处的出租车站搭乘出租车，不过，乘坐出租车回到新加坡中部地区，大约需要20新加坡元。

河川生态公园 自然保护区

（River Safari; www.riversafari.com.sg; 80 Mandai Lake Rd; 成人/儿童 $25/16，乘船 成人/儿童 $5/3; ⏲9:00~18:00; Ⓜ Ang Mo Kio，换乘🚌138）这里就在新加坡动物园（Singapore Zoo）和夜间野生动物园（Night Safari）旁边，再现了七条著名河流的生态环境，不过大多都没意思，湄公河（Mekong River）与亚马孙雨林令人印象深刻，其壮观的水族馆里游动着鲶鱼、电鳗、红腹食人鱼和海牛等。

另一个亮点是大熊猫竹林（Giant Panda Forest），里边有珍稀的小熊猫与著名的大熊猫凯凯和嘉嘉。

小朋友们会比较喜欢10分钟的亚马孙河游船（Amazon River Quest Boat Ride），安静的主题公园式巡游，会经过四处晃荡的猴子、野猫与外国鸟类。游船开始的时候会有很大的水花，如果你坐在前排，脚和背包务必离地。游船报名通常到13:00就满了，所以要早点去或者在网上订票，以确保能在合适的时间游船。

免费 武吉知马自然保护区 公园

（Bukit Timah Nature Reserve; ☎1800-468 5736; www.nparks.gov.sg; 177 Hindhede Dr; ⏲6:00~19:00，游客中心8:30~17:00; 🚌171，或75到Bukit Timah Shopping Centre）新

加坡最潮湿昏暗的地区是占地164公顷的武吉知马自然保护区，这片未遭到破坏的广袤原始森林，生长在新加坡的最高峰武吉知马山上（海拔163.63米）。有5条步行路径贯穿保护区，往返时间从35分钟至2小时不等，保护区内还有一条长6公里的骑车路径环绕森林。可到游客中心索取一份路径地图。

直通山顶的混凝土路最好走，游人也最多，但你也应该留出时间去走走游人较少涉足的其他路线。山路非常陡峭，通常令人大汗淋漓，所以要多带些水，采取防蚊措施，而且不要喂猴子，不管它们是怎样彬彬有礼地索要乞求。

除了猴子外，保护区内未遭到采伐的森林里，还栖息着许多幸存的新加坡本土的野生动物，包括蟒蛇和数十种鸟类。可以在乌节

布朗山坟场（Bukit Brown Cemetery）

在一个对新鲜亮丽事物着迷的国家里，**布朗山坟场**（Bukit Brown Cemetery Complex）是珍贵的文化瑰宝。结合了老山（Lau Sua）、咖啡山（Kopi Sua）和姓王山（Seh Ong Sua）三个毗邻的坟场，布朗山不仅是中国以外全球最大的华人墓地，这里也能出人意料地窥探到新加坡多姿多彩的历史片段，在当地人中，它被称为咖啡山坟场。

布朗山最初属于英国船东兼贸易商和经纪人乔治·亨利·布朗所有。Ong Kew Ho、Ong Ewe Hai和Ong Chong Chew三名富裕的福建企业家，在1872年买下这块地，原本是想为宗族中较为贫穷的成员设立一个自给自足的乡村。奇怪的是，这块地方后来纯粹作为墓地使用，并于1922年成为市政府属下的华人公墓。作为一个市政公墓，任何籍贯的华人都能葬于此地，与他们生前相对“楚河汉界”的情况有着天壤之别。

1973年停止墓葬后，布朗山成为历史爱好者寻幽访秘的理想地点，在大片浓密的丛林里，时常能发现许多早已被遗忘的精美墓碑。其中一个是企业家王森良（Ong Sam Leong，1857~1918年）及妻子在姓王山山顶上的巨型双墓。据说，这座建于1918年的坟墓是新加坡最大的坟墓，不仅有宣扬孝道的精致雕刻及美丽的地砖，还有锡克教卫兵的雕像守护墓碑。

此外，许多土生华人的墓碑都以色彩鲜艳的陶瓷砖装饰（包括浓郁英格兰艺术风格的陶饰），而多个墓碑也刻有墓铭志，叙述了死者从中国移民到南洋（东南亚）的事迹。有锡克雕像陪葬的墓地，一般属于前警察部队成员。这类陪葬卫兵雕像是相当罕见的，据知，目前只有上海的一个墓地有类似陪葬品。在布朗山上的第四座墓地就有好多个。有趣的是，有些墓碑还刻有日本的年历，时间可追溯到新加坡黑暗的日据时期。事实上，这个地区在“二战”时期就是一个战场。

令人感到讽刺的是，布朗山近期再次成为“战场”，这一次是政府与民众的“战争”。政府有意在布朗山建造高速公路和后续住宅区，但布朗山的支持者要求政府重新评估这项计划，以及承诺保护该地区的文化遗产。

虽然你可到由志愿者维护、内容不错的网站www.bukitbrown.com下载地图，但要探索这段濒临消逝的新加坡历史，最好是参加由志愿者定期组织的免费团队游（可到网站查询最新游览日期）。欲知更多关于布朗山历史和个别墓碑的资料，也可浏览布朗山专家Raymond Goh的博客www.bukitbrown.org。如欲前往布朗山，可搭乘地铁到Botanic Gardens，往北走到Adam Rd新加坡神学院（Singapore Bible College）外的巴士站，乘坐74、93、157、165、852或855路巴士，两站即达，就在新加坡岛屿乡村俱乐部（Singapore Island Country Club）之前。越过Adam Rd上的行人天桥，继续往北走，右转入Sime Rd后，左转入Lorong Halwa。

绿色走廊

绿色走廊（Green Corridor）之于新加坡就像高线公园（High Line）之于纽约——废弃的铁轨被难以想象地改造成了城市绿洲。不过与高线不同，新加坡的绿色走廊相对粗野——长满草的铁轨从马来西亚国境之南的丹戎巴葛（Tanjong Pagar）火车站出发，穿过郊区、次生林、草地、小农庄和泥沼。

铁轨建于20世纪初，沿旧新马铁路线，从马来半岛往新加坡的港口运送锡和橡胶，那里直到2010年前都是马来西亚的土地，随着土地交换协议的完成，马来西亚铁路的终点站被迁到了新加坡北边的林地中。以发展为导向的新加坡，突然获得了一块跨国绿洲，激发了一场保护它的草根运动。政府采取了民众的建议，如今这条走廊似乎会被保存下来，成为穿越岛屿的绿色“脊椎”。

鉴于新加坡的炎热，以及走廊当下缺少设施与标识，只有勇者才敢步行或骑车走完全程。对于大多数人而言，沿其中一小段随便走走就很舒爽了。其中有一段特别好玩，从武吉知马旧火车站（Bukit Timah Railway Station；从Rifle Range Rd横跨Bukit Timah Rd的旧火车桥旁边的土路进入）往北到Hillview Rd。3公里的路走起来很轻松，有铸铁旧火车桥分布，并且位于武吉知马天然保护区（Bukit Timah Nature Reserve）绿色密林的边缘。你可以在www.thegreencorridor.org下载绿色走廊的地图。

路地铁站（Orchard MRT）乘坐171路巴士，或在中央商务区（CBD）乘坐75路巴士。在武吉知马购物中心（Bukit Timah Shopping Centre）下车，沿着Hindhede Dr向北走大约1公里即达保护区大门处。

武吉知马自然保护区正在进行为期两年的修复工程，但第一阶段的工程已经完成，周六和周日对公众开放，工作日则继续关闭，关于保护区的最新情况，可浏览其官方网站。

旧福特车厂资鉴馆 博物馆

（Memories at Old Ford Factory；☎6462 6724；351 Upper Bukit Timah Rd；成人/儿童$3/2.50；⏲周一至周六 9:00~17:30，周日 正午至17:30；🚌170）1942年2月15日，英国曾经在这里将新加坡让渡给日本。博物馆通过照片、供给簿、日记、囚徒绘画和一幅巨大的互动地图，记述了新加坡在“二战”中的日占时期所经历的黑暗的三年。170路巴士过武吉知马自然保护区（Bukit Timah Nature Reserve）后在这里停车。

就餐

龙发豆沙饼 面点 $

（Loong Fatt Tau Sar Piah；☎6253 4584；639 Balestier Rd；面点 $1.50起；⏲周一至周六 8:00~16:30；🚌131、166、167、851）Balestier Rd的豆沙饼十分出名，这种闽南点心的口味分为咸豆沙和甜豆沙。龙发是其中最老也最公道的一个，如今仍旧出售手工制作、老式烤炉烘焙而成的豆沙饼。面料够酥，馅料丰厚松润。

龙海鲜螃蟹王 海鲜 $$

（Mellben Seafood；Stall 01-1222，232 Ang Mo Kio Ave 3；2人份辣椒螃蟹 约$40；⏲17:00~22:00；Ⓜ Ang Mo Kio）要说顶级的辣椒螃蟹，不少本地人都会推荐你来龙海鲜螃蟹王。这里是熟食店的风格，装修现代，让人愉快，隐匿于建屋发展局（HDB）平平无奇的街区。蟹肉鲜美，酱汁辛辣带有明显的蛋味。订位只保留到19:00。如果这个时间太早，就在工作日过来以避免排长队。服务有时很慢，所

以需要点耐心。

购物

Pasarbella@ the Grandstand 市场

（www.pasarbella.com；200 Turf Club Rd；⏰不同档口各异，多数档口 9:30~19:00，餐厅 10:00~22:00；📶；🚌67、77、170、174、961、970）这个时尚的室内农民市场位于马场的看台中，满是餐馆和手工食品摊。在**Da Paolo**（www.dapaolo.com.sg；Stall 02-06 K30/31/32；三明治 $8.50起，意面 $13起；⏰周一至周四 9:30~20:30，周五至周日 至21:30）吃蟹肉意面（granchio pasta），或是在奶酪店**Cheese Ark**（☎9830 3368；Stall 02-K28；2人份芝士拼盘 $20~25；⏰周一至周四 10:00~20:30，周五至周日 至21:00）来一份芝士拼盘，这里使用的都是小型生产商提供的罕见芝士。

要来一杯"第三波咖啡"，就去**Dutch Colony Coffee Co**（☎6467 0255；www.dutchcolony.sg；Stall 02-K67/K68；⏰周日至周四 9:30~19:00，周五和周六 至21:00）。

VeganBurg（www.veganburg.com；Stall 01-32；汉堡 $5.90起；⏰周一至周五 11:45~21:30，周六和周日 10:30~21:45；📶）因其美味的素汉堡而闻名。

西部

西部是新加坡的工业区，这里近年来加快了发展的步伐，但你依旧能找到不少有趣的博物馆和鲜少游客踏足的自然保护区。

景点

首选 **南部山脊** 公园

（Southern Ridges；www.nparks.gov.sg/gardens-parks-and-nature/parks-and-nature-reserves/the-southern-ridges；门票免费；Ⓜ Pasir Panjang，然后步行15分钟到Reflections at Bukit Chandu）南部山脊由一系列将西海岸公园（West Coast Park）和花柏山（Mt Faber）连接起来的公园和丘陵组成，你无须离开这座城市，也能享受在丛林中徒步的乐趣。虽然整条路线长9公里，但最迷人的是肯特岗公园（Kent Ridge Park）到花柏山的路段。此路段不仅相对容易走，而且视野辽阔，还有树顶木板栈道和独特的亨德森波浪桥（Henderson Waves）。

不妨从**Reflections at Bukit Chandu**（www.s1942.org.sg；31K Pepys Rd；成人/儿童 2/1新加坡元；⏰周二至周日 9:00~17:30；Ⓜ Pasir Panjang）开始你的南部山脊之旅，这个"二战"解说中心引人入胜，重点展现了马来军团在1942年如何顽强对抗日军，决一死战。距离Reflections at Bukit Chandu不远处，就是肯特岗公园及其路程不长但令人满

亨德森波浪桥
新加坡旅游局 提供

意的树顶栈道。之后，漫步下山到**园艺园林**（HortPark；⏲7:45~20:00），这里设有儿童游乐场，还有可爱的药草园和花圃，以及一个标准的温室。从园艺园林，可续程前往树叶形状的**亚历山大拱桥**（Alexander Arch bridge），走到一处架在半空中的壮观步道，从步道上可欣赏与视线齐平的、覆盖着直落布兰雅山（Telok Blangah Hill）的葱郁树冠。接着就会来到令人赞叹的**亨德森波浪桥**（Henderson Waves），这座波浪形的如同雕塑般的人行步道距离地面36米。远处波浪形的几幢塔楼建筑，仿佛自丛林中拔地而起，这些楼是由著名建筑师Daniel Libeskind设计的住宅发展项目**Reflections at Keppel Bay**。

再往前走就是聚集了餐馆和酒吧的花柏山（Mount Faber），这里是新加坡最高点，完成徒步活动后，非常适合在这里喝一杯或吃点东西。

花柏山和缆车 公园

（Mt Faber Park & Cable Car；www.mountfaber.com.sg；缆车单程 成人/儿童 24/14新加坡元；⏲公园 8:30至次日2:00，缆车 8:30~21:30；Ⓜ HarbourFront）116米高的花柏山高傲地（其实也不算很高啦）矗立于城市的南部边缘，它是花柏山公园的核心，其亮点是沿着南部山脊（见201页）的4公里长的步行路径。最能将美景尽收眼帘的登顶方式，就是乘坐连接圣淘沙岛、Harbour Front Centre和山顶众多时尚酒吧、餐馆的缆车上山。你也可以乘坐409路巴士（只在周末运行，正午至21:00）或步行上山。穿越次生雨林的山梯不长，但很陡峭，沿途巧妙地设置了让人休息的长凳和亭子以及眺望处，你还可以看到一些殖民地时期遗留下来的黑色和白色的洋房。

拉柏多自然保护区和拉柏多秘密隧道 古迹

（Labrador Nature Reserve & Labrador Secret Tunnels；www.nparks.gov.sg；Labrador Villa Rd；Ⓜ Labrador Park）结合历史遗址和丛林步行路径的拉柏多自然保护区，是70多种鸟类的安居之处，还可以看到新加坡唯一的海崖美景，值得在这里耗一个下午。你也可以检视英军留下来的老式枪支，徒步穿越丛林，以及参观**拉柏多秘密隧道**。

这条秘密隧道是由英军在19世纪80年代建造的一系列储藏室和军事掩体组成的，在“二战”结束后又过了50年才被发现。秘密隧道虽小，但很迷人，你可在里面看到英军在1942年弃置隧道后遗留下来的文物，以及直接遭到日军炮弹袭击的变形了的墙壁。在我们调研期间，这条秘密隧道因维修而无限期关闭。

虎豹别墅 博物馆

（Haw Par Villa；262 Pasir Panjang Rd；主题公园免费，博物馆 成人/儿童 4/2.50新加坡元；⏲9:00~19:00，博物馆 至17:00；Ⓜ Haw Par Villa）想要免费让自己饱尝惊吓吗？那就前往这个神话主题公园吧。这里原名为“虎标万金油公园”（此公园由虎标万金油发明者之一胡文虎合作修建），其光怪陆离的雕像和立体模型展现了中国神话中一些相当奇特的场景。园内还有一座**华颂博物馆**（Hua Song Museum），展示了全球中国移民的生活、事业和冒险经历。

新加坡科学馆 博物馆

（Singapore Science Centre；www.science.edu.sg；15 Science Centre Rd；成人/儿童 9/5新加坡元；⏲每日 10:00~18:00；Ⓜ Jurong East）馆内有着各种让孩子们着迷的推、拉、扭、转的玩意儿，足以让他们兴奋地耗上好几个小时。这个迷人的博物馆所涵盖的课题包括人体、生态系统和机器人技术。

如欲前往，可在裕廊东地铁站（Jurong East MRT）下车，沿着有盖行人道左转，越过马路后，再经过一排有盖摊位，然后越过Jurong Town Hall Rd即可到达。

科学馆也是**雪城**（Snow City；www.snowcity.com.sg；21 Jurong Town Hall Rd；成人/儿童 每2小时 27/22新加坡元，包括1小时雪城入场券和科学馆门票16/14新加坡元；⏲每日

新加坡动物园的猫头鹰

Afur Wong 摄 新加坡旅游局 提供

9:45~17:15）的所在地。这座飞机库大小的寒冷“冰箱”，有个三层楼高、70米长的雪坡，无论入场1小时或2小时，都能坐在黑色内胎上高速滑下斜坡或打雪仗。所有游客都必须穿上长裤（可租用）及袜子（可购买）。雪城会提供滑雪夹克和保暖靴。游客也可在那里参加双板滑雪和单板滑雪课程。

裕廊飞禽公园 飞禽公园

（Jurong Bird Park；www.birdpark.com.sg；2 Jurong Hill；成人/儿童 18/12新加坡元，电车 成人/儿童 5/3新加坡元，包括新加坡动物园及夜间动物园的联合套票 成人/儿童 58/38新加坡元；8:30~18:00；194或251；Boon Lay）裕廊飞禽公园、精彩的新加坡动物园（见197页）和夜间动物园（见198页），都由同一家公司经营。相对不受重视的裕廊飞禽公园里，栖息着大约600种鸟类。

新加坡国大博物馆 博物馆

（Nus Museum；www.nus.edu.sg/museum；University Cultural Centre，50 Kent Ridge Cres；周二至周六 10:00~19:30，周日 至18:00；Kent Ridge换乘A2校车；免费）这组三座小型美术馆位于**新加坡国立大学**（National University of Singapore，NUS）的校园中，有些相当不错的藏品。底层的李光前美术馆（Lee Kong Chian Art Museum）以中国古代瓷器和铜器为主，而楼上的**南亚及东南亚画廊**（South and Southeast Asian Gallery）则展有区域性的绘画、雕塑与纺织品。再往上一层，**黄荣庭画廊**（Ng Eng Teng Gallery）则专门展出黄荣庭（Ng Eng Teng，1934~2001）的作品，这位新加坡最著名的艺术家，因其象喻的雕塑作品而闻名。

李光前自然历史博物馆（Lee Kong Chian Natural History Museum；lkcnhm.nus.edu.sg；2 Conservatory Dr；成人/儿童 15/8新加坡元；Kent Ridge换乘A2校车）的前身是莱佛士生物多样性研究博物馆（Raffles Museum of Biodiversity Research），于2015年4月在专门为其建造的壮观建筑中重新开放。博物馆位于国大博物馆正对面，馆内收藏了50余万件藏品，包括超过2000件罕见的动植物标本（巨型石斑鱼、大海龟等），还有三副来自美国的恐龙化石。

吉门营房艺术区

吉门营房艺术区（Gillman Barracks；www.gillmanbarracks.com；9 Lock Rd；⊙周二至周六11:00~20:00，周日10:00~18:00；Ⓜ Labrador Park）是新加坡最新的热门文化王牌。这个耗资1000万新加坡元，由军营改造而成的当代艺术中心，至少拥有13个国际画廊，其中包括柏林的**Michael Janssen画廊**（Michael Janssen Gallery；02-21，9 Lock Rd）、东京的**Mizuma画廊**（Mizuma Gallery；01-34，22 Lock Rd）及马尼拉的**The Drawing Room**（01-06，5 Lock Rd）。当然，这里所收集的艺术品都出自著名或新兴艺术家之手，包括Alfredo、Isabel Aquilizan、Heman Chong、Yayoi Kusama和Sebastião Salgado。这只是一个开始，接下来还会开设另五家画廊，以及一个专门为国际艺术家村、研究设施和展览活动而设立的当代艺术中心（Centre for Contemporary Art，简称CCA）。这个新热门景点也不忘照顾艺术爱好者的胃，你可到**Masons**（01-17，8 Lock Road；⊙正午至23:00）享用法国美食，到**The Naked Finn**（01-13，41 Malan Road；⊙周一至周六 晚餐）品尝当地风味的海鲜大餐，或前往**Timbre@Gillman**（01-05，9A Lock Road；⊙周一至周六 晚餐）一边吃比萨等各国美味，一边欣赏现场音乐表演。从拉柏多公园地铁站（Labrador Park MRT）往北步行10分钟，就可抵达吉门营房艺术区。

就餐

Peramakan 娘惹菜 $$

（www.peramakan.com；L3 Keppel Club，10 Bukit Chermin Rd；主菜 $10~24；⊙11:30~14:30和18:00~21:30；📶；Ⓜ Telok Blangah）经营这家经典娘惹菜馆的是一对热爱烹饪的友善夫妇，店铺曾经位于宗教气息浓厚的如切。参巴（辣椒、洋葱和虾酱）鱿鱼和仁当咖喱（椰香辣咖喱）依然美味。黑果焖鸡（ayam buah keluak；鸡肉和印度尼西亚黑果肉配浓郁的辣酱）是不可错过的一道菜。

娱乐

圣詹姆士发电厂 夜店、现场音乐

（St James Power Station；www.stjamespowerstation.com；3 Sentosa Gateway；⊙时间各异，通常为17:00至深夜；Ⓜ HarbourFront）这座20世纪20年代的发电厂，如今是个综合性的娱乐中心，主要受到本地人的欢迎。这里有豪华的酒吧Peppermint Park（⊙周一至周四17:00至次日3:00，周五和周六 至次日4:00）、轰鸣的泰国夜店/现场酒吧Neverland Ⅱ（⊙9:30至次日6:00），以及卡拉OK吧Mono（⊙周日至周四 18:00至次日5:00，周五和周六至次日6:00）。Mono的入场最低年龄为18岁；Neverland Ⅱ为女性21岁、男性23岁。

购物

怡丰城 购物中心

（VivoCity；www.vivocity.com.sg；1 HarbourFront Walk；⊙10:00~22:00；Ⓜ HarbourFront）怡丰城不只是新加坡最大的购物中心，还提供罕有的实用品——开放空间。二层有个露天的儿童操场，屋顶有个“空中公园”，可以让小朋友们在儿童嬉水池里免费玩水。零售商大多为中档水平，而且有个大型影院Golden Village。

Jem 购物中心

（www.jem.sg；50 Jurong Gateway Rd；

⏲10:00~22:00；ⓂJurong East）Jem位于繁荣的裕廊东（Jurong East），这一区域是西部的主要购物中心，商场租户包括Uniqlo和H&M、日本连锁书店纪伊国屋（Kinokunya），以及本土百货商店罗敏申。童装店聚集在四层，先进的电影院位于六层，中间是时髦的美食广场。

Jem的隔壁是新同行Westgate（westgate.com.sg；Gateway Dr；⏲10:00~22:00；ⓂJurong East），里边有日本百货商店伊势丹，还有很赞的地下美食区。四层的Westgate Wonderland是一个1020平方米的儿童冒险乐园，有干爽的区域和戏水区，还有一个10米高的树屋。

北部

新加坡北部是亲近大自然、远离人群的好地方，如果你对人迹罕至的景点感兴趣，这里绝对能满足你的癖好。

双溪布洛湿地保护区 野生动物保护区

（Sungei Buloh Wetland Reserve；☎6794 1401；www.sbwr.org.sg；301 Neo Tiew Cres；⏲7:30~19:00；Ⓜ在Kranji换乘🚌925；免费）这片原始的滩涂、池塘和次生林是观鸟者们的天堂，有着白鹭、鹬鸟和鸻鸟等候鸟，以及苍鹭、鸦鹃和翠鸟等本地鸟类；同时也是观看巨蜥的最佳地点。每周六上午9:30有免费导

拜访新加坡的农场

来新加坡的人们很少会意识到，在新加坡的西北边有着小而兴旺的种植业。我们说的不是在起伏的草地上进食的牛，而是这里有着主张专门生产有机蔬菜、山羊奶或是植株、花朵及药草的有限空间，他们以别开生面的方式满足着新加坡人的生活。

克兰芝田园协会（Kranji Countryside Association；www.kranjicountryside.com）帮助推广该地产业，运营有小巴班车服务**Kranji Express**（Kranji MRT station；成人/儿童 $3/1；⏲9:00~18:00，每75分钟一班），小巴从克兰芝地铁站（Kranji MRT station）发车，中途经过许多一流农庄，其中有些地方可以买到山羊奶、品尝田鸡肉、观赏鱼类、喝杯咖啡、吃顿午饭乃至住上一夜。你看见喜欢的农庄就可以随时下车，然后等下一班经过的时候再上车。停车地点时时变换，不过通常有以下这些：

GardenAsia（www.gardenasia.com；240 Neo Tiew Cres；⏲小餐馆 周三和周四 11:00~18:00，周五和周六 至23:00，周日 10:00~18:00）一个货源充足的大花园中心，有一个可爱的水边小餐馆。

D'Kranji Farm Resort（www.dkranji.com.sg；10 Neo Tiew Lane 2；⏲餐厅 11:00~14:30和17:30~23:00，啤酒花园 16:00至次日1:00）光鲜的别墅式住宿外加一个餐厅和啤酒花园。

Bollywood Veggies（www.bollywoodveggies.com；100 Neo Tiew Rd；门票 $2，Kranji Express乘客免费；⏲周三至周五 9:00~18:30，周六和周日 8:00~18:30）这里非常受欢迎，可以漫步穿过质朴的花园，花园里种有腰果、木瓜和杨桃树，小餐馆里有美观健康的食物。

Hay Dairies Goat Farm（☎6792 0931；www.haydairies.com.sg；3 Lim Chu Kang Lane 4；⏲9:00~16:00）你可以在这里购买新鲜的羊奶和其他小吃。

Jurong Frog Farm（☎6791 7229；www.jurongfrogfarm.com.sg；56 Lim Chu Kang Lane 6；⏲周六和周日 9:00~17:30，周二至周五 仅限预约）这里有点破旧，不过访客可以品尝田鸡肉。

飙车族酒吧的藏匿处

可能有点难去，但一旦你成功到达就会乐不思蜀。**Handlebar**（☎6475 9571；www.handlebaroriginal.com；57 Jln Menpurong；⏲周二至周四 17:00至次日1:00，周五 17:00至次日2:00，周六 15:00至次日2:00，周日 15:00至次日1:00；Ⓜ Sembawang，换乘882路巴士）是新加坡唯一的“飙车族酒吧”，藏在岛上北端一条狭窄林间公路的尽头。创办者是两名随心所欲的飙车族，标新立异地向“上路”致敬，吧凳是机车表盘，台球桌由福特野马改造而成，还有用汽油发动的搅拌机调制的硬核代基里酒（daiquiri）。来这里的人们相当放松也相当混杂，有摩托党、工人、潮人和外国家庭，他们享受着这里价格适中的啤酒和庭院，吃美式**“可卡因鸡翅”**（cocaine wings；烤辣翅）和油炸辣芝士，全然不顾脏兮兮的吃相。

览游。

保护区是新加坡现存的少数红树林之一，以前有3条徒步道（3公里到7公里长），其间分布有观鸟木屋和瞭望台。步道的数量在2014年增加至6条，同时还新增了一处访客中心、咖啡馆，一处位于Kranji Way的入口。注意别忘了带驱蚊水！

克兰芝阵亡战士公墓 纪念物

（Kranji War Memorial；☎6269 6158；9 Woodlands Rd；⏲7:00~18:00；🚌170；Ⓜ Kranji）克兰芝阵亡战士公墓庄严的白色建筑和绵延起伏的草坪间，安息着“二战”期间牺牲的数千名盟军士兵。墙上刻着24,346位在东南亚牺牲的男人和女人的名字，而不少墓碑只是简单地刻着“1939~1945年战争期间阵亡士兵”的字样。

第262号可能属于一个日本间谍（但无从证实）Patrick Balcombe Heenan，而新加坡第一任和第二任总统的遗体则被安葬在前方不远的地方。

克兰芝阵亡战士公墓靠近兀兰路（Woodlands Rd）新柔长堤（Causeway）。要前往公墓，可先乘坐地铁到克兰芝站（Kranji MRT），然后步行10分钟，或乘坐向西行驶的170路巴士，两站即达。

生存指南

樟宜机场
GETTYIMAGES 提供

出行指南

签证

中国旅行者去新加坡可申请电子签证，电子签证须通过新加坡驻华使领馆指定的授权旅行社办理，通常办理时间为3个工作日（包括新加坡大使馆指定的单位/旅行社申请日在内），签证费用统一为人民币300元。签证的签发日期一般是新加坡驻华使领馆指定的单位/旅行社的申请日，签证一旦被签发其有效期将不再变更。若签证已过期，申请者须重新递交申请材料。申请者在领取签证时，应仔细核对签发日期及签证有效期。新加坡移民与关卡局官员在签证持有者入境时决定其停留天数。申请者应留意护照的入境章和批准的停留期限。签证所需材料及相关信息请参考新加坡驻华使馆网站www.mfa.gov.sg/beijingchi/。如果申请人有新加坡公民或持有SingPass密码的永久居民作为介绍人，可通过新加坡移民与关卡局网站（www.ica.gov.sg）利用签证电子系统（SAVE）申请签证。2015年6月，新加坡移民关卡局向中国公民推出有效期最多可长达10年的多次往返签证。若申请人获得此项资格，其配偶、年龄未满21岁的子女将获得同样的有效期限。需要注意的是，虽然开放了10年往返签证，但签证官给出的签证有效期会根据每个旅行者的申请材料以及个人情况而有所不同。

新加坡驻华大使馆和驻成都、广州、上海和厦门的总领事馆不再接收签证申请。大使馆授权办理签证的旅行社详情参见www.mfa.gov.sg/content/mfa/overseasmission/chengdu/ch/visa_info/overview.html。

签证延期可以在**移民与关卡局**（Immigration & Checkpoints Authority; ☎6391 6100; www.ica.gov.sg; Level 4, ICA Bldg, 10 Kallang Rd; ⏲周一至周五 8:00~16:30，周六 8:00~12:30; Ⓜ Lavender）申请。

保险

出发前最好购买旅游保险。医疗保险方面，你可以选择直接由保险公司支付医药费，而非需由你先垫付再索赔的保险。如果确需在事后向保险公司索赔，你必须确保自己保留所有单据。查看赔付条款是否涵盖救护车或在紧急情况下乘坐飞机回国的费用。美亚保险推出的“万国游踪”和“乐悠游”险种包含24小时全球紧急医疗救援。

货币

新加坡货币称为“新加坡元”（等于100分）。硬币分为5分、10分、20分、50分和1元面值，纸币分为2元、5元、10元、50元、100元、500元和1000元面值，但500元和1000元面值的纸币并不常见。

银联卡

在新加坡，你可用银联卡在众多商场、专卖店刷卡消费，自动柜员机基本上全境覆盖，大部分自动柜员机能提供方便操作的中文界面。

自动柜员机

具有国际金融卡网络的自动柜员机在新加坡随处可见，包括购物商场和地铁站。

信用卡

除了当地小贩中心和食阁，各营业场所广泛接受信用卡。注意：小商店可能会征收额外2%~3%的信用卡服务费。下列是信用卡挂失或服务电话：

万事达卡（MasterCard; ☎1800-110 0113; www.mastercard.com）

维萨卡（Visa; ☎1800-448 1250; www.visa.com.sg）

美国运通（American Express; ☎6396 6000，只限当地拨电1800-299 1997; www.americanexpress.com/sg）

大莱卡（Diners Club; ☎6571

0128；www.dinersclub.com.sg）

要注意的是，在刷信用卡时，一些小型商铺会收取小额服务费。

货币兑换

虽然银行也提供货币兑换服务，但人们大多数会选择遍布全市、提供更佳汇率的货币兑换处。几乎在所有购物商场都可找到这些面积不大的货币兑换处（但在比较现代的商场未必能找到它们的踪迹）。如果兑换较大数额，有时也可以讲价。

税和退税

所有商品和服务都收取7%的消费税。房价也有附加税和服务费。餐馆在食物价格之外另收取18%的费用（7%消费税、10%服务费和1%地方税）。这些额外的费用都会清楚地写在餐牌上。

在参加**"消费税游客退税计划"**（GST Tourist Refund Scheme；注意"免税购物"的标志）的商店，购买额达到300新加坡元及以上的游客，可以申请退税。购买货品时要填申报表，并出示护照。你将获得一张全球退税支票——在樟宜机场换登机牌之前，将护照和货品一起呈交给位于离境大厅内的海关消费税检查柜台。你可以在入闸后兑换现金，也可以将金额存入你的信用卡或银行账户。欲知更多详情，可在机场或游客中心索取一份名为《在新加坡如何免税购物》（How to Shop Tax-free in Singapore）的小册子。你也能在机场内采用电子退税服务eTRS，以护照及退税卡进行退税，税金能返回到信用卡，或者你也可在离境转机休息室的**中央退税柜台**（Central Refund Counter）领取现金。

小费

由于大多数餐馆的账单已包含10%服务费，因此一般无须再付小费。有些餐馆自愿取消服务费，让食客自行决定是否给小费。出租车和小贩中心都不要求食客给小费。至于其他地方，如果你认为服务良好，可以给些小费以示感谢。

折扣

新加坡航空公司（Singapore Airlines）或**胜安航空公司**（SilkAir）的乘客，可凭登机牌在特定酒店、商店、餐馆和旅游景点享有折扣。详情参见www.singaporeair.com/boardingpass。

儿童在许多旅游景点可享受50%折扣，有时候6岁以下儿童可免费入场。60岁以上的游客也往往享有折扣。请出示你的护照或任何注明生日的身份证件。

使领馆

欲查询驻新加坡外国大使馆和领事馆的完整列表，可浏览embassy.goabroad.com/embassies-in/Singapore。

中国驻新加坡大使馆（☎紧急领保求助9297 1517；www.chinaembassy.org.sg；东陵路150号）

海关条例

口香糖、爆竹、毒品、色情影片、枪形打火机、濒危物种及其产品、盗版音像制品和出版物以及玩具货币和硬币禁止入境。走私、买卖毒品最高刑罚为死刑。如果没有缴税，携带烟草也是犯法的。

游客可免税携带葡萄酒、啤酒及烈酒各1升，或2升葡萄酒和1升啤酒（或2升啤酒及1升葡萄酒）。从马来西亚入境与其他海外目的地的条例不同。

如果你携带有处方药，别忘了带上医生写的证明信件。

旅游信息

新加坡旅游局（Singapore Tourism Board，简称STB；☎1800-736 2000，6736 2000；www.yoursingapore.com）尽可能地提供各种服务，包括预订团队游和活动票务。世界各地都有新加坡旅游局办事处。下列地点设有游客中心：**Changi Airport**（⏲1号和2号航站楼6:00至午夜，3号航站楼6:00至次日2:00）及**ION Orchard**（Level 1, ION Orchard Mall, 2 Orchard Turn；⏲10:00~22:00；Ⓜ Orchard）。

工作时间

银行：周一至周五 9:30~16:00，周六 9:00至正午

酒吧：17:00至次日1:00或2:00

百货店及购物商场：10:00或11:00~22:00

小贩中心：11:00~22:00或次日1:00（有些24小时营业）

餐馆：11:30~14:30及18:00~22:30

商店：10:00~18:00

节假日

元旦 1月1日

农历新年 1月或2月（2天）

耶稣受难节 4月（日期不定）

劳动节 5月1日

卫塞节 5月（Vesak Day，日期不定）

国庆日 8月9日

屠妖节 10月或11月（Deepavali，日期不定）

开斋节（Hari Raya Puasa，日期不定）

圣诞节 12月25日

哈芝节（Hari Raya Haji，日期不定）

学校假期

在新加坡，3月末有1周假期，6月份有4周假期，9月初有1周假期，而11月末至次年1月初有一个长假。学校假期期间，热门的旅游景点包括圣淘沙环球影城、动物园等，人流较多。

住宿

本书所列出的住宿价格是酒店公布的房价。这意味着，大多数中档和高档酒店的每日房价会根据供需而有所波动。周末房价及入住率会高于一周中的工作日时间。如碰到假日及类似世界一级方程式夜间赛等大型活动，房价也会比较高（要提前很早预订）。

值得注意的是，高档酒店一般会在房价后加上"++"的符号，表示在房价之外，将另收取总额17%的服务附加费和消费税。本书的价格为总价（即包括各种税和服务附加费）。

除了按照本书列出的酒店网站直接预订房间外，你也可以通过以下网站预订酒店房间。

Agoda（www.agoda.com）

Asiarooms（www.asiarooms.com）

Booking（www.booking.com）

Kayak（www.kayak.com）

Lonely Planet（hotels.lonelyplanet.com）

饮食

本书通用以下价格范围，适用于标准前菜、主菜和汽水。

$ 少于10新加坡元

$$ 10~30新加坡元

$$$ 超过30新加坡元

电源

新加坡同香港一样，使用英式三相方针型插头。电源为230V，50赫兹。

紧急情况

实用紧急电话号码：

救护车/消防车（☎995）

警局（☎999）

医疗服务

新加坡的医疗机构是世界一流的，而且一般都比西方的私人医疗保健便宜。这意味着，购买旅游保险是明智之举。在出发之前，先向保险公司询问保单内容包含哪些治疗与程序。值得注意的是，当地私人诊所也设有配药处，因此可省却药房领药的麻烦。

你下榻的酒店或青年旅舍，可以告诉你哪里有当地私人诊所，这些诊所非常普遍。

Raffles Medical Clinic（☎6311 1111；www.rafflesshospital.com；585 North Bridge Rd；⏲24小时；Ⓜ Bugis）莱佛士医院内的门诊服务。

Singapore General Hospital Accident & Emergency Department（☎6321 4311；www.sgh.com.sg；Level 2，Block 1，Outram Rd；Ⓜ Outram Park）位于这个庞大医院内的1号楼。

急诊室

以下是24小时急诊室：

鹰阁医院（Gleneagles Hospital；☎6735 5000；www.gleneagles.com.sg；6A Napier Rd；🚌7、75、77、105、106、123、174）

伊丽莎白医院（Mount Elizabeth Hospital；☎6735 5000；www.mountelizabeth.com.sg；3 Mt Elizabeth Rd；Ⓜ Orchard）

莱佛士医院（Raffles Hospital；☎6311 1111；www.raffleshospital.com；585 North Bridge Rd；Ⓜ Bugis）

邮局

新加坡的邮政系统非常高效。欲知最近的分行在哪里，可致电1605或登录www.singpost.com.sg查询。

电话

国家代码：65

国际接入码：001

电话指南：100

航班资讯：1800-542 4422

新加坡旅游局游客热线：1800-736 2000

新加坡境内没有长途区号；电话号码为8位，但对方付费电话（以1800开头）除外。

你可以在公用电话亭拨打本地或国际长途电话，大多数电话亭采用电话卡。新加坡也有一些可以使用信用卡的公用电话，只需刷卡即可。

手机

新加坡的手机号码第一位为9或8。你可以到邮局、便利商店或当地手机运营商处购买本地SIM卡，价格约为18新加坡元（包括可使用的金额）。法律规定，在购买SIM卡时必须出示护照。下列是当地主要手机运营商：

SingTel（www.singtel.com.sg）

StarHub（www.starhub.com）

M1（www.m1.com）

电话卡

7-Eleven便利店、邮局、SingTel中心、文具店和书店都出售电话卡。乌节路Centrepoint购物中心外，也有个生意兴隆的小摊位售卖电话卡，购买之前先看清楚电话卡适用于哪些国家。

时间

新加坡时间与中国同处一个时区，没有时差。

上网

本书在有商务中心或有专门的电脑供客人使用的旅馆都注有上网图标@；能够无线上网的地方用无线符号📶标出了。

樟宜机场有不少免费上网终端机。新加坡许多购物商场都能无线上网，若是免费的网络，网速十分慢。一些咖啡馆也能提供免费无线上网。

SingTel（www.singtel.com.sg）、**StarHub**（www.starhub.com）和**M1**（www.m1.com）是通过USB调制解调器适配器提供宽带互联网服务的供应商，你可自备或向这些供应商购买。如果自备适配器，可购买预付数据套餐的SIM卡。

厕所

新加坡的厕所是西式的。购物商场、酒店大厅和旅游景点的公共厕所一般都很干净、便捷。

法律事宜

新加坡的法律确实非常严厉：别以为对外国人就会网开一面。警方的权力广泛，拒绝他们的要求将是不智之举。如果被捕，你有权要求警方为你指派律师并联系大使馆。千万别尝试进出口毒品，若被判终身监禁算是幸运的，因为此罪可能面临死刑。

大多数公共场合都禁烟，包括购物商场和娱乐中心、餐馆、小贩中心和食阁、公共交通工具、出租车，以及大多数建筑物入口处半径5米内的范围。初犯者最高罚款1000新加坡元。你可以在大街上抽烟（只要你确保将烟蒂丢进垃圾桶）。

乱穿马路（50米之内有规定的过街通道）罚款50新加坡元，乱抛垃圾则罚款1000新加坡元。

残障旅行者

近年来，新加坡政府在全岛各地逐步安装了坡道和电梯等残疾人设施。除了小印度和牛车水拥挤的狭窄人行道，对行动不便和视听障碍者造成一定的挑战外，城市的其他人行道几乎完美无瑕。地铁站都设有电梯，一些公共汽车和出租车也备有方便轮椅上下车的装置。

残疾人协会（Disabled People's Association；☎6899 1220；www.dpa.org.sg）提供如何在新加坡无障碍行动的信息，也链接全国各个残疾人组织的网站。

女性旅行者

新加坡女性享有高度的自由和社会地位，而且该国也是东南亚最安全的国家之一。不过，在周末来到小印度的女性可能会感到有些不适，因为那里聚集了数以万计的男性劳工。卫生巾、非处方药及避孕药随处有售。

同性恋旅行者

男性之间的性行为在新加坡是非法的，最低刑罚10年。而实际上，似乎不可能有人因此被起诉，而新加坡同性恋者每年8月都会组织丰富多彩的**IndigNation**（www.facebook.com/IndigNationSG）大游行。此外，新加坡也有不少同性恋酒吧和夜店，有好几家位于牛车水。

交通指南

到达和离开

新加坡是亚洲重要的航空枢纽，有提供全方位服务的航空公司，也有经济型航空公司。你也可以乘坐火车或汽车，由马来西亚和泰国进入新加坡。许多私人长途汽车也很舒适，开往马来西亚各地甚至远达泰国。可到lonelyplanet.com/bookings预订机票、团队游和火车票。

飞机

新加坡的地理位置和优良设施，使之成为东南亚主要的航空枢纽。国内的主要大城市北京、上海、广州、深圳、成都、厦门、福州、杭州、南京、天津都有直航飞往新加坡。

机场和航空公司

大多数航班在市中心以东约20公里处的**樟宜机场**（Changi Airport；☎6595 6868，航班信息1800-542 4422；www.changiairport.com）四座主要航站楼或经济型航空航站楼降落。经常被选为全球最佳机场的樟宜机场，规模很大，非常高效且井然有序。在众多设施中，你可免费

机场—市区交通

交通工具	机场航站楼	目的地	票价	班次
地铁	2号和3号	全岛多个地区（在Tanah Merah地铁站换乘其他路线）	视目的地而有所不同，到乌节路2.10新加坡元	每12分钟，5:30~23:18
出租车	所有航站楼	任何地点	视目的地而有所不同，18~35新加坡元（17:00至次日6:00时段的车费最昂贵）	
36路公共汽车	所有航站楼	乌节路及殖民区	1.80新加坡元	每5至15分钟，6:09至午夜
机场大巴	所有航站楼	任何酒店（位于圣淘沙和樟宜村的酒店除外）	成人/儿童 9/6新加坡元	每15至30分钟，24小时

上网和拨打市内电话，还可找到货币兑换商、医疗中心、行李寄存处、酒店、沐浴设备、健身房、泳池，当然还有许多商店。

樟宜机场是久负盛名的**新加坡航空公司**（Singapore Airlines；☎6223 8888；www.singaporeair.com；04-05 ION Orchard Mall, 2 Orchard Turn）及其附属区域航空公司**胜安航空公司**（SilkAir；☎6223 8888；www.silkair.com；17-08, 371 Beach Road）的基地。

由中国国内飞往新加坡的中国航空公司包括：

中国国际航空公司（Air China；☎6225 2177；www.airchina.com；9 Raffles Place, #20-21, Republic Plaza）

中国南方航空公司（China Southern Airline；☎6223 3233；www.csair.com；133 Cecil Street, #01-02）

中国东方航空公司（China Eastern Airline；☎6222 3456；www.ceair.com；61 Robinson Rd, #17-02 Robinson Centre）

厦门航空（Xiamen Airline；☎6221 0770；www.xiamenair.com；112 Robinson Road, 10-04）

樟宜机场也有不少经济型航空公司，它们也飞往国内众多的目的地，若尽早预订区域内的航班，可购得非常便宜的机票。

亚洲航空公司（Air Asia；☎6307 7688；www.airasia.com）

捷星航空（Jetstar；☎1800-852 9507；www.jetstar.com）

虎航（Tiger Airways；☎6808 4437；www.tigerairways.com）

酷航（Scoot；☎3158 3388；www.flyscoot.com）

陆路

从马来西亚的柔佛可通过连接新山和新加坡的新柔长堤（Causeway）入境新加坡，两国往来车辆多经过这里。你也可以乘坐出租车或公共汽车往返新山。在新加坡西部也有一条连接大士（Tuas）和马来西亚Geylang Patah的第二通道（Second Link），有些长途汽车通过此路线前往马六甲和马来西亚西海岸地区。驾车人士请注意：第二通道的过路费比新柔长堤高出不少。

长途汽车

有许多长途汽车频繁从新加坡出发到马来西亚，有些还会续程前往泰国。虽然在新山可找到更多及更便宜的选择，但如果你打算前往新山以外的马来西亚地区，最简单的方式是乘坐直接从新加坡出发的长途汽车。

虽然**Queen Street公共汽车总站**（Queen Street和Arab Street的交叉路口）和**Lavender Street公共汽车总站**（Lavender Street和Kallang Bahru的交叉路口）是往返新马的主要长途汽车总站，但也有多辆长途汽车从**Golden Mile Complex**（5001 Beach Road）出发。那里有许多售卖长途车票的旅行社（要货比三家）。你也可以到www.busonlineticket.com预订车票。可到以下公司查询最新票价和预订车票：

Aeroline（☎6258 8800；www.aeroline.com.sg；02-52 HarbourFront Centre, 1 Maritime Square）长途汽车从HarbourFront Centre出发前往吉隆坡和槟城。

First Coach（☎6822 2111；www.firstcoach.com.my；03-33 Novena Square, 238 Thompson Rd）每日班车从Novena Square出发到吉隆坡，也有些班车从The Plaza和West Coast Plaza出发。

草原快车（Grassland Express）（☎6293 1166；www.grassland.com.sg；01-26 Golden Mile Complex, 5001 Beach Rd）每日班车出发到吉隆坡、槟城、马六甲、霹雳（Perak）等地。

Transtar Travel（☎6299 9009；www.transtar.travel；5001 Beach Rd, 01-12 Golden Mile Com-plex）前往吉隆坡、云顶（Genting）、怡保（Ipoh）和槟城的豪华长途汽车。

火车

新加坡是马来西亚铁路系统**Keretapi Tanah Malayu**（简称KTM；www.ktmb.com.my）的南端终点站。

马来西亚有两条主要的铁路：主线从新加坡前往吉隆坡、北海（Butterworth）、亚罗士打（Alor Setr），然后续程泰国合艾（Hat Yai）；第二条支线则从金马士（Gemas）穿越中部地区，前往东海岸哥打巴鲁（Kota Bharu）附近的道北（Tumpat）。

新加坡极富艺术风格的火车站已在2011年关闭，将用于商业用途。如今，前往马来西亚的KTM火车从**兀兰火车站**（Woodlands Train Checkpoint；11 Woodlands Crossing；🚌170,

前往马来西亚：从新加坡到新山（柔佛巴鲁）

前往边境 前往边境最简单的方法是**“新加坡—柔佛空调快车”**（Singapore-Johore Express bus, 2.40新加坡元；1小时；从6:30至23:00，每15分钟发车），从小印度的Queen Street公共汽车总站出发。最快的方式是搭乘地铁到克兰芝地铁站（Kranji），然后换乘160路公共汽车到边境。而最便宜（也是最慢）的方式是乘搭170路公共汽车（1.90新加坡元；从5:20至次日0:10，每10~15分钟发车），同样从Queen Street公共汽车总站出发。尽量避免在周日晚上返回新加坡，届时交通将非常拥挤。你也可以从Queen Street公共汽车总站和其他游客合租出租车前往新山（Johor Bahru，简称JB）。

抵达边境 到了新加坡海关，带着行李下车办理出入境手续，然后搭乘下一班车（保留你的车票）。到了马来西亚境内重复此程序后，就能够很快地步行到新山市中心。160路公共汽车的终点站是新山的Kotaraya公共汽车总站。170路公共汽车和“新加坡—柔佛空调快车”的终点站都在Larkin公共汽车总站，该总站的地点比较不方便，位于长堤以北5公里外。

继续启程 从Larkin公共汽车总站，有许多长途汽车前往马来西亚的马六甲、吉隆坡和怡保等各个目的地。

危险和麻烦

一些从新加坡乘坐火车入境马来西亚的游客，有时会在离开马来西亚时遇到麻烦，因为在新加坡火车站的马来西亚移民局官员，可能没有在你的护照上盖印。不过，只要保留出入境卡和火车票，以展示你是如何入境马来西亚的，一般都不会构成问题。你的具体资料将会输入马来西亚移民局的电脑库存里，并应在你出境时显示。如果当局要求你交罚款，应坚持自己的立场。

从Queen Street到新柔长堤）出发。新加坡和吉隆坡之间的高铁工程已经开始筹备，新加坡站位于新加坡西部，预计在2020年通车。

每天有3班快车大约早上8时、下午1时和晚上10时30分从新加坡开往吉隆坡，需时6~7小时；上网查询连接列车的时间表。你可以到火车站或上网（www.ktmb.com.my）订购车票。

海路

以下是前往马来西亚、印度尼西亚的主要渡轮码头：

樟宜渡轮码头（Changi Point Ferry Terminal；☎6546 8518；Ⓜ Tanah Merah，换乘🚌2）位于公共汽车总站以北200米。

Harbourfront Cruise & Ferry Terminal（☎6513 2200；www.singaporecruise.com；Ⓜ HarbourFront）

Tanah Merah Ferry Terminal（☎6513 2200；www.singaporecruise.com；🚌35，Ⓜ Tanah Merah）

当地交通

新加坡的公共交通系统是亚洲国家中最发达的。浏览**www.sbstransit.com.sg**或下载**"SBS Transit Iris"**智能手机应用程序，就可获取公共汽车服务的相关信息。有关地铁服务信息，可参阅**www.smrt.com.sg**。你也可以在**www.publictransport.sg**找到各种交通信息。

地铁（MRT）

干净、安全、高效的新加坡**地铁**（MRT；☎1800-336 8900；www.smrt.com.sg）及轻轨列车系统，是游览新加坡最舒适和简单方便的交通工具。地铁从早上约5时30分至午夜之间运营，高峰时段每3~4分钟1班，非高峰时段每6~8分钟1班。有5条路线：南北线、东北线、东西线、环线以及滨海市区线。市区线现已全线贯通。此外在建的还有汤东线、裕廊区域线、环线第六期及东北线延长线。根据规划，这些线路将最晚于2025年投入使用。地铁站地图和行程安排可浏览www.smrt.com.sg。

车资和车资卡

单程票价介于1.40新加坡元至2.50新加坡元（附加1新加坡元可退回的保证金）之间，但如果经常乘坐地铁，则每次都要购买车票和退回保证金，可是件相当麻烦的事。

使用**EZ-Link**（www.ezlink.com.sg）是更方便的做法。在地铁站的客户服务柜台以12新加坡元（包括5新加坡元不可退回的保证金）购买易通卡，适用于所有公共汽车和地铁服务路线，还可优惠30%的票价。你也可到7-Eleven便利店以10新加坡元（包括5新加坡元不可退回的保证金）购得。之后，可在地铁站的自动售票机以现金或本地借记卡充值。

另外，**新加坡游客通行证**（Singapore Tourist Pass；www.thesingaporetouristpass.com）

奢华的启程或抵达

新加坡至曼谷的豪华快车**Eastern & Oriental Express**（☎6395 0678；www.orient-express.com）全线1943公里，全程约42小时，到了曼谷后继续开往清迈和廊开（Nong Khai；从这里前往老挝）。穿上休闲西装，喝一杯加了奎宁水的杜松子酒，然后支付昂贵的价格：4天3夜双人车厢每人3430新加坡元，包括停留目的地时的游览等。

三轮车游览新加坡

“二战”后是三轮车的黄金时代，当时基本上没有机动车运输系统，三轮车夫每天的收入十分丰厚。如今，新加坡仅剩约250辆三轮车，主要往来于固定的旅游路线。三轮车已集中起来由**Trishaw Uncle**（☎9012 1233；www.trishawuncle.com.sg；Queen St 位于Fu Lu Shou Complex和Albert Centre Market之间；车价39新加坡元起）以轮候系统管理。

在莱佛士酒店和牛车水大厦外，也可以找到不属于任何公司的独立三轮车夫。

也能让你在一天内无限次乘坐地铁和公共汽车（10新加坡元外加10新加坡元可退回保证金）。

公共汽车

新加坡的公共汽车系统发达，服务遍布全岛，高效、频繁，而且公共汽车内很干净。

两家主要的公共汽车服务公司是**SBS Transit**（☎1800-287 2727；www.sbstransit.com.sg）和**SMRT**（www.smrt.com.sg）。两家公司都提供类似的服务。可上网查询相关信息和公共汽车路线。车资介于1~2.10新加坡元（使用EZ-Link卡支付车资有优惠）。上车后，将确切的车资投入车资箱（不设零钱找赎），或上下车时在阅读器上各刷一下EZ-Link或游客通行证（Tourist Pass）。

MRT有7条夜班公共汽车路线（NightRider），在周五和周六晚上23:45至次日3:45之间穿行于市区和各个郊区，票价为4.5新加坡元。SBS也在周末午夜至次日2:00提供6条夜班公共汽车路线（Nite Owl）服务。可上网查询路线详情。

出租车

在街上随时都可挥手示意出租车停下，但在市中心内，出租车只能在规定的停靠站停车。在高峰时段、晚上或雨天会比较难招到出租车。你可以下载Grab应用程序来叫车，但得付出额外3新加坡元的服务费。Uber（优步）已与Grab合并，Uber在新加坡不可用。

计费系统很复杂，但幸好出租车都使用计价器，因此无须讲价。起步价为3新加坡元至3.40新加坡元，之后每400米加收22分。另外，以下是各种附加费的收取条件：

- 午夜至早上6时，加收车费的50%。
- 周一至周五早上6时至9时30分，每天傍晚6时至午夜，加收车费的25%。
- 傍晚5时至午夜，加收3新加坡元市区附加费。
- 电召出租车费用介于2.30新加坡元至8新加坡元。
- 周一至周六傍晚5时至午夜从中央商务区上车，加收3新加坡元附加费。

如果你在交通管制时间乘坐出租车进入中央商务区，需另付附加费（从机场出发，周五至周日傍晚5时到午夜，5新加坡元；其他时间3新加坡元）。以信用卡付车资也需另付10%附加费。

被搞糊涂了？我们也是。只要根据计价器付费，然后索取收据以检查费用就行了。

如需出租车，可联系以下公司：

康福出租车和城市出租车（Comfort Taxi and CityCab；☎6552 1111）

Premier出租车（Premier Taxis；☎6363 6888）

SMRT出租车（SMRT Taxis；☎6555 8888）

自行车

新加坡的道路对你绝对是个考验。骄阳似火，司机开得又快又猛，根本不顾及自行车骑士的安危。幸运的是，这里有许多公园和公园连道以及一些非常适合骑山地车的地区，如武吉知马自然保护区、淡滨尼（Tampines）和乌敏岛。骑车前往樟宜村，然后再带着自行车继续搭船前往乌敏岛是一次有趣的经历。东海岸公园、圣淘沙岛、巴西立公园，以及连接花柏山公园、直落布兰雅公园和肯特岗公园的小径都很适合骑车。

除非是折叠式自行车，公共交通工具是不允许你携带自己的自行车的。你可以在周一至周五9:30~16:00和20:00过后，周六、周日及公共假日，全天携带折叠式自行车上地铁和公共汽车。请注意：公共汽车上每次只能容纳一辆折叠式自行车，因此，建议你还是骑车算了。

新加坡共享单车也很普遍，东海岸公园、圣淘沙岛和乌敏岛上也有几家自行车租赁行，一般租车费用5新加坡元起，圣淘沙岛的自行车租金则12新加坡元起。

船和渡轮

滨海湾南码头（Marina South Pier；☎6275 03888；31 Marina Coastal Dr；Ⓜ Marina Bay，换乘🚌402）有渡轮定时开往南部其他岛屿，也有渡轮从樟宜村渡轮码头开往乌敏岛。

驾照

如果你打算在新加坡驾车，记得携带有效的外国驾照。不过，有些租车公司可能会要求你持有国际驾照。

租车

如果你想租一辆仅在本地区内开的车，那么小租车公司的价格比大型租车公司的便宜一些。

每日租金约60新加坡元起。有时候会有优惠配套，特别是长期租车。大多数租车公司会要求司机至少23岁。

比较大的租车公司都在樟宜机场设有分公司，此外，在新加坡其他地区也设有办公室：

Avis（☎6737 1668；www.avis.com.sg；01-07 Waterfront Plaza，390A Havelock Rd）

Express Car（☎6748 9963；www.expresscar.com.sg；1 Sims Lane）

Hawk（☎6469 4468；www.hawkrentacar.com.sg；32A Hillview Terrace）

Hertz（☎6542 5300；www.hertz.com.sg；新加坡樟宜机场2号和3号航站楼）

Premier（www-singapore.com/premier；03-05 Balmoral Plaza，271 Bukit Timah Rd）

幕后

作者致谢

叶孝忠

感谢靠谱的Lonely Planet团队长期以来给予我的支持，特别是本书的内容策划李小可，她为本书提供了不少意见并进行了细心的编辑工作及指导。另外，在我们调研期间，我也感谢张丽苹、张明豪、卓宜丰、叶秀玲等人，陪我一起吞下了不少卡路里，也感谢他们为此书提供了不少宝贵意见。

声明

本书地图由中国地图出版社提供，审图号GS（2015）2676号。

封面图片：（上）农历新年牛车水的年货市场，GETTYIMAGES 提供；（下）滨海湾的鱼尾狮，GETTYIMAGES 提供。封底图片：新加坡美食，GETTYIMAGES 提供。

关于本书

这是Lonely Planet "IN" 系列《新加坡》的第1版。本书的作者为叶孝忠、黄匡宁、李慧敏、韩山元、林顺华和克里斯蒂安·伯内托。

本书由以下人员制作完成：

项目负责 关媛媛
内容统筹 谭川遥
内容策划 叶孝忠 李小可
视觉设计 李小棠 陈斌
协调调度 丁立松 富晓敏
责任编辑 喻乐
地图编辑 马珊
制　　图 刘红艳
流　　程 李晓龙 孙经纬
终　　审 朱萌
排　　版 北京梧桐影电脑科技有限公司

感谢王歆、向阳、刘泽刚、马化文、王飞、蔡雅倩为本书提供的帮助。

说出你的想法

我们很重视旅行者的反馈——你的评价将鼓励我们前行，把书做得更好。我们同样热爱旅行的团队，会认真阅读你的来信，无论表扬还是批评都很欢迎。虽然很难一一回复，但我们保证将你的反馈信息及时交到相关作者手中，使下一版更完美。我们也会在下一版特别鸣谢来信读者。

请把你的想法发送到**china@lonelyplanet.com.au**，谢谢！

请注意：我们可能会将你的意见编辑、复制并整合到Lonely Planet的系列产品中，例如旅行指南、网站和数字产品。如果不希望书中出现自己的意见或不希望提及你的名字，请提前告知。请访问lonelyplanet.com/privacy了解我们的隐私政策。

索引

000 地图页码

Y

Z

如何使用本书

以下符号能够帮助你找到所需内容：

- 景点
- 海滩
- 活动
- 课程
- 团队游
- 节日和活动
- 住宿
- 就餐
- 饮品
- 娱乐
- 购物
- 实用信息/交通

请留心如下标志：

首选 作者的大力推荐

免费 不收取任何费用

下列符号所代表的都是重要信息：

- 电话号码
- 营业时间
- 停车场
- 禁止吸烟
- 空调
- 网络接入
- 无线网络
- 游泳池
- 素食菜品
- 英语菜单
- 适合家庭
- 允许携带宠物
- 公共汽车
- 轮渡
- 地铁
- 城铁
- 轻轨
- 铁路

地图图例

景点
- 海滩
- 佛教场所
- 城堡
- 基督教场所
- 印度教场所
- 伊斯兰教场所
- 犹太教场所
- 纪念碑
- 博物馆/美术馆
- 历史遗址
- 酒庄/葡萄园
- 动物园
- 其他景点

活动、课程和团队游
- 潜水/浮潜
- 划艇
- 滑雪
- 冲浪
- 游泳/游泳池
- 徒步
- 帆板
- 其他活动/课程/团队游

住宿
- 住宿场所
- 露营地

就餐
- 餐馆

饮品
- 酒吧
- 咖啡馆

娱乐
- 娱乐场所

购物
- 购物场所

实用信息
- 银行
- 使领馆
- 医院/医疗机构
- 网吧
- 警察局
- 邮局
- 电话
- 公厕
- 旅游信息
- 其他信息

交通
- 机场
- 过境处
- 公共汽车
- 缆车/索道
- 自行车路线
- 轮渡
- 地铁
- 单轨铁路
- 停车场
- 加油站
- 出租车
- 铁路/火车站
- 有轨电车
- 其他交通方式

路线
- 收费公路
- 高速公路
- 一级公路
- 二级公路
- 三级公路
- 小路
- 未封闭道路
- 购物中心/商业街
- 台阶
- 隧道
- 步行天桥
- 步行游览路
- 步行游览支路
- 小路

地理
- 棚屋/栖身所
- 灯塔
- 瞭望台
- 山峰/火山
- 绿洲
- 公园
- 关隘
- 野餐区
- 瀑布

人口
- 首都、首府
- 一级行政中心
- 城市/大型城镇
- 镇/村

境界
- 国界
- 一级政区界
- 未定国界
- 地区界
- 军事分界线
- 海洋公园
- 悬崖
- 墙

水文
- 河流、小溪
- 间歇河
- 沼泽/红树林
- 暗礁
- 运河
- 水域
- 干/盐/间歇湖
- 冰川
- 珊瑚礁

地区特征
- 海滩/沙漠
- 基督教墓地
- 其他墓地
- 公园/森林
- 运动场
- 一般景点(建筑物)
- 重要景点(建筑物)

注：并非所有图例都在此显示。

我们的故事

一辆破旧的老汽车，一点点钱，一种冒险的感觉——1972年，当托尼（Tony Wheeler）和莫琳（Maureen Wheeler）夫妇踏上那趟决定他们人生的旅程时，这就是全部的行头。他们穿越欧亚大陆，历时数月到达澳大利亚。旅途结束时，风尘仆仆的两人灵机一闪，在厨房的餐桌上制作完成了他们的第一本旅行指南——《便宜走亚洲》（*Across Asia on the Cheap*）。仅仅一周时间，销量就达到了1500本。Lonely Planet从此诞生。

现在，Lonely Planet在墨尔本、伦敦、奥克兰、德里和北京都设有公司，有超过600名员工及作者。在中国，Lonely Planet被称为"孤独星球"。我们恪守托尼的信条："一本好的旅行指南应该做好三件事：有用、有意义和有趣。"

我们的作者

叶孝忠

内容策划 来自新加坡，曾参与过不少Lonely Planet指南的写作，包括《云南》《广西》《曼谷和清迈》等。他对《新加坡》的撰写感到无比兴奋，因为2015年是这个他最爱的国家的50岁生日。参与并完成这本指南，是献给新加坡建国50周年的一份礼物。作为自由撰稿人，他为中国多家媒体撰写旅游文章，并曾经出版《慢行·不丹》《缅甸·逆旅行》等多本图书。

黄匡宁

新加坡媒体工作者，现为自由写作人。担任报社记者21年，离开工作岗位后依然笔耕不辍。土生土长于新加坡，40多年死心塌地地居住在岛国小小一隅。热爱旅行，但走得再远再放任，心灵深处还是留守于一方陋室。

韩山元

新加坡资深报业人，曾任职于新加坡《联合晚报》《联合早报》等媒体，现为《联合早报》专栏作者。韩山元拥有厦门大学历史学硕士学位，现任新加坡二战历史研究会副会长，曾经出版多部关于新加坡历史与掌故的著作，包括《新马史话一千年》《狮城史话》《从大坡到小坡》和《新加坡河——讲不完的故事》。

李慧敏

70后，英国广播公司（BBC）特约撰稿、自由写作人。南京大学中文系本科、南洋理工大学拉惹勒南国际关系学院硕士毕业。李慧敏曾从事教育与新闻工作，对新加坡时事、区域政治等课题有广泛的研究与涉猎，著有《成长在李光耀时代》。

林顺华

说的比唱的好听，写的比说的细腻。多年从事文字工作，冷眼看时事，但冷漠面具下还流着热血。生长在新加坡婴儿潮时代，经历过新加坡的奋斗与变迁，紧跟着生活节奏由快变为超快。蓦然回首，时间都去哪儿了。

新加坡

中文第一版

图书在版编目(CIP)数据

新加坡 = Singapore / 澳大利亚LonelyPlanet公司编. -- 北京 : 中国地图出版社, 2015.11 (2019.11重印)
(IN)
ISBN 978-7-5031-8829-9

Ⅰ. ①新… Ⅱ. ①澳… Ⅲ. ①旅游指南－新加坡
Ⅳ. ①K933.99

中国版本图书馆CIP数据核字(2015)第246290号

出版发行	中国地图出版社
社　　址	北京市白纸坊西街3号
邮政编码	100054
网　　址	www.sinomaps.com
印　　刷	北京华联印刷有限公司
经　　销	新华书店
成品规格	197mm×128mm
印　　张	7
字　　数	380千字
版　　次	2015年11月第1版
印　　次	2019年11月北京第6次印刷
定　　价	56.00元
书　　号	ISBN 978-7-5031-8829-9
审 图 号	GS (2015) 2676号
图　　字	01-2015-7233

如有印装质量问题，请与我社发行部 (010-83543956) 联系